VOCÊ PODE CONSEGUIR
MAIS

CB038035

Alexandra Carter
Diretora da Clínica de Mediação da Faculdade de Direito de Columbia

VOCÊ PODE CONSEGUIR MAIS

SEXTANTE

Título original: *Ask For More*
Copyright © 2020 por ABC Resolutions, LLC
Copyright da tradução © 2023 por GMT Editores Ltda.
Publicado mediante acordo com Simon & Schuster, Inc.
Todos os direitos reservados. Nenhuma parte deste livro pode ser utilizada ou reproduzida sob quaisquer meios existentes sem autorização por escrito dos editores.

tradução: Michela Korytowski
preparo de originais: Raïtsa Leal
revisão: Midori Hatai e Sheila Louzada
diagramação: Gustavo Cardozo
capa: DuatDesign
impressão e acabamento: Bartira Gráfica

CIP-BRASIL. CATALOGAÇÃO NA PUBLICAÇÃO
SINDICATO NACIONAL DOS EDITORES DE LIVROS, RJ

C315v

Carter, Alexandra
    Você pode conseguir mais / Alexandra Carter ; tradução Michela Korytowski. - 1. ed. - Rio de Janeiro : Sextante, 2023.
    288 p. ; 21 cm.

    Tradução de: Ask for more
    ISBN 978-65-5564-553-8

    1. Negociação. 2. Administração de conflitos. 3. Comunicação interpessoal. 4. Sucesso nos negócios. I. Korytowski, Michela. II. Título.

	CDD: 650.1
22-80834	CDU: 005.336

Meri Gleice Rodrigues de Souza - Bibliotecária - CRB-7/6439

Todos os direitos reservados, no Brasil, por
GMT Editores Ltda.
Rua Voluntários da Pátria, 45 – Gr. 1.404 – Botafogo
22270-000 – Rio de Janeiro – RJ
Tel.: (21) 2538-4100 – Fax: (21) 2286-9244
E-mail: atendimento@sextante.com.br
www.sextante.com.br

Para Greg e Caroline –
eu não poderia querer mais

SUMÁRIO

Introdução   9

PARTE 1: O ESPELHO   25

  1. Qual problema eu quero resolver?   33
  2. Do que eu preciso?   53
  3. O que eu sinto?   84
  4. Como lidei com isso de maneira bem-sucedida no passado?   110
  5. Qual é o primeiro passo?   129

PARTE 2: A JANELA   149

  6. Me conte...   163
  7. Do que você precisa?   182
  8. Quais são suas preocupações?   199
  9. Como você lidou com isso de maneira bem-sucedida no passado?   214
  10. Qual é o primeiro passo?   230

Sucesso final: Concluir sua negociação   248

Agradecimentos   265

Notas   269

INTRODUÇÃO

A coragem de nossas perguntas e a profundidade de nossas respostas são o que imprime significado no mundo.
– CARL SAGAN

O que fez você pegar este livro para ler?

Talvez queira negociar mais ou se sentir mais confortável ao fazê-lo. Pode ser que deseje negociar uma promoção, um aumento... ou os dois. Quer se sentir confiante para pedir o que você vale.

Talvez você seja um empreendedor e queira expandir seu negócio, conseguir mais clientes fiéis e transações mais vantajosas. Quem sabe está contemplando uma transição na carreira e quer descobrir sua vocação.

Ou talvez não tenha nada a ver com trabalho. Pode ser que você esteja enfrentando um conflito com alguém e isso esteja drenando sua energia mental. Você gostaria de ter relacionamentos mais harmoniosos.

Independentemente do que esteja enfrentando, você tem nas mãos a ferramenta para superar o problema: 10 perguntas que o ajudarão a negociar qualquer coisa.

Pode parecer absurdo aprender a negociar fazendo perguntas. Vinte anos atrás, antes de estudar gestão de conflitos, eu achava que negociação significava ganhar pontos ou fazer exigências. Entretanto, passado esse tempo, aprendi algo extraordináriamente simples após resolver centenas de conflitos como mediadora profissional: damos mais valor a uma negociação quando perguntamos do que quando discutimos.

Ao fazer as perguntas certas, sobre si mesmo e sobre os outros, você abre uma janela para criar valor muito além do que pode imaginar. Conduzir uma negociação com perguntas ajuda não só o resultado em si como também a conexão com as pessoas, o que possibilita a transformação de relacionamentos pessoais e profissionais.

Ao mudar as perguntas, você muda a conversa. Neste livro, vamos refletir sobre o poder das perguntas – não qualquer pergunta, mas as perguntas abertas. Uma pergunta aberta pode se tornar sua nova ferramenta de negociação para destravar acordos e possibilidades.

Perguntar mais também significa que você começa as negociações no início de tudo – consigo mesmo. Essa é a primeira negociação que travamos em qualquer circunstância. Quando você passa um tempo fazendo perguntas para si, antes de se sentar para falar com outra pessoa, você consegue mais do que esperava, agrega satisfação ao processo e fica mais preparado. Vou guiá-lo por essas perguntas para que você seja capaz de conduzir qualquer negociação com confiança.

Este livro mudará seus conceitos sobre negociação. Já leu algum livro sobre o assunto e pensou *Não é para mim*? Pois vou dar a você uma nova definição de negociar, uma noção que transfere a negociação das salas da diretoria e das frases de efeito dos políticos para o cotidiano – no qual trabalhamos, vivemos e sonhamos. Uma definição que envolve mais ouvir do que executar. Que permite ser você mesmo, ao mesmo tempo que gera mais valor a cada interação. Que leva você muito além de um aperto de mãos e ajuda a ter uma vida melhor.

PERGUNTE MAIS

Somos ensinados que negociação significa somente falar. Impor argumentos. Controlar a conversa. Ter todas as respostas para se obter o que se quer e impedir que o outro consiga o que deseja. E se fazemos perguntas, devemos fazer apenas aquelas para as quais já sabemos a resposta.

Esse conceito de negociação como desempenho não apenas faz com que muitas pessoas a evitem, como também é ineficaz. Você não se prepara para se tornar um especialista em negociação olhando para o espelho e ensaiando seus argumentos. Isso não é negociação – é discurso. E quando você usa esses argumentos com alguém, a outra pessoa fica menos inclinada a ouvir e a lhe dar crédito.

Já trabalhei com milhares de negociadores e posso apontar de imediato quem são os especialistas. Os grandes negociadores sabem que sua maior fonte de força não é a arrogância, mas o *conhecimento*. A negociação especializada exige que você compreenda a si mesmo e ao outro o suficiente para conduzir uma conversa que produza valor para as duas partes. No entanto, a maioria não faz as perguntas certas para adquirir esse conhecimento. Pesquisas mostram que apenas 7% das pessoas fazem boas perguntas em uma negociação. Mesmo quando compartilham informações sobre si ou conseguem dados corretos sobre seu interlocutor, poderiam obter muito mais se fizessem boas perguntas. Se você começa a negociação expondo seus argumentos ou fazendo as perguntas erradas, além de perder a oportunidade de gerar um ambiente de compreensão, pode acabar conseguindo menos do que esperava.

Mas não precisa ser assim.

O QUE É NEGOCIAÇÃO?

Quando decidi escrever este livro, procurei saber como pessoas de várias profissões e países definiam "negociação", já suspeitando que a maioria teria conotações negativas. Na verdade, muitas disseram que é algo semelhante a "uma discussão recíproca para se chegar a um acordo". Metade usou a palavra "concessão" – o que significa, na verdade, uma *perda*. Para os participantes da pesquisa, negociar era comparável a desistir ou entregar os pontos.

Em outras palavras, a maioria das pessoas via a negociação como um meio para buscar determinado resultado. E acreditava que se perde algo quando se negocia.

Para todo lado que olhamos, seja em dicionários, livros ou na televisão, vemos algo semelhante. Pessoas discutindo política ou negociando números para chegar a um ponto comum. Por exemplo, algumas definições do dicionário para "negociação" incluem:

- Discussão formal em que pessoas ou grupos tentam conseguir um acordo, especialmente em situações de negócios ou política. (*Macmillan*)
- Discussão formal entre pessoas que possuem objetivos ou intenções diferentes, em especial nos negócios e na política, durante a qual tentam obter um acordo. (*Collins*)

Como resultado, somos ensinados a pensar sobre negociação de uma forma limitada que exclui a maioria das pessoas e dos problemas. Será que só podemos falar em negociação se o que estiver em jogo forem números ou posições políticas? Somente o toma lá, dá cá que precede um acordo ou contrato?

UMA NOVA DEFINIÇÃO

Quando ensino negociação, começo mostrando a figura de um caiaque navegando por cavernas marinhas. Você vê a proa, o remo, a água cristalina e várias cavernas à frente. Então eu pergunto: "O que isso tem a ver com negociação?" A maioria das pessoas olha para a figura e diz coisas do tipo: "Negociação consiste em decisões estratégicas. Você precisa escolher em qual caverna vai entrar" ou "Significa escolher as melhores opções à sua frente" ou "Negociação é defender o resultado desejado".

Essas são respostas muito focadas em resultado e bastante limitadas. O meu conceito vem de uma definição diferente, aquela que está na última linha quando se consulta o dicionário de língua inglesa:

> Negociar (v.): transpor ou atravessar com sucesso
> (*Merriam-Webster*)[1]

Quando você está em um caiaque e transpõe uma caverna marinha ou atravessa uma trilha – ou seja, quando *viaja com sucesso* na direção necessária –, o que está fazendo? Está *conduzindo*. No meu trabalho, eu ensino que *negociação é qualquer conversa em que se conduz um relacionamento*.

Eu adoro a metáfora do caiaque porque exemplifica muitas coisas sobre negociação. Como se conduz um caiaque? Remando sem parar. Mesmo que você queira apenas continuar no curso que estabeleceu, precisará manter um ritmo constante, esquerda e direita, para navegar na direção desejada. O que

---

[1] Um dos sentidos do verbo *negotiate* em inglês é "transpor" ou "atravessar"; em português não temos esse sentido. (N. do T.)

acontece com um caiaque se você parar de conduzi-lo? Ele até continua se movendo, mas talvez não na direção pretendida. Forças externas, como o vento e a água, vão carregá-lo. E a metáfora do caiaque explica algo mais sobre negociação: você necessita da informação certa para conduzir com precisão. Não pode fechar os olhos, tapar os ouvidos e esperar chegar ao destino certo. É preciso observar as ondas e sentir a direção do vento. Tudo o que você vê, ouve e sente o ajuda a guiar o caiaque com precisão rumo a seu objetivo.

Todos podemos nos beneficiar ao conduzir com mais consistência e melhores informações, mas não é isso que costuma acontecer. Muitas vezes deixamos de fazê-lo porque fomos ensinados que a negociação ocorre apenas quando se trata de dinheiro ou quando quem fala são executivos ou políticos. Abaixamos os remos e esperamos até a negociação salarial anual ou quando sentimos que há uma crise. E às vezes *estamos* conduzindo, porém de maneira aleatória, porque não temos a informação correta para nos ajudar a traçar nosso percurso.

Por outro lado, o que acontece quando você trata a negociação da mesma forma que conduz um caiaque? Primeiro, você não espera que o contrato apareça para negociar com seu chefe ou o cliente. Não espera até que o relacionamento pareça estar em crise para ter uma conversa. Você se mantém no comando desses relacionamentos a cada interação. Segundo, você busca a informação correta para ajudá-lo a alcançar o objetivo. Faz ótimas perguntas. Usa habilidades avançadas de escuta para obter conhecimentos que ajudem a moldar o processo. Em resumo, aborda essas conversas de maneira intencional. Trata todas como parte da *negociação daquele relacionamento*.

Quando você estiver conduzindo suas relações de maneira consistente, conseguirá resultados ainda melhores se precisar falar sobre dinheiro, clientes ou quem esqueceu de matricular os filhos na aula de natação. O resultado não são só mais acordos – e acordos mais vantajosos –, mas relacionamentos mais sólidos, que geram valores muito além do dinheiro.

UMA ABORDAGEM DIFERENTE DA NEGOCIAÇÃO

Entendo que talvez não pareça uma abordagem típica sua ao negociar. Eu sempre pensei diferente sobre o assunto e acho que tem a ver com o modo como isso me foi ensinado. Enquanto eu estudava na Faculdade de Direito de Columbia, aprendi negociação de trás para a frente – ou seja, primeiro me concentrei em mediação. Qual a diferença entre as duas? Enquanto a negociação envolve defender o que você quer, a mediação é um processo no qual um terceiro, isto é, alguém de fora, ajuda duas ou mais pessoas a negociarem umas com as outras a fim de chegarem a um objetivo mutuamente benéfico. O mediador não toma partido nem fornece a resposta certa às partes envolvidas. Ele as ajuda a formular as perguntas certas para que tenham uma visão abrangente e mais clara das situações e, ao fazer isso, ajuda-as a negociarem com mais precisão e a encontrarem mais benefícios ocultos do que se estivessem sozinhas. A maioria das pessoas da minha área estuda mediação *depois* de negociação (quando estudam) e, com isso, acabam perdendo as habilidades da mediação que poderiam fazer delas negociadoras ainda melhores.

Nos últimos 15 anos, eu fui essa terceira pessoa para milhares de clientes, ajudando-os a negociar em nome de seus objetivos. Dessa posição neutra, vi claramente que a abordagem argumentativa do "eu primeiro", que muitos adotavam nas negociações, sempre dava errado nas sessões que eu mediava. Também comecei a observar o que de fato funcionava. Muito do que fiz como mediadora foi ouvir e fazer boas perguntas para os envolvidos – e quando os negociadores aprendiam a fazer aquilo sozinhos, alcançavam seus melhores resultados.

Então, quando ensino negociação, meu objetivo é ajudar todo mundo – não apenas executivos e políticos –, sabendo que eles também são negociadores. Independentemente de quem você seja e do que faça, as perguntas neste livro vão ajudá-lo a negociar qualquer coisa. E você vai aprender de um jeito que vai levá-lo muito além do aperto de mão que habitualmente celebra um acordo; vai experimentar algo mágico: valor adicionado, clareza, entendimento, transformação pessoal. Sei disso porque já ajudei milhares de pessoas a alcançar essa mágica com a mediação.

Isso é o *mais* que está no título deste livro.

QUAL É A MELHOR MANEIRA DE CONDUZIR?

Para conduzir com eficácia, é preciso ver, ouvir e entender para onde se está indo. Um dos diplomatas mais experientes da Organização das Nações Unidas, o secretário-geral adjunto Nikhil Seth, me explicou que as velhas ferramentas de negociação e da diplomacia – nas quais você esconde as cartas na manga e tenta surpreender o adversário – não funcionam mais. Nos dias de hoje, em que tanta informação pode percorrer o mundo com um toque no teclado, é muito mais difícil pegar um adversário desprevenido. Seth encontrou na transparência a chave para a negociação: obter e compartilhar a informação certa.

Pesquisas recentes sobre negociação e liderança confirmam esse fato. Os melhores negociadores e líderes são aqueles que fazem as perguntas certas e, portanto, conseguem a informação correta para ajudá-los a chegar aos melhores acordos.

Alcançar a transparência, porém, é muito mais difícil do que parece nesta era de sobrecarga de informação. Lutamos para ignorar as discussões na internet, as opiniões dos outros e até nossas próprias expectativas a fim de vermos como de fato somos e do que precisamos. E, quando lutamos para nos enxergar, inevitavelmente falhamos em enxergar as pessoas ao redor – clientes, colegas, cônjuges e adversários. Essa falta de perspectiva leva a todo tipo de desafios, incluindo negociações fracassadas, relacionamentos distantes ou frágeis e estagnação no atendimento ao cliente.

Perguntar mais na negociação envolve fazer as perguntas certas – tanto para você quanto para os outros. Quais são as perguntas que nos atrasam e quais as que nos ajudam a preparar o caminho?

PESCA COM REDE: O PODER DAS PERGUNTAS ABERTAS

Durante uma negociação, a maioria das pessoas não faz perguntas suficientes. E, ainda que façam, as perguntas tendem a distanciá-las de seus objetivos.

Logo no início da minha carreira como professora e mediadora, me interessei por estudar perguntas. No meu segundo ano atuando na Faculdade de Direito de Columbia, fui convidada para ensinar em Fortaleza, uma cidade litorânea do Brasil. Certa manhã, antes de uma das minhas aulas de mediação na universidade, saí do hotel para uma caminhada na praia do Mucuripe, que ficava bem próxima.

Na praia, vi os tradicionais barcos de pesca, chamados de jangadas, voltando do mar carregados de peixes. Os pescadores espalhavam suas redes pela areia, revelando um arco-íris de pescados para venda.

Parada ali na praia, me lembrei da casa à beira-mar da minha avó em Copiague, Nova York, onde, quando eu era criança, ficava de pé por horas segurando uma linha de pesca na doca, na esperança de fisgar um peixe que em seguida lançaria de volta na água.

Tive uma ideia repentina e corri para o hotel a fim de revisar os slides da aula.

Em uma praia em Fortaleza naquela manhã, percebi que uma das razões pelas quais tendemos a nos sentir travados quando fazemos perguntas é que, metaforicamente, estamos pescando com um anzol, e não com uma rede – ou seja, fazemos perguntas fechadas que nos fornecem muito pouca informação e, geralmente, informação inútil.

Perguntas fechadas são mais ou menos assim:

Consigo convencer esse cliente a melhorar o pacote que ele compra da minha empresa?
Devo voltar a trabalhar no escritório ou continuar em casa e me sentir frustrado?
Você não entende que precisamos poupar dinheiro este ano?
Será que meu chefe me dará o aumento que eu pedi?

Como sabemos que estamos fazendo uma pergunta fechada? Vou dar um exemplo. Imagine que você vai me perguntar sobre minha viagem a trabalho mais recente – digamos que tenha sido para a Índia. O que você perguntaria?

Quando eu aplico esse exercício de entrevista em workshops de negociação, grande parte das pessoas faz perguntas como "Você gostou da Índia?", "A qual cidade você foi?" e "A comida era apimentada?". Essas perguntas são abertas, certo? Errado. Todas são perguntas fechadas, que levam a respostas de uma palavra ou variações de sim/não. Toda vez que você faz uma pergunta fechada, está pescando com um anzol.

Quer saber uma forma fácil de evitar perguntas fechadas?

Não faça perguntas que comecem com verbos que não sejam de ação (variações de "ser", "estar" e "fazer"): "Estava quente na Índia?", "Foi bom o treinamento?", "Teve jet-lag?" ou "Vale a pena contratar um guia para ir ao Taj Mahal?". Na maioria das vezes, quando a pergunta começa com um verbo, é uma pergunta fechada.

Raramente percebemos isso. Quando você está conversando com o seu melhor amigo e faz perguntas fechadas como "Gostou da Índia?", provavelmente ele vai fornecer mais informações do que sua pergunta pediu: "Sim, eu amei a Índia! Uma das coisas mais interessantes foi...". Mas se você estiver falando com um mero conhecido ou alguém com quem está vivendo um conflito, tudo o que vai conseguir é um simples *sim*.

Agora que você tem essa informação, vai ficar chocado com a quantidade de perguntas fechadas que está fazendo no seu dia a dia, para si mesmo e para os outros. Está pescando com um anzol. No máximo, vai terminar com um peixe, mas corre um grande risco de sair de mãos vazias.

O QUE É UMA PERGUNTA ABERTA?

A verdadeira pergunta aberta é aquela que convida a uma resposta ampla. Ela induz o interlocutor a oferecer informações factuais, pistas sobre seus sentimentos, detalhes sobre suas atividades e um maior entendimento de como ele vê a si mesmo. Como eu disse para os meus estudantes naquele dia em Fortaleza, pescar com uma rede permite que você obtenha uma série de informações boas e instigantes. É possível coletar uma tonelada de peixes vivos, assim como algumas carcaças ou um monte de algas que sobrecarregam sua rede. Mas estará anos-luz à frente da pessoa que continua pescando com um anzol.

Um detalhe bem interessante é que essa distinção entre "aberto" e "fechado" vai além do campo da negociação. Lizzie Assa, uma especialista em brincadeiras de crianças, me ensinou que até os jogos infantis podem ter um final aberto ou fechado. E qual é a diferença? Com brinquedos de final aberto, como um conjunto de peças de formatos diferentes, as crianças (ou os adultos) podem construir qualquer coisa: um muro para escalar, uma árvore, um vilarejo, um carrinho. Brinquedos de final aberto estimulam a linguagem, a conexão social e a criatividade (soa familiar?). Já com um conjunto de blocos que se torna um quartel de bombeiros, você só poderá construir uma coisa: um quartel de bombeiros. Brinquedos com final fechado são indicados para crianças que estão aprendendo a se concentrar e a cumprir uma tarefa até o fim.

Da mesma forma, se quisermos apenas concluir rapidamente uma tarefa simples, as perguntas fechadas darão conta do recado. Mas se quisermos resolver um problema desafiador, compreendê-lo em profundidade, melhorar nossa conexão com os outros e estimular a criatividade, vamos precisar de perguntas abertas.

DE VOLTA À ÍNDIA: A PERGUNTA MAIS ABERTA QUE EXISTE (DICA: ELA NÃO TEM PONTO DE INTERROGAÇÃO)

Você deve estar pensando: qual é a pergunta mais aberta que poderia fazer sobre minha viagem para a Índia? A resposta é ardilosa, porque é uma pergunta sem ponto de interrogação: *Me conte sobre sua viagem para a Índia!*

Essa pergunta lança uma rede bem aberta. Para respondê-la, posso dizer que foi a minha primeira vez na Índia. Que eu estava nervosa de ir para lá porque ainda me recuperava de uma complicada cirurgia no pé e estava mancando. Talvez eu revele que estava empolgada com o workshop de mediação para a Suprema Corte de Nova Délhi, que atraiu uma plateia muito grande e interessada. Ou que fiquei surpresa com a cultura de trabalho calorosa e familiar, que inspirou o presidente do tribunal a me convidar para uma refeição caseira com sua mãe. Talvez eu descreva minha surpresa ao ver o Taj Mahal ao nascer do sol, o orgulho que senti do excelente trabalho apresentado pelos meus alunos, a culpa por minha filha mais nova estar sentindo minha falta ou o encantamento por uma iguaria local. E talvez eu ainda lhe diga que voltei de lá me sentindo muito otimista. "Me conte" é uma pergunta mágica que abre um mundo inteiro diante dos seus olhos. E você vai descobrir mais sobre isso nas páginas deste livro.

10 PERGUNTAS ABERTAS: A ESTRUTURA
VOCÊ PODE CONSEGUIR MAIS

Este livro contém 10 perguntas com o poder de transformar quase qualquer negociação, questão de negócio ou relacionamento conflituoso. Você aprenderá a formulá-las de um jeito que mudará a maneira como negocia, faz acordos, mantém relacionamentos e persegue seus sonhos.

Não serão perguntas seguras – aquelas que os pescadores amadores usam quando saem de casa com uma vara e um balde. Você fará perguntas corajosas. Perguntas abertas. Perguntas que vão revelar um tesouro bem escondido e inesperado.

O ESPELHO: ENTENDER VOCÊ

Quando estudam negociação, as pessoas tendem a se concentrar no que acontece quando se sentam (ou ligam ou mandam e-mail) para conversar com a outra parte. Devo fazer a primeira oferta? Devo avaliar a estratégia dele para então decidir a minha? Como estruturo a minha demanda?

Começar um estudo de negociação falando sobre o momento em que você está diante da outra parte, mesmo que não presencialmente, é como começar a receita de macarronada da minha avó do momento em que o molho é acrescentado à massa. Você perdeu muito do que move as engrenagens! Qualquer negociação, qualquer conversa direcionadora, deve começar com você. Você precisa conduzir desde o início, fazendo as perguntas certas a si mesmo. Os melhores relacionamentos, negociações ou interações com clientes começam com você: um processo de autodescoberta que vai ajudá-lo a ter clareza sobre quem é e sobre o que quer alcançar.

Portanto, as primeiras cinco perguntas deste livro você vai fazer a si mesmo. Essas perguntas abertas vão ajudá-lo a lançar uma ampla rede nos recantos mais profundos do seu cérebro e realizar uma autoanálise. O autoconhecimento é decisivo para fechar acordos e resolver conflitos, para revelar seus propósitos e encontrar a felicidade. Essas perguntas vão ajudá-lo a chegar lá.

Com muita frequência, o que traz as pessoas ao meu escritório não é necessariamente o que mais as preocupa. Elas nunca fizeram a si mesmas as perguntas que talvez vão além do dinheiro em disputa, da última discussão com o cônjuge ou dos pormenores do contrato que motivou a consulta. Quando formulamos essas perguntas, descobrimos o que realmente levou a esses conflitos – e tudo faz muito mais sentido, incluindo o que estamos procurando na negociação que acontecerá. É o que eu chamo de "Espelho".

A JANELA: ENTENDER O OUTRO

Depois das perguntas Espelho, outras cinco devem ser feitas em uma negociação. Você vai usá-las para abrir sua janela para a pessoa na sua frente.

Assim como você usou as perguntas Espelho para ganhar perspectiva sobre si mesmo, as perguntas Janela vão ajudá-lo a ganhar perspectiva sobre outras pessoas. Nunca precisamos tanto dessa habilidade quanto nos tempos atuais. Estudos sobre o clima sociopolítico nos Estados Unidos demonstram uma polarização extrema entre a população. As pesquisas também mostram que as pessoas que estão chegando ao mercado de trabalho não possuem habilidades suficientes para a resolução de conflitos. Só podemos ter as conversas profundas que nos ajudam a conduzir nossas famílias, empresas e nossa sociedade se dermos um passo além do nosso ponto de observação e envolvermos as pessoas. Precisamos ter coragem – e ferramentas – para travar um diálogo.

Nikhil Seth também observou isso em relação à Organização das Nações Unidas:

"É fácil conversar com quem tem as mesmas ideias que nós. Às vezes preferimos concordar a discutir. O que realmente funciona em uma negociação é ter a coragem de dar este passo: partir e tentar entender a perspectiva de outras pessoas ou de outro grupo. Sem esse passo não é possível avançar."

Durante o processo de fazer essas perguntas e escutar as respostas, você enxergará a outra pessoa tão claramente quanto a si mesmo. Assim terá uma visão sem maquiagem do seu parceiro, chefe ou adversário: o que os motiva, no que acreditam, o que sentem e do que precisam. Esse tipo de perspectiva é raro e tem o poder de destravar acordos, fortalecer relacionamentos e até transformar os conflitos mais desafiadores. Essa é a Janela.

O PRÊMIO: CONCLUIR SUA NEGOCIAÇÃO

No fim do livro, você terá mudado as perguntas que está fazendo a si mesmo e aos outros. Perguntas melhores levam a respostas melhores. Essas perguntas vão expandir sua visão de mundo e do seu lugar nele. Vão expandir a sua visão das pessoas ao seu redor. E vão prepará-lo para abordar situações com uma mentalidade mais positiva, realista e criativa.

Mas a jornada não termina com as perguntas. Como sugere a citação de Carl Sagan no início deste capítulo, fazer perguntas corajosas é o ponto de partida para imprimir significado ao nosso mundo, mas não é o fim. O que dá significado – qualquer que seja o sentido que esta palavra tem para você – ao nosso mundo é a profundidade das nossas respostas.

PARTE 1

O ESPELHO

FAZENDO AS PERGUNTAS CERTAS PARA NÓS MESMOS

Você conhece a sensação. Um cliente em potencial liga e diz: "Eu gostaria de contratar seus serviços. Quais são seus honorários?" Seu parceiro manda uma mensagem perguntando por que uma conta não foi paga. Um recrutador quer saber qual é a sua pretensão salarial. Seu filho mostra um recado da professora dizendo que o dever de casa novamente não foi feito. O corretor de imóveis afirma que você deve pôr na mesa uma oferta por aquele imóvel em que está de olho há algum tempo.

E você tem vontade de pegar o telefone, o computador – o que quer que seja – e responder *de imediato*.

Mas espere. Nesta primeira parte do livro, você vai aprender que, ao esperar um pouco – menos de 30 minutos – e fazer a si mesmo cinco boas perguntas (e respondê-las), obterá melhores resultados e se sentirá mais autoconfiante quando negociar com outras pessoas.

Em um mundo no qual muito do que realizamos é para impressionar os outros, fazer perguntas a nós mesmos pode parecer antinatural. Muitos de nós, independentemente da profissão, aprendemos que as habilidades de negociar e de liderar se baseiam em falar. Ou até mais do que falar – que o sucesso em uma negociação é ter todas as respostas.

Qual é a relação entre fazer perguntas a nós mesmos e saber negociar e conduzir relacionamentos? Há muito em comum, como vamos descobrir. Pesquisas recentes da psicóloga organizacional Tasha Eurich revelaram um elo claro entre autopercepção e liderança eficaz, incluindo proficiência na negociação. Mas nem toda autopercepção é igual. Na verdade, ela pode ser de *dois* tipos: interna e externa. A interna diz respeito a ir mais fundo dentro de nós mesmos e verdadeiramente nos enxergar como somos: nossas prioridades, necessidades, emoções, objetivos, pontos fortes e fracos. A autopercepção externa é saber examinar como os *outros* poderiam nos enxergar. Adivinhe qual delas a maioria de nós prioriza? Quando nos concentramos na forma como os outros nos veem, em detrimento de nos entendermos de verdade – ou seja, quando temos uma forte autopercepção externa, mas fraca autopercepção interna –, nos tornamos mais propensos a tomar decisões que não se alinham com nossos valores e nossas prioridades.

Além disso, quando a Dra. Eurich e sua equipe de pesquisadores investigaram como aumentar a autopercepção, adivinhe o que descobriram? Que ambas as formas de autopercepção dependem de fazermos perguntas a nós mesmos – mas não qualquer pergunta. Na verdade, eles constataram que a maioria das pessoas faz a si mesma justamente as perguntas *erradas*.

Uma das perguntas mais ineficazes que as pessoas se fazem quando tentam se conhecer melhor é *por quê*. Exemplos: "Por que essa negociação foi tão fraca?"; "Por que não consegui que meus argumentos surtissem efeito?". *Por que* é uma pergunta que costumamos fazer quando atribuímos culpa, seja aos outros ou a nós mesmos. Pesquisas mostram que perguntas com *por que* nos colocam em modo de autojustificativa e nos levam a respostas distorcidas e egoístas. E isso é generalizado, tendo resultados potencialmente destrutivos. Nos dias seguintes ao ataque em que mais de 50 pessoas foram mortas em Las Vegas por um homem atirando com rifles de uma suíte no hotel Mandalay Bay, eu li no *The New York Times* um artigo segundo o qual, depois dessa tragédia, a pergunta *por que* era a mais frequente em todo o país.

Em tempos desafiadores, porém, *por que* não é a pergunta mais necessária.

Por que parece se referir ao passado, muitas vezes buscando atrelar um problema a um culpado. No entanto, o maior problema com o *por que* é que ele é um distanciador. Quando achamos que entendemos *por que* alguém fez algo, podemos culpar esse *por que* e entender que aquele evento não nos diz respeito.

Você não encontrará perguntas com *por que* neste livro, e eu também não faço perguntas com *por que* nas negociações. Em vez de perguntar *por que* para nós mesmos ou para os outros, o que atrairia, como já ressaltei, respostas egoístas e imprecisas, prefiro fazer perguntas que comecem com *o quê*. Por exemplo, em vez de "Por que eu fiz isso?", pergunto: "O que me fez tomar essa decisão?" Negociadores que formulam perguntas com *o que* conseguem níveis mais altos de autopercepção interna, o que os leva a melhores resultados nos negócios e nos relacionamentos.

Faz sentido que a maioria de nós não tenha proficiência em fazer perguntas a nós mesmos. Temos tão pouca prática que, quando falamos, na maioria das vezes não sabemos o que perguntar. Janet, uma profissional de recursos humanos, me contou certa vez uma história que ilustra esse ponto. Ela estava trabalhando com uma executiva de alto escalão, Deborah, que andava muito insatisfeita com um funcionário recém-transferido para sua equipe. Deborah contou que esse colaborador não sabia como ela gostava que as coisas fossem feitas e que não tinha tempo de treiná-lo. E avisou a Janet que precisava de outra pessoa. Alguém que fosse ótimo.

– O que seria um ótimo funcionário? – perguntou Janet, dando um tempo para que Deborah refletisse.

Após um minuto, Deborah respondeu:

– Alguém que escreva bem, seja equilibrado e confiante, que preste atenção nos detalhes e que tenha uma boa postura e capacidade de análise. Esses são os pontos que nem sempre posso ensinar...

Foi quando a voz de Deborah falhou. Ela fez uma pausa e seus olhos se arregalaram. Então encarou Janet.

– Tudo bem. Entendi. Ele tem as qualidades que eu quero. Preciso apenas ser paciente e ensinar a ele como as coisas funcionam.

Janet me falou: "A mágica dessa pergunta foi que eu não precisei dizer mais nada. Na verdade, um tempo depois Deborah me ligou e disse que eu era um gênio, porque o novo funcionário aprendia muito rápido."

Como resultado dessa pergunta Espelho (veja o Capítulo 2), Deborah ouviu a própria voz e aprendeu algo poderoso que mudou toda a sua visão da situação – e a situação em si: ela tinha um ótimo funcionário que precisava de um pouco de investimento. Deborah então passou um tempo ensinando a ele como as coisas funcionavam e toda a equipe decolou.

SUA VEZ NO ESPELHO

Nos próximos cinco capítulos, você fará a si mesmo cinco perguntas que vão ajudá-lo em *qualquer* negociação. O trabalho começa agora. Preparei cinco dicas simples para incentivá-lo.

DICA 1: CRIE A OCASIÃO. Com frequência, o valor que agrego como mediadora é criar a oportunidade para que as pessoas envolvidas na negociação ignorem o barulho e atentem para o problema. Ofereço um espaço neutro e tranquilo onde elas podem se concentrar. Deixo-as à vontade com bebidas e petiscos. E dou o tempo de que precisam para conversar. Faça o mesmo por você e reserve um tempo. Transforme isso em um compromisso tão inadiável quanto uma consulta médica ou uma reunião com seu chefe.

DICA 2: ANOTE SUAS RESPOSTAS. A maioria de nós, quando vai a uma reunião importante na qual alguém exporá suas ideias, leva um caderno ou algum dispositivo para anotar o que for dito. Fazer anotações não é apenas sinal de respeito; está comprovado que nos ajuda a lembrar melhor depois. Então, por que não fazer isso ao conversar consigo mesmo? Talvez você seja mais atento ou organizado do que eu, mas, se eu não anotar, terei dificuldade para me lembrar das minhas respostas no dia seguinte. Pesquisas também mostram que pôr seus objetivos no papel significa que está mais disposto a realizá-los – e estamos aqui para isso. Então, trate esta parte Espelho como se fosse uma reunião consigo mesmo. Anote suas respostas conforme os pensamentos surgirem.

DICA 3: ANOTE O QUE ESTÁ PENSANDO. Veja bem: não é o que você *gostaria* de estar pensando. À medida que faz isso, talvez se sinta incomodado ao escrever. Ou pior, pode se censurar pelo que escreveu. Vivemos em uma sociedade muito crítica – e não julgamos ninguém tão severa ou implacavelmente quanto a nós mesmos. Já perdi a conta de quantas vezes me disseram: "Bom, provavelmente isso não vai funcionar, mas..." ou "Isso é meio ridículo..." antes de dizer algo profundo e útil. É extremamente difícil fechar os olhos para a nossa crítica interna.

Mas vou pedir que você lute contra o próprio julgamento aqui. É importante por várias razões. Primeira: quando nos julgamos muito severamente, não conseguimos nos enxergar de verdade. No meu trabalho de mediação, acredito que a fonte mais comum de conflitos seja o fato de as pessoas não se enxergarem ou não se apresentarem como realmente são. Uma coisa é fazer isso com suas fotos, usando um aplicativo de edição de imagens para ter uma aparência mais magra ou disposta, mas tentar ingressar na conversa com uma versão idealizada "sintonizada com o conflito" de você mesmo sempre acarreta mais problemas. O que acontece, por exemplo, quando você está *sentindo* raiva de alguém, mas não quer admitir? Quando se reúne com essa pessoa, o seu eu sem filtros surge de trás das cortinas, resultando em mensagens confusas, agressões indiretas ou palavras grosseiras de que mais tarde você se arrependerá. Enxergar a si mesmo com clareza conduz a uma melhor autopercepção, o que, por sua vez, ajuda a se comunicar de maneira mais objetiva e precisa. As outras pessoas responderão a essa autenticidade – e provavelmente estarão mais dispostas a compartilhar seu verdadeiro eu *e* a reagir positivamente às suas ideias.

DICA 4: FIQUE ATENTO A CADA RESPOSTA. Vou mostrar cinco grandes perguntas que vão ajudá-lo a se conhecer melhor do que você jamais se conheceu, mas não vamos parar por aí. Também vou ensiná-lo a prestar atenção no próximo passo após cada pergunta para entender melhor o que é dito sobre você. Não precisa ser complicado para funcionar. Muitas vezes obtenho a melhor informação das partes envolvidas depois de elas responderem à primeira pergunta, com apenas uma questão adicional. Espero que falem, agradeço e pergunto: "O que mais você gostaria que soubéssemos?" *Nesse momento,* ouço aquilo que mais ocupa suas mentes, algo que estão pedindo permissão para dizer. Dê a si mesmo esse espaço e essa permissão.

DICA 5: RESUMA A SUA RESPOSTA. Leia suas respostas quando terminar. Então pare por um momento e pense sobre o que descobriu. Como você resumiria essa resposta em poucas linhas? Conte essa história em voz alta como se a estivesse explicando a um amigo de confiança (ou, se funcionar melhor, faça isso com um amigo real). Então escreva o resumo abaixo da resposta original. Quando for resumir, procure padrões ou palavras recorrentes. Eles têm um significado especial, então tome nota.

Vamos começar.

1
QUAL PROBLEMA EU QUERO RESOLVER?

Albert Einstein teria dito que, se dispusesse de uma hora para resolver um problema, passaria 55 minutos pensando no problema e cinco minutos na solução.

Outro que adorava pensar em problemas? Steve Jobs. Em 2002, logo após o sucesso do iPod, Jobs observou que os consumidores o levavam para toda parte, escutando música. Mas, conforme observava (e vivia) aquele fenômeno, ele ficou cada vez menos satisfeito por ter criado um dispositivo que era mais um peso para a pessoa carregar por aí. Esses mesmos consumidores já estavam sobrecarregados com vários outros dispositivos: o celular, um notebook pesado e talvez um "assistente pessoal digital", como o palmtop. Naquela época, smartphones e palmtops vinham com um teclado acoplado que podia ser difícil de usar ou com uma caneta Stylus que às vezes não funcionava e se perdia facilmente.

Jobs viu o que os outros não viram. As pessoas precisavam de um dispositivo que fosse simples de usar e servisse para tudo: fazer ligações, processar dados, ouvir música e ajudá-las a se organizar. Sem teclado, sem caneta ou qualquer outro acessório que pudesse ser perdido. Apenas um dispositivo e a única ferramenta necessária: o dedo humano. Ele pediu que os engenheiros da Apple criassem um *único* aparelho que solucionasse esse problema.

Anos depois, Jobs saía de uma reunião com a AT&T tendo negociado um acordo para que sua subsidiária Cingular Wireless vendesse o primeiro iPhone – que ainda estava em desenvolvimento. A AT&T teria direitos exclusivos de distribuição do novo iPhone e, em troca, a Apple ganharia aproximadamente 10 dólares da conta de celular de cada consumidor todos os meses. A Apple também manteria o controle sobre o preço e a distribuição do software do aparelho, bem como sobre a identidade da marca. Foi um acordo sem precedentes no setor de telefones sem fio. Jobs convenceu a AT&T a entrar no projeto descrevendo um problema que ele acreditava que apenas a Apple pudesse resolver e articulando sua visão de uma solução pioneira.

Essa negociação foi apenas parte de uma série maior de negociações de Jobs para dar vida ao iPhone. Um consultor que trabalhou com ele na época, Raj Aggarwal, contou à revista *Forbes* que o sucesso desse acordo com a AT&T se deu, em parte, pela maneira como Jobs conduziu o relacionamento com todos os participantes de peso: "Jobs se encontrou com os CEOs de cada concessionária. Fiquei impressionado com sua natureza prática e seu desejo de deixar sua marca em tudo o que a empresa estava fazendo." Ele acompanhou cada detalhe do produto com os engenheiros, testando várias vezes até que funcionasse do jeito que tinha visualizado. Também gerenciou o relacionamento com consultores como Aggarwal, com os colegas da Apple, com analistas do mercado – e, o mais importante, com os clientes.

O iPhone, lançado em 2007, rapidamente conquistou um segmento considerável do mercado de celulares. O que levou a esse sucesso transformador para Jobs e a Apple? Kevin Ashton, empreendedor de tecnologia britânico que traçou o perfil de Jobs, escreveu: "Para Jobs e para o iPhone, o ponto de partida decisivo não foi encontrar uma solução, mas ver um problema: o problema dos teclados acoplados que dificultavam o uso dos smartphones. Todo o restante foi consequência."

O PRIMEIRO PASSO DECISIVO EM *QUALQUER* NEGOCIAÇÃO

A primeira pergunta que você deve fazer a si mesmo em qualquer negociação é: "Qual problema eu quero resolver?"

Lembre-se: negociar é conduzir. Cada decisão, cada direção que você toma em uma negociação tem origem no problema ou objetivo que você definiu para si mesmo. Quando você sai de caiaque, a primeira coisa que deve saber não é para onde está indo? Pessoas que pulam esse passo (e muitas pulam) correm o risco de remar o dia todo em águas turbulentas para chegarem à ilha errada.

Muitos acham que a parte divertida da negociação é descobrir a solução. Não. Definir o problema é que é a melhor parte. Uma vez que aprende a definir um problema, você descobre como isso pode ser incrivelmente satisfatório, criativo e até divertido. Para mim, que sou coach de negociação, ajudá-lo a descobrir o seu *o quê* – o problema a ser resolvido – é tão estimulante quanto saltar de paraquedas ou saborear uma massa perfeita na Itália (não julgue; cada um com seu gosto). Digo isso porque sei as coisas maravilhosas que você pode encontrar e alcançar do outro lado dessa pergunta.

Definir o problema ajuda a encontrar a solução. E isso acontece em qualquer negociação, seja um grande conflito diplomático ou apenas tentar convencer seu filho pequeno que sorvete não é jantar.

GASTAR TEMPO PARA GANHAR TEMPO

Definir um problema com precisão pode demorar, mas em geral o tempo que você gasta nessa etapa acaba sendo compensado. Um executivo que fez meu curso de negociação e conseguiu definir seu problema me disse: "Acho que em 15 minutos eu poupei três dias de esforço inútil." Quando você sabe para onde quer ir, ganha muito tempo. Do contrário, pode perder tempo tendo que conferir o mapa e recuar.

DEFINIR O PROBLEMA EM GRANDES NEGOCIAÇÕES

Definir o problema é de suma importância para negociações longas, grandes ou complicadas. Em outros termos: se alguém vem até meu escritório e eu já começo perguntando sobre a solução do problema, estarei pedindo que descrevam algo que nem ao menos enxergam. Imagine que você está escalando uma montanha. Quanto mais alta ela for, menos você verá o pico da posição em que se encontra. É preciso começar da base, subindo a trilha passo a passo. Cada obstáculo que você transpõe ou riacho que atravessa lhe dá mais experiência e confiança para avançar. E em algum momento o pico se torna visível. Você consegue enxergá-lo e descobre como chegar até lá.

Conduzimos uma negociação da mesma forma que escalamos uma montanha. Ao perguntar a si mesmo qual é o problema que quer resolver, você começa de onde tem que começar – com o problema que está tentando solucionar – e gera informações que o ajudarão a visualizar e alcançar seu objetivo, que é a solução.

Vamos ver um exemplo. Um dos grandes problemas que os Estados Unidos enfrentam é a ausência escolar crônica de uma parcela das crianças, definida por 10% ou mais de faltas no ano letivo, por qualquer motivo. Disso resulta que alunos do terceiro ano se mostram incapazes de dominar a leitura, os do sexto ano são reprovados e os do nono ano desistem do ensino médio. De acordo com a organização sem fins lucrativos Attendance Works, que ajuda escolas e comunidades parceiras a trabalharem juntas para reduzir o problema, todos os anos mais de 8 milhões de estudantes nos Estados Unidos faltam tanto que acabam correndo os riscos que enumerei.

As pessoas que estudam o problema da ausência escolar crônica tendem a se concentrar no que é chamado de "matar aula", que é a ausência injustificada – ou seja, quando os pais não mandam um bilhete que explique a falta. Essa definição unilateral do problema pressupõe um mau comportamento dos estudantes ou da família e com frequência leva a uma solução punitiva e automática: castigo para os estudantes e os pais, em uma tentativa de forçar um comportamento melhor. Mas os castigos não funcionam.

Quando Hedy Chang, CEO da Attendance Works, parou para definir o problema, não se voltou para as ausências injustificadas e as suspensões. Em vez disso, definiu-o como "crianças perdendo um número importante de aulas por motivos diversos". Aliás, nos primeiros estágios escolares, ela descobriu que muitos dos alunos em risco estavam acumulando ausências justificadas. Ou seja, concentrar-se no ato de "matar aula" não resolveria o problema.

Usando essa definição do problema como guia, Hedy incentivou as escolas a conversar com as crianças e com os pais e a descobrir os problemas reais que impedem os alunos de frequentar as aulas. Esses esforços levaram a soluções inesperadas. Assim que abriram linhas de comunicação com os estudantes e suas famílias, diretores de várias escolas constataram que às vezes as crianças faltavam não para evitar o esforço do estudo nem porque seus pais não priorizavam o aprendizado, mas porque não tinham roupas limpas para usar. Estudantes que não conseguiam lavar suas roupas com frequência preferiam ficar em casa a passar vergonha perante os colegas. Graças a essa descoberta, um número crescente de escolas fez parcerias com empresas ou fundações locais para oferecer serviços de lavanderia no ambiente escolar. Uma escola revelou que a porcentagem dos estudantes que frequentavam 90% das aulas pulou de 46% para 84%, isso depois de combinar o programa de lavagem de roupas e o acompanhamento feito por assistentes sociais. Definir de maneira ampla o problema da ausência escolar crônica ajudou Hedy, a Attendance Works, educadores e cidadãos de todo o país a desenvolverem uma solução inovadora e eficaz que beneficiou tanto as famílias quanto os bairros.

Assim, se você está lidando com uma negociação grande ou complicada, é fundamental definir o problema. Isso também vale para situações pessoais. Vejamos o caso de Antonia, uma corretora de seguros bem-sucedida financeiramente que, nos últimos cinco anos, esteve em conflito com a irmã mais velha, Carmem. Carmem repetidas vezes pedia ajuda financeira para Antonia e gastava o dinheiro não com alimentação ou manutenção da casa, mas com itens caros que pudesse exibir para os amigos. Para piorar, Carmem se referia de maneira desdenhosa ao sucesso profissional da irmã para o restante da família. Antonia cada vez mais se ressentia e toda vez que tentava falar sobre o assunto com Carmem, tinha dificuldade em expressar algo além de raiva. As conversas pareciam nunca resolver nada ou trazer alívio para Antonia. O motivo? Antonia precisava definir o problema que queria solucionar. Seria pedir a Carmem que valorizasse sua ajuda? Estabelecer limites em relação ao dinheiro? Encontrar uma forma gentil de criar certa distância no relacionamento?

Conhecer o problema que precisa resolver dará a ela um roteiro para a conversa necessária.

Você já se sentou com alguém e se viu com dificuldade para organizar informações ou priorizar o que é mais importante? Está há 10 anos no mesmo emprego e tomou diversas iniciativas, mas no fim das contas não tem certeza se progrediu? Como Antonia, talvez você tenha pulado o passo mais importante: definir o seu problema.

DEFINIR O PROBLEMA EM NEGOCIAÇÕES SIMPLES

Talvez você não esteja tentando encontrar a cura do câncer ou determinar o rumo da sua carreira. Talvez seja algo mais simples, como falar com o pedreiro sobre o que você quer que ele faça no banheiro ou fazer com que seu senhorio mande consertar um vazamento. Parece que você está disposto a falar sobre soluções, certo?

Vamos pegar o exemplo do pedreiro. Você está se preparando para conversar com ele sobre uma possível reforma. Mesmo aqui, é importante perguntar qual é o problema que está tentando resolver. Vai vender a casa? Em caso positivo, talvez você queira uma reforma com um apelo mais comercial a um preço razoável. Está morando na casa dos seus sonhos, onde tudo vai muito bem, e pretende passar as próximas quatro décadas nela? Nesse caso, talvez você queira incluir todos os recursos mais modernos disponíveis. Ou precisa adaptar o banheiro às pressas porque o seu cônjuge sofreu um acidente e agora está em uma cadeira de rodas? Nesse caso, você tem todo um conjunto novo de escolhas a fazer.

Mesmo em negociações simples, você não pode traçar soluções enquanto não entender o problema.

DEFINIR UM PROBLEMA QUE NINGUÉM VIU AINDA: INOVAÇÃO COMO NEGOCIAÇÃO

Em uma negociação, às vezes conduzimos nosso caiaque por um percurso indicado pela pessoa à frente. E às vezes não há um percurso a seguir. Nesse caso, é preciso criá-lo.

Comecei este capítulo com uma história sobre inovação que também é uma história de negociação. Como? A Apple descobriu aonde precisava ir e conduziu seus relacionamentos importantes – com distribuidores, mercado e clientes – naquela direção. E tudo isso começou com a definição do problema.

A maioria das pessoas pensa que negociar é mais como olhar para trás, mas negociar é conduzir. É criar. É produzir. O mais importante: negociação é como inventamos nosso futuro. Às vezes fazemos isso solucionando um problema antes que qualquer um consiga compreendê-lo. É nesse lugar criativo que a negociação se torna inovadora.

Steve Jobs percebeu isso. Ele sempre tentou entender o problema seguinte (admitindo que sempre haverá um, mesmo com os produtos que os consumidores aparentemente adoram) e solucioná-lo – às vezes antes mesmo que qualquer outra pessoa no mercado reconhecesse que existia um problema. No campus da Apple existe uma inscrição que diz LOOP INFINITO. O que isso significa? Nas palavras do escritor Kevin Ashton, que estudou a personalidade de Jobs, significa que "criar não é o resultado da genialidade, da incubação inconsciente ou de momentos de 'eureca'! É o resultado de pensar: uma série de passos mentais que consistem em problema, solução e repetição".

Darrel Mann, especialista em inovação global que trabalhou como engenheiro-chefe da Rolls-Royce, passou décadas estudando os esforços de inovação das empresas e o que as faz funcionar – ou não. Ele descobriu que apenas 2% desses esforços eram bem-sucedidos. E, dos fracassos, "25% se davam por se tentar resolver os problemas errados".

COMO DEFINIR SEUS PROBLEMAS DE MODO ABRANGENTE: OBTENDO A PERSPECTIVA DA VISÃO MAIS GERAL

"Qual problema eu quero resolver?" é uma pergunta ampla, a que precisamos nos desafiar a responder de maneira precisa. Pesquisas de neurociência disponíveis no livro *Rápido e devagar: Duas formas de pensar* e em obras semelhantes nos mostram que os seres humanos tendem a evitar perguntas desafiadoras, preferindo responder àquelas que são mais limitadas e fáceis. Fazemos isso para não lidar com situações incertas ou que não queremos confrontar. Mas pescar com uma rede quando estamos resolvendo problemas pode levar a descobertas incríveis e transformadoras.

Marcus, diretor regional de uma empresa de porte nacional, reuniu-se com seus gestores para resolver um problema. Um funcionário, Roger, havia tentado uma promoção que lhe foi negada, o que o levou a fazer uma reclamação interna. Inicialmente, quando os gestores convocaram a reunião, eles haviam decidido que o objetivo era resolver a reclamação de Roger sem levá-la ao tribunal. No entanto, acabaram diagnosticando um problema muito maior do que a mera queixa.

Ao refletir sobre a queixa de Roger, Marcus ficou sem entender o que estava acontecendo naquele escritório sob sua jurisdição. Ele se lembrava de que aquela costumava ser uma equipe feliz e que parecia unida. Mas, naquele último ano, três funcionários tinham apresentado reclamações de que estavam sendo tratados de maneira injusta, fosse em atribuições de trabalho, horas extras ou comunicação com o gestor. Nada em relação à gestão tinha mudado. As tarefas pareciam ter sido distribuídas como sempre.

Por um minuto, Marcus deixou a situação de Roger de lado, afastou-se do problema e pediu que a equipe falasse mais amplamente sobre como as coisas estavam indo no escritório. Os gestores discutiram números atuais de pessoal, os tipos de trabalho com os quais estavam lidando e o status da reorganização do prédio – e foi aí que as coisas ficaram interessantes. Marcus se lembrou de que, naquele último ano, o escritório havia passado por uma reforma e reorganização do espaço. Por causa disso, um terço dos funcionários precisou ser realocado para um espaço muito mais antigo e longe dos demais. Marcus perguntou onde Roger e os dois outros funcionários que tinham feito reclamações estavam instalados. Todos haviam sido realocados.

Marcus percebeu então que o problema não era "Como resolver as reclamações de Roger sem levá-las ao tribunal?", e sim "Como transformar nosso escritório em um ambiente coeso e que funcione bem como antes?". Marcus se dirigiu diretamente a Roger e, em vez de conversar apenas sobre a promoção, pediu que ele contasse de maneira geral como era seu dia a dia no trabalho. Na verdade, Roger tinha se sentido excluído das decisões mais recentes. Ninguém lhe havia informado por que ele fazia parte do grupo que havia sido transferido. A comunicação entre sua equipe falhara. Antes, quando todos ocupavam o mesmo espaço, Roger ia às salas dos supervisores, mas aquilo não acontecia mais. E, ainda pior, ninguém conversara com Roger depois que as promoções foram decididas. Ele ficou sabendo sobre o resultado por e-mail.

Compreender esse problema foi fundamental para ajudar Marcus a resolver a reclamação de Roger e muitas outras questões. Marcus e a equipe de gestão se reuniram com todos os funcionários e se responsabilizaram por não terem comunicado de modo eficaz as decisões que haviam tomado sobre o espaço. Passaram a incluir os funcionários nas discussões sobre o andamento das reformas e envolveram todo o escritório na busca de maneiras de melhorar a comunicação entre os dois locais. Marcus solucionou as reclamações dos três funcionários e colocou o escritório de volta nos trilhos. Compreender o problema para além do caso de Roger ajudou Marcus a compor uma estratégia de negociação que deu certo não apenas para esse funcionário, mas para todo o time.

O objetivo deste capítulo é fazer com que você realmente comece a solucionar seus problemas. Para isso, precisará de tempo para jogar uma rede aberta, a fim de conseguir a visão mais ampla possível. É o que os especialistas em inovação chamam de "enxergar o quadro geral". Uma vez que você tiver definido o problema, aprenderá a se distanciar dele e a ver se existe uma perspectiva mais abrangente que está deixando passar.

O QUE NÃO FAZER: AS FORMAS COMUNS DE DEFINIR UM PROBLEMA

Muitos de nós ignoramos o passo decisivo da negociação no qual definimos o problema. Já testemunhei pessoas se contentando com menos do que poderiam conseguir numa negociação porque definiam seu problema de maneira limitada e inútil. Vou dar um exemplo.

Rosana, uma CEO, acaba de receber o resultado de uma pesquisa de clima entre os funcionários, entregue pela gestora de recursos humanos. Após observar uma rotatividade mais alta do que o normal entre os funcionários juniores, ela pedira ao RH que perguntasse sobre a satisfação com o trabalho. O resultado da pesquisa indicou que o moral entre esse grupo estava bem baixo. Imagine que Rosana se senta para definir e resolver o problema e escreve:

> *O nível de satisfação dos nossos funcionários juniores está extremamente baixo.*

Algo errado com essa definição? Na verdade, muita coisa. Primeiro, ela parece olhar para trás. Sim, queremos definir o problema antes de pular para a parte das soluções, mas também precisamos fazer isso de uma forma que nos indique um destino claro. Nada nessa definição ajuda Rosana a pensar no futuro do negócio. Segundo, está formulado de maneira negativa. Foca onde ela não gostaria de estar, em vez de onde quer estar. Se você entra no caiaque e alguém pergunta para onde está indo, você não responde: "Bom, só sei que *não* quero acabar nas rochas." E, por último, falar sobre *nível* é uma forma bem restrita de definir o problema, como pescar com um anzol. Provavelmente o nível é algo apenas simbólico dentro de um problema muito maior que Rosana precisa solucionar.

CINCO PASSOS PARA DEFINIR O SEU PROBLEMA DE MANEIRA CLARA E POR COMPLETO

Para o primeiro passo, reserve cinco minutos para pensar e anotar o problema que *você* quer resolver. Pode ser enfrentar um grande desafio de família, como aquele de Antonia, ou conversar com o pedreiro sobre a reforma do banheiro, ou tentar restaurar o ânimo dos funcionários no escritório. Inclua quaisquer outras circunstâncias que, na sua opinião, possam ter contribuído para a situação atual, bem como os efeitos na sua vida, carreira, empresa ou comunidade. Por exemplo, Rosana pode completar esse passo tomando notas sobre a rotatividade dos funcionários, a pesquisa, os resultados, qualquer coisa que lhe vier à mente como parte do problema.

O segundo passo é resumir em uma frase o que você escreveu, como ela fez: "O nível de satisfação dos nossos funcionários juniores está extremamente baixo." Isso ajuda a ter a visão mais clara e concisa possível. Para o exemplo do pedreiro, poderia ser: "O preço do serviço está muito acima do meu orçamento." E, para Antonia, poderia ser: "Minha irmã me desrespeita e não é grata pelo que eu faço por ela."

Para o terceiro passo, pegue qualquer coisa negativa que pareça olhar para o passado nessa frase e a reformule de modo que se torne positiva e orientada para o futuro. Quando definimos um problema para resolver, é preciso especificar o que queremos à frente, não o que repudiamos no passado. Por exemplo, a frase de Rosana – "O nível de satisfação dos nossos funcionários juniores está extremamente baixo" – ficaria assim: "Precisamos alcançar níveis de satisfação mais altos entre os funcionários juniores." A frase da pessoa que quer reformar o banheiro passaria de "O preço do serviço está muito acima do meu orçamento" para "Preciso de um banheiro que caiba no meu orçamento". E a frase de Antonia, "Minha irmã me desrespeita e não é grata pelo que eu faço por ela", ficaria: "Preciso de respeito e de reconhecimento da minha irmã." Ao conduzir o caiaque, você alcança resultados melhores quando está focado no objetivo (a praia) em vez de nos obstáculos (as rochas). Ao fazer essa troca, saímos de uma posição de medo ou reclamação para uma mentalidade positiva de resolução de problemas que nos leva ao nosso destino.

Quarto passo: transforme sua frase em uma pergunta que comece com *como, o que, quem* ou *quando*. Rosana faria isso ao perguntar: "O que podemos fazer para alcançar níveis de satisfação mais altos entre os funcionários juniores?" ou "Como podemos alcançar níveis de satisfação mais altos entre os funcionários juniores?" A pessoa que quer reformar o banheiro poderia perguntar: "Como conseguimos um banheiro novo que caiba no orçamento?" E Antonia: "Como posso me sentir respeitada e reconhecida pela minha irmã?" Uma mensagem semelhante, mas formulada como pergunta, motiva você a procurar informações mais concretas e agir com base nelas. Mais uma vez, as perguntas são as respostas quando se trata de uma negociação.

E, por último, queremos definir o problema de maneira ampla e enxergar o quadro geral. Se a sua definição inicial for limitada, como a de Rosana, existe um bom motivo para isso. É o seu cérebro trabalhando contra, querendo que você pesque com um anzol, em vez de usar uma rede. Olhe para a questão que acabou de escrever e se pergunte: "O que aconteceria se isso fosse verdade?" Então anote a resposta e considere revisar a pergunta original para que reflita um quadro mais abrangente. Nesta etapa, Rosana olharia para a sua pergunta "O que podemos fazer para alcançar níveis de satisfação mais altos entre os funcionários juniores?" e a transformaria em: "O que aconteceria se o nível de satisfação dos funcionários juniores subisse?" Ela poderia concluir que, com níveis de satisfação mais altos, sua empresa atrairia e reteria os melhores funcionários, alcançando assim resultados superiores. A pergunta revisada de Rosana seria: "O que podemos fazer para tornar essa empresa um lugar onde as melhores pessoas do setor queiram trabalhar e dar o melhor de si para o nosso sucesso crescente?" Dessa forma, Rosana transformou uma conversa sobre níveis de uma pesquisa em um chamado para ação que a ajudará a conduzir sua empresa e todos os relacionamentos para o futuro. A pessoa que quer reformar o banheiro talvez reflita sobre a própria pergunta e descubra que, se obtivesse um orçamento mais barato, poderia investir mais no seu plano de aposentadoria. Então, a pergunta revisada poderia ser: "Como posso conseguir um orçamento para o banheiro que me permita economizar mais para a aposentadoria?" E Antonia poderia mudar de "Como posso me sentir respeitada e reconhecida pela minha irmã?" para: "Como posso manter um relacionamento emocionalmente saudável com minha irmã?" Essa pergunta esclarece para Antonia que o problema não se trata de dinheiro ou de uma interação desrespeitosa, e sim de avaliar as próprias necessidades em vez de apenas continuar um relacionamento ruim com Carmem.

Como mostram os exemplos, com frequência definimos nossos problemas reativamente, com base em apenas uma interação ou situação. Essas perguntas revisadas permitem que as pessoas envolvidas vão além de um evento desencadeador imediato – uma pesquisa, um banheiro antiquado, uma briga com a irmã – para pensar em objetivos maiores: uma empresa bem-sucedida, uma aposentadoria robusta ou saúde emocional. Esse é o quadro geral que você precisa definir para *conseguir mais* na negociação.

SOLUÇÃO DE PROBLEMAS DE PERGUNTAS COMUNS

Veja algumas perguntas comuns que recebo quando estou discutindo "Qual problema eu quero resolver?".

E os problemas que não podem ser resolvidos?
Até os especialistas em resolução de conflitos reconhecem que alguns problemas não têm solução. Às vezes, o melhor que se pode fazer é simplesmente *gerenciar*. Por exemplo, enquanto escrevo este livro, estou lidando com escolhas aparentemente

impossíveis sobre a melhor forma de cuidar do meu pai que está morrendo. Ele necessita de ajuda 24 horas por dia e precisamos decidir entre colocá-lo em uma unidade de enfermaria especializada, onde ele estaria seguro mas sentiria muita falta da família, ou mantê-lo em casa, onde ele pode se machucar, o que acaba gerando muito estresse para minha madrasta e os cuidadores. Não há uma solução perfeita ou feliz nesse caso. Nenhuma estratégia de negociação pode mudar o fato de que meu pai tem uma doença cerebral degenerativa e incurável e que vai continuar sofrendo conforme a doença avança. Ainda assim, continuo lidando com essas perguntas para me ajudar enquanto tomamos essas decisões. Mesmo para os problemas sem solução, compreendê-los ajuda a minimizar os efeitos nocivos que exercem em nossas vidas, a diminuir o estresse e a ansiedade que provocam e até a descobrir novas estratégias.

E mesmo que você não consiga resolver o problema subjacente ("Como podemos curar a demência frontotemporal?" não me leva a nada), ainda pode encontrar algo em que se concentrar. Trabalhei essa questão quando passei a tomar as decisões médicas para meu pai. Minha definição final de problema acabou se revelando: "Como podemos cuidar do meu pai de uma forma que maximize seu conforto e sua dignidade e que também permita que a família e os cuidadores se sintam amparados?" Ver o problema dessa maneira e trabalhar o restante das perguntas sugeridas nos deu clareza sobre a decisão de transferi-lo para uma casa de saúde, onde ele será cuidado por especialistas e poderá receber as visitas diárias da família. Não podemos curar a doença do meu pai, mas podemos priorizar seu conforto e sua dignidade, assim como o bem-estar das pessoas em seu entorno. Em muitos casos, ter um objetivo alcançável em meio a um problema sem solução pode trazer uma sensação de paz.

E se eu estiver negociando só comigo mesmo?
Sabemos que negociar também significa conduzir a conversa que temos conosco. Devo falar nas reuniões de gestores? Será que está na hora de empreender? Como posso ter mais confiança nos meus posicionamentos? Essas perguntas e a parte Espelho deste livro podem ser muito úteis em qualquer uma dessas negociações.

Às vezes, as pessoas buscam especialistas em negociação não porque estejam prontas para se sentarem com alguém, mas porque se sentem bloqueadas e precisam de clareza em uma decisão. Esse sentimento de estagnação é, normalmente, uma negociação interna. "O que quero fazer da minha vida?", "Qual emprego devo escolher?", "Devo voltar ao trabalho?", "Como me sentir mais feliz?". Muitos acreditam que são necessárias duas pessoas para um conflito, mas basta um carro para acontecer um acidente!

Quando você examinar o que o trouxe até aqui, terá melhores informações para seguir em frente. Se está bloqueado internamente, ainda pode ver os dois lados da situação e examinar os sentimentos, os padrões e os fatos conflituosos por trás da estagnação que está sentindo.

AUTOCENSURA: COZINHEIROS DEMAIS NA SUA COZINHA MENTAL

Um dos principais desafios com os quais eu lido ao orientar mediações ou negociações é como ajudar as pessoas a combater a autocensura e a definir os próprios objetivos. Você pode achar que o seu objetivo tem que ser X, mas na realidade anseia por Y.

Certa vez, um estudante veio me consultar. Ele era um dos melhores alunos tanto no meu curso quanto de outros. Com um desempenho acadêmico acima da média, esse jovem se impôs o objetivo de entrar na melhor empresa que pudesse. (Neste contexto, "melhor" significa "na posição mais alta do ranking". Advogados adoram rankings.) Na faculdade de Direito, os estudantes passam o verão estagiando em escritórios de advocacia onde esperam trabalhar depois que se formarem. Caso recebam uma oferta de emprego, voltam para o último ano da faculdade sabendo que estão com a vaga garantida. Esse estudante, que vou chamar de David, obteve ofertas de trabalho dos melhores escritórios de advocacia do país e foi fazer um estágio de verão no mais conceituado deles. Concluído o período de estágio, a firma entusiasticamente lhe ofereceu um emprego permanente.

David retornou à faculdade em setembro e me pediu uma orientação. Ele entrou na minha sala, fechou a porta e olhou em volta, como se estivesse com medo de que alguém pudesse ouvi-lo. Com uma voz calma, ele me contou que tivera um verão incrível. Então fez uma pausa.

– Mas...? – perguntei.

– Mas... não sei. Meu objetivo original era trabalhar no escritório mais bem ranqueado. E é um ótimo lugar. Tenho sorte de ter recebido uma oferta deles. Só que, para ser sincero, não sei se é essa a vida que quero para mim. Eu quero uma família. Quero passar um tempo com ela. E... eu também toco em uma banda. Realmente quero um tempo para me dedicar à música.

– Ótimo – comentei. – Então, por que parece que você está me pedindo desculpas?

– Bem – começou ele –, porque eu sinto que não é socialmente aceitável... querer ter uma vida.

Soltei uma gargalhada alta e, depois de um momento, ele também. Às vezes, ter vida pessoal parece um objetivo revolucionário. Naquele dia, conversamos mais sobre esse objetivo e sobre maneiras de alcançá-lo, juntamente com os outros objetivos de carreira dele. Fico feliz em dizer que hoje esse ex-aluno trabalha em um lugar onde tem uma vida. Ele toca com sua banda e é um pai presente para seu filho. Esses objetivos eram valiosos, e ele os alcançou.

O que você faria se a voz de alguém estivesse sussurrando na sua cabeça enquanto você está escrevendo as respostas a essa pergunta? Você pode ficar confuso ou preocupado com o que outra pessoa pensa que é problema. Empenhe-se nessa questão: anote os diferentes públicos para o seu problema – talvez colegas de trabalho, clientes, cônjuge e filhos – e pergunte-se quais seriam as opiniões deles sobre o problema. Então as estude. O que parece certo para você sobre o que escreveu? O que não lhe agrada? Mais à frente, o seu objetivo será pôr de lado essa perspectiva para sintonizar o seu próprio sentido do problema.

"EU NÃO SEI"

E se você ler essa pergunta e não souber o que responder? Talvez não tenha certeza sobre o que levou você a ler este livro. Você pode ser alguém que evita negociação. Algumas pessoas que eu conheço são tão boas em fugir da questão que dão um jeito de esquecer que precisam fazer isso, o que equivale não apenas a baixar os remos do caiaque, mas também a colocar a cabeça entre os joelhos e deixar a correnteza levar você.

Ou talvez você saiba que precisa negociar, mas não sabe direito por onde começar. Isso pode acontecer quando estamos em conflito, no meio de uma situação que se prolonga ou de uma negociação desafiadora. Acabamos nos sentindo como se tudo fosse uma grande confusão.

Se você se vir em alguma situação descrita nos parágrafos anteriores, tente isto:

Pergunte-se quais foram as últimas vezes que se sentiu insatisfeito, inquieto, infeliz ou farto. O que aconteceu pouco antes desses momentos? Isso pode ajudá-lo a definir o problema que deseja resolver.

Ou tente o contrário: pergunte-se quais foram as últimas vezes que você se sentiu feliz, satisfeito ou como se tudo estivesse no lugar certo. O que aconteceu para gerar esses momentos? Talvez isso leve você a descobrir o seu objetivo.

E se ainda não tem uma resposta, dê um tempo. Fique atento aos próximos momentos em que se sentir infeliz ou feliz e observe o que precedeu esse sentimento. Agora você está se aproximando de descobrir o que o levou a ler este livro e agir. Lembre-se de que definir o seu problema ou objetivo será o fundamento sobre o qual construirá a sua solução.

CONCLUSÃO

Identificar o problema que deseja resolver é o primeiro passo essencial para dominar a negociação. Agora que definiu detalhadamente o problema, vamos examinar o que está subjacente a ele.

2
DO QUE EU PRECISO?

Lilia olhou para as fisionomias sombrias dos novos membros da equipe conforme saíam de sua sala. Era 2013 e Lilia, professora, advogada e pesquisadora, fora promovida pouco antes a vice-reitora de pós-graduação da Universidade de Fortaleza (Unifor), uma instituição particular no Nordeste do Brasil. Aquele cargo a colocou no comando de todos os cursos de pós-graduação da universidade.

Quando assumiu, Lilia sonhava elevar a um novo patamar os cursos de pós-graduação da Unifor, aumentando o número de alunos matriculados e também a classificação nos rankings nacionais. Mas, naquele dia, a equipe a procurou para expressar algumas preocupações. A saúde geral dos cursos de pós-graduação era fraca. Com a situação econômica no Brasil instável e as taxas de desemprego elevadas, a universidade lutava para atrair estudantes de pós. A Unifor é uma instituição privada que depende de que os alunos tenham empregos e condições financeiras para pagar as mensalidades. Sem emprego, as pessoas ficam inseguras em investir em uma pós-graduação e gastar uma quantia significativa com algo cujo retorno lhes parece incerto. Outras universidades como a Unifor não divulgavam seu número de alunos, mas a equipe de Lilia ficou sabendo que elas também enfrentavam dificuldades. A equipe avisou a ela que se preparasse para o impacto, pois a situação parecia complicada e havia pouco que pudessem fazer para mudar o cenário enquanto o clima econômico do país não melhorasse. A definição do problema poderia ser resumida da seguinte forma: "Não conseguiremos aumentar o número de alunos matriculados ou nossa posição nos rankings até que o Brasil supere essa crise econômica e mais pessoas consigam emprego."

Lilia via as coisas de maneira diferente. Ela pensou como a Unifor poderia usar os cursos de pós-graduação para ajudar as pessoas a atravessar a crise e a encontrar um emprego, oferecendo esperança em vez de custo. Lilia pesquisou o que a Unifor precisava fazer para resolver esse problema e percebeu que era necessário oferecer formação não apenas no conteúdo relacionado às áreas escolhidas pelos alunos, como negócios, direito ou urbanismo, mas para o desenvolvimento de habilidades administrativas que fariam deles profissionais atraentes aos olhos dos empregadores. Ela também sabia que a universidade teria que encontrar uma forma de conectar as pessoas aos empregos por meio dos próprios cursos de pós-graduação. Por fim, Lilia pensou sobre o que ela, individualmente, precisava: "Como pesquisadora, eu estava acostumada a identificar problemas e solucioná-los. Me sentia empolgada toda vez que conseguia encontrar uma saída inovadora para algo que parecia impossível. E também era uma profissional que teve o primeiro filho muito jovem, antes mesmo de terminar a minha formação, então eu estava acostumada a ser criativa e perseverante na vida pessoal. Percebi que não podia desistir do sonho de expandir nossos cursos de pós-graduação, nem por mim nem por ninguém. Isso não prejudicaria apenas a Unifor, prejudicaria a mim. Eu precisava tanto desse desafio quanto a instituição."

Com base nessa lista de necessidades, Lilia reestruturou os cursos da Unifor de modo a oferecer formação voltada não só para as habilidades técnicas em cada área escolhida, mas também para habilidades como resolução de conflitos, resolução de problemas complexos, criatividade e trabalho em equipe. Ela também criou um componente crucial para os cursos: passou-se a exigir que os projetos finais dos alunos correlacionassem os estudos com a proposição de soluções para problemas do mundo real, fossem locais ou internacionais. A Unifor os conectaria então com uma empresa ou um órgão do governo que precisasse daquele trabalho. Lilia chamou esse novo modelo de pós-graduação de Líderes que Transformam e se comunicou diretamente com o público sobre como a educação em nível de pós-graduação da Unifor poderia beneficiá-los não apesar do difícil clima econômico, mas *por causa* dele. De fato, estudantes inicialmente desempregados que se matricularam nos cursos da Unifor conseguiram trabalho como resultado dos esforços de Lilia em conectá-los com a prática. O número de matrículas começou a se recuperar.

Em 2019, Lilia sentou-se novamente para avaliar os cursos de pós-graduação da Unifor. A situação econômica do Brasil havia mudado desde a criação do Líderes que Transformam, lá em 2013: estava pior. As taxas de desemprego haviam saltado para 13%. E, ainda assim, o número total de estudantes havia *dobrado*. Além disso, o órgão brasileiro que regulamenta os cursos de pós-graduação mudara os padrões de avaliação dos cursos de mestrado e doutorado para que incluíssem o "impacto da pesquisa/projeto na sociedade" – um resultado direto do trabalho realizado pela Unifor.

Reformular o problema e focar as necessidades pessoais e institucionais ajudou Lilia a transformar todo o setor de pós-graduação da Unifor, bem como a vida de muitas pessoas pelo Brasil.

NÓS PRECISAMOS, PORTANTO FAZEMOS (OU NÃO)

Necessidades motivam tudo o que fazemos. Elas são nossas forças propulsoras, o *porquê* por trás do comportamento humano. Você saberá se tem uma necessidade, e não apenas um desejo ou uma vontade, se a falta lhe causar algum sofrimento ou adversidade. Estejamos ou não cientes de nossas necessidades, elas existem – e influenciam o que fazemos ou deixamos de fazer, a cada minuto de nossa vida.

As pessoas com frequência se preparam para uma negociação pensando no pior dos cenários que poderia resultar de um acordo. Mas estudos demonstram que aqueles que focam em identificar seus objetivos ou aspirações conseguem mais de suas negociações – em especial aspirações "otimistas, específicas e justificáveis". Como encontramos essas aspirações? Identificando nossas necessidades. Quando definimos objetivos com base em nossas necessidades reais, negociamos de uma posição de clareza e convicção que nos ajuda a desejar mais. Conduzimos de maneira mais confiante e com mais precisão em direção ao nosso objetivo. Sempre me perguntam: "Como você sabe a hora de se afastar de uma negociação?" ou "Como você se mantém firme no seu objetivo?" ou "Como você pede mais e faz isso com confiança?". Minha resposta para essas três perguntas é a mesma: você negocia com base em um entendimento completo das suas necessidades mais profundas. Elas são sua clareza e força.

Por outro lado, quando entramos em negociações – ou mesmo em outras situações da vida – sem compreender nossas necessidades, ficamos à deriva. Estamos sentados no caiaque com o remo no colo, à mercê do vento e das ondas. Podemos nos sentir dispersos, desorganizados e em pânico. Nunca encontramos o destino porque não sabemos para qual lado seguir.

Embora nossas necessidades sejam essenciais para a negociação, só as descobriremos se nos fizermos as perguntas certas. Neste capítulo, você aprenderá como.

IDENTIFICANDO SUAS NECESSIDADES

"Do que eu preciso?" é uma pergunta importante. Ajuda a chegar à raiz do problema ou da negociação. Uma resposta completa exige prática e paciência.

Aqui, você se perguntará do que precisa e anotará a resposta. Vou guiá-lo pelos diferentes tipos de necessidades que podem aparecer quando as pessoas respondem a essa pergunta. E vou propor algumas perguntas subsequentes muito importantes, pois tornarão essas necessidades concretas e práticas. Dessa forma você poderá seguir com confiança em direção às suas aspirações. Também analisaremos as necessidades que talvez você esteja escondendo até de si mesmo, e o que fazer quando tem necessidades que parecem conflitantes.

SUA VEZ NO ESPELHO

Quero que você comece este exercício dando a si mesmo um tempo para contemplar a pergunta sobre suas necessidades. Sugiro que anote as respostas antes de examinarmos o assunto mais amplo das necessidades humanas em geral. Escolha um local confortável, desligue o celular e dedique-se a olhar no Espelho. Reserve cinco minutos e escreva o que vier à mente. Lembre-se: nada de autocensura! Se você pensou algo, mesmo que por uma fração de segundo, escreva, do jeito que vier. E se não conseguir nada além do silêncio, tudo bem. Sente-se quieto por alguns minutos. Dê a si mesmo o benefício da paciência e do tempo (são apenas cinco minutos) para responder a esta pergunta: *Do que eu preciso?*

Se você escreveu algumas coisas e depois se sentiu paralisado, imagine que estou lhe perguntando: "O que mais?" ou "Pode falar mais sobre o que acabou de escrever?". Continue até os cinco minutos se esgotarem.

TER NECESSIDADES É HUMANO; COMPREENDÊ-LAS É DIVINO

Comecei este capítulo deliberadamente com você, porque queria lhe dar a liberdade de responder a essa pergunta por si mesmo, antes de apresentar pesquisas e mais exemplos das necessidades de outras pessoas.

Agora que pensou um pouco sobre isso, vamos analisar as necessidades de maneira mais geral. Quais são elas? Como pensamos nelas? Como entendemos do que precisamos? E o que essas necessidades significam para nossa negociação?

O PROBLEMA: CONFUNDIMOS NECESSIDADES COM OUTRAS COISAS

Temos tão pouca prática em identificar nossas próprias necessidades que podemos confundi-las com outras coisas. Por exemplo, necessidades são diferentes de emoções. Se você está se sentindo de certa maneira em relação a uma circunstância, em geral é porque tem uma necessidade que está (ou não) sendo atendida. Sentimos o que sentimos porque precisamos do que precisamos.

Muitas vezes confundimos necessidades com nossas exigências ou posições de negociação. Por exemplo: "Eu esperei 10 anos por uma promoção para vice-presidente, agora é minha vez. Eu deveria ser o próximo da unidade de negócios a conseguir a promoção." Ou: "Eu sempre planejo os passeios com as crianças, portanto não vou fazer isso hoje." E, em casos de negociação jurídica, as exigências estão contidas nos documentos do caso, como: "Ele violou o contrato e eu tenho direito a uma indenização de 50 mil dólares."

O desafio em identificar nossas necessidades é que nem sempre elas são explícitas. Então, focamos em nossas exigências, que são mais fáceis de reconhecer porque costumam estar relacionadas a dinheiro ou algo tangível.

Então, qual é a diferença entre necessidades e exigências? As necessidades são as *razões* para as exigências. Quando descobre suas necessidades, você obtém informações valiosas que ajudam você *e* a outra pessoa a conseguirem uma negociação mais bem-sucedida.

NECESSIDADES HUMANAS NA NEGOCIAÇÃO

Tendo passado mais de uma década mediando todos os tipos de conflitos, vi muitas das mesmas necessidades humanas básicas aparecerem diversas vezes. Mas as necessidades também podem ser tão variadas e diversas quanto os próprios seres humanos. Especialistas em muitas disciplinas – da antropologia até a psicologia e o direito – refletiram e criaram maneiras para organizar e pensar sobre elas.

Nesta seção vou destacar várias categorias de necessidades que os seres humanos experimentam. Obtidas de pesquisas psicológicas, elas transcendem gênero, cultura e temática. Vamos falar primeiro sobre as necessidades físicas básicas e depois das necessidades sociais e emocionais, seguidas pelas demais. Daremos uma breve olhada nessas categorias e veremos com quais você se identifica.

Necessidades biológicas básicas: o indispensável em primeiro lugar

Nossas necessidades mais fundamentais como seres humanos são as necessidades físicas básicas: comida, roupas, abrigo, sono, sexo, ar e água. Para muitos de nós, elas são prioridade. Precisamos que sejam atendidas a fim de funcionarmos bem o suficiente para voltar a atenção para quaisquer necessidades de ordem superior, como melhoria financeira ou satisfação emocional.

Sou testemunha de como "necessidades físicas em primeiro lugar" é verdadeiro. Deparei com muitos casos na Vara Civil da Cidade de Nova York em que uma das partes da negociação não tinha segurança alimentar ou estava desabrigada. Eu me lembro de um caso em que o senhorio estava processando um ex-locatário por aluguel atrasado. O tribunal nos pediu que os envolvidos negociassem. Levamos as duas partes para a sala de mediação, onde o réu se sentou em silêncio de um lado da mesa, encolhido e tremendo, embora a temperatura da sala estivesse bem agradável. Quando chegou sua vez de falar, ele timidamente pediu um pouco mais de tempo, dizendo que estava com dificuldade para organizar seus pensamentos. Meus estudantes, percebendo a situação, solicitaram uma sessão particular (recurso do mediador para que falemos com cada parte individualmente) para que ele pudesse conversar conosco sem a pressão de ter a outra parte presente. Uma vez que ficamos sozinhos, o ex-locatário revelou que era uma pessoa em situação de rua e que quase não tinha o que comer. "Não quero parecer dramático ou o que for, mas juro... é difícil pensar quando a geladeira está vazia", contou ele. Admirei demais o esforço desse homem de participar da negociação, apesar de estar sofrendo e com fome. Decidimos colocá-lo em contato com lugares que pudessem ajudá-lo com suas necessidades físicas básicas e deixamos com ele o nosso número da Clínica de Mediação, para que nos ligasse quando estivesse em um lugar melhor e pronto para negociar o seu caso.

Essa relação entre fome e conflito está presente em toda parte. David Beasley, CEO do Programa Alimentar Mundial, diz: "A ligação entre fome e conflito é tão forte quanto destrutiva. Conflitos levam à insegurança alimentar. E a insegurança alimentar também pode estimular instabilidade e tensão, desencadeando a violência." Globalmente, de acordo com Beasley, 60% dos 815 milhões de pessoas em insegurança alimentar crônica vivem em áreas de conflito.

Mesmo quando não estamos lidando com insegurança alimentar ou os efeitos de uma guerra, todos compartilhamos essas necessidades humanas básicas. Quando vou mediar disputas, me certifico de que todos tenham comida suficiente, água e tempo para descansar. É difícil se concentrar quando essas necessidades físicas não são atendidas. Não negligencie alimentação, hidratação e descanso – para você e para os outros – quando for negociar.

Segurança e necessidades de proteção

A segunda categoria de necessidades é a segurança, que inclui proteção física e estabilidade econômica. Esses pontos muitas vezes parecem mais urgentes para os seres humanos do que as outras necessidades que vamos discutir depois.

Segurança, ou a sensação de estar protegido contra os perigos, é uma necessidade fundamental para todos os seres humanos. Certa vez, convidei diplomatas do Kosovo para visitarem a Faculdade de Direito de Columbia para conversar sobre o processo de paz que fez surgir sua nação. Todos eles disseram que sua "liberdade" ou soberania só começou quando os cidadãos do Kosovo, que estavam arrasados pela fome e pela violência, tiveram enfim acesso a alimentos e segurança. Apenas quando o medo diminuísse é que eles poderiam pensar em progresso e prestígio político. Se sua lista de necessidades inclui coisas básicas como segurança, talvez você precise se concentrar nessa necessidade primeiro, antes de abordar outras secundárias que aparecerão mais adiante.

A necessidade humana de segurança também afeta muitas das nossas escolhas e preocupações diárias. Nas decisões que tomamos todos os dias, alguns de nós são o que chamo de "negociadores da segurança", ou seja, valorizamos a certeza e o baixo risco mais do que dinheiro ou outras necessidades.

Durante um workshop de treinamento de negociação que fiz para funcionários do governo americano, uma participante, Mikayla, relatou a interação frustrante que tivera com seu marido sobre o ingresso do filho deles numa creche. A repartição deles estava em processo de retorno ao trabalho presencial, o que significava que ela e o marido teriam que encontrar novas maneiras de cuidar do filho pequeno. Ela encontrou uma creche muito bonita e segura perto de casa que tinha uma vaga disponível. Estava no limite do orçamento deles, mas atendia suas necessidades, e ela estava quase fazendo a matrícula. Preocupado com o preço alto, ele insistiu que deveriam procurar algo um pouco mais barato. Exasperada, Mikayla discutiu a situação com os colegas.

– Parece que a sua necessidade de segurança está superando a sua necessidade de tranquilidade financeira – analisei.

– Sim, é verdade! – respondeu ela. – Eu dou muita importância à segurança. Enquanto uma grande decisão estiver em aberto, eu me preocupo. E se as vagas da creche forem preenchidas? E se não aparecer nada melhor? Prefiro resolver logo. Quando estávamos procurando uma casa, eu agi da mesma forma. Assim que encontramos uma que servia, eu fiquei satisfeita. Fiquei muito aliviada quando fechamos o negócio.

Essa funcionária priorizou a segurança de ter uma vaga garantida na creche. Entretanto, seu marido tinha uma necessidade maior de eficiência econômica. Eles negociaram com a creche um prazo para poderem decidir. E Mikayla e o marido concordaram que, se não encontrassem nenhuma outra mais barata naquele meio-tempo, ficariam com a creche que ela havia encontrado e dariam um jeito de economizar em outras coisas. Estabelecer um prazo permitiu que Mikayla se sentisse mais segura e deu ao marido dela alguma garantia de que eles fariam esforços na parte financeira.

Segurança financeira completa a lista dessas necessidades fundamentais. O dinheiro nos permite suprir as necessidades da vida: pagar por comida, plano de saúde, creche e ter uma reserva de emergência. Quando as pessoas negociam salários ou o valor de um contrato, elas talvez tenham em mente necessidades específicas que serão satisfeitas com esse dinheiro. Se as necessidades econômicas são urgentes, elas podem valorizar a estabilidade econômica acima de qualquer outra coisa, incluindo cargos ou qualidade de vida. No entanto, como você verá mais adiante, o dinheiro também se conecta com outras necessidades menos concretas.

Necessidades psicológicas e emocionais

Você acha que pode deixar de lado a emoção e a parte psicológica em uma negociação? Pense bem. *Todas* as negociações, mesmo aquelas centradas nas finanças, envolvem necessidades psicológicas e emocionais, que podem incluir:

Necessidades de pertencimento e afeição, que incluem amor, aceitação, apoio social, intimidade, afeto e afiliação (definida como se sentir parte de um grupo, seja no trabalho, com amigos ou em casa). Que essas necessidades apareçam em negociações pessoais não é surpresa. Precisamos de poucas coisas além do amor e do apoio daqueles mais próximos a nós.

Às vezes, as pessoas leem palavras como "amor", "pertencimento" e "estima" e me perguntam se essas necessidades aparecem em negociações profissionais. A resposta é: o tempo todo. Na minha experiência, as pessoas muitas vezes exigem ou processam por dinheiro porque não podem contratar amor, valorização ou aceitação. Passamos grande parte da vida no trabalho, e estudos revelam que sentir que pertencemos, que temos conexões e amigos ali é um fator determinante de felicidade e produtividade.

Necessidades de apreço, tanto centradas na autoestima (dignidade, orgulho, conquistas, realização) quanto voltadas para a estima dos outros (como respeito, reputação, reconhecimento ou status). Uma das coisas que eu adoro em ajudar as pessoas em suas negociações é ver o orgulho e a realização irradiando delas quando conseguem um grande resultado. Na verdade, a necessidade de autoestima talvez seja um dos motivos que levaram você a escolher este livro. Quem sabe você também queira mais orgulho, conquistas e realizações para a sua vida. Mais à frente, mostrarei como transformar essas necessidades poderosas em um plano de ação que o aproxime delas.

Necessidades de apreço estão por trás de negociações pessoais, bem como das diplomáticas e de negócios. Quatro necessidades principais nesta categoria são: respeito, dignidade, reconhecimento e reputação.

Eu nunca vi uma negociação em que o respeito, que significa admiração por alguém ou consideração por seus sentimentos, direitos ou desejos, não fosse essencial para o sucesso. O pesquisador de casamentos John Gottman estudou o respeito por décadas e descobriu que a falta dele em uma parceria é um dos "Quatro Cavaleiros do Apocalipse" que permitem prever o divórcio. Da mesma forma, nos negócios, pesquisas mostram que, quando as pessoas recebem respeito, é mais provável que o retribuam. O respeito promove confiança – e acordos.

Dignidade, que em algumas culturas é chamada de "amor-próprio", é muito importante em todas as situações. Do berço ao túmulo, todo ser humano anseia por uma sensação de orgulho e merecimento em si mesmo – e o fato de essa necessidade ser correspondida ou não é fundamental para seu bem-estar ou até para sua vontade de viver. Quando a casa de repouso ajudou meu pai a fazer seu último percurso de volta para casa e passar algum tempo com a família, fiquei surpresa e tocada ao ver que, mesmo tendo dificuldade para sair do carro, ele segurava um ramalhete. Sua enfermeira, Patricia, havia lhe perguntado se ele queria levar flores para a esposa, já que ela estaria em casa para o jantar. Ele conseguiu dizer que sim, então ela o levou para comprar um buquê. Patricia preservou a dignidade dele mesmo em condições de grande fraqueza física.

A dignidade também tem bastante importância em situações de trabalho. Diplomatas experientes me disseram que desafiar alguém publicamente equivale a desafiar sua dignidade. O constrangimento resultante muitas vezes causa uma raiva intensa e uma atitude defensiva que dificulta os acordos. Diplomatas hábeis em negociação sabem que, se precisam ter uma conversa difícil, é necessário que seja cara a cara. Um diplomata descreveu uma negociação multinacional importante que foi interrompida no meio porque um líder sentiu que sua dignidade havia sido insultada. "Ele saiu do prédio com raiva. Eu o segui para ver o que tinha acontecido e, longe da sala de negociação, disse a ele que honrava sua necessidade e queria ajudar. Mais tarde, ele retornou. Apoiar a dignidade daquele líder salvou uma importante iniciativa política que teria afetado o mundo inteiro."

Reconhecimento é outra grande necessidade desta categoria. Eu vi a necessidade por reconhecimento aparecer em quase *todas* as muitas centenas de casos que mediei durante a minha carreira. Muitos deles são, por essência, sobre a necessidade de cada pessoa de ser reconhecida pelo que ela oferece no relacionamento. Do mesmo modo, em situações de negócios, quando as partes sentem que elas ou seus pontos de vista não são reconhecidos, as negociações e as organizações fracassam. Se um dos tomadores de decisão reconhece de maneira adequada cada opinião, ele pode conseguir a adesão do grupo, mesmo que nem todos os pontos de vista sejam levados em consideração.

Por fim, a maioria das pessoas em negociação se preocupa profundamente com sua reputação. No decorrer de muitas negociações, eu via a reputação aparecer como uma necessidade essencial, que costuma ficar abaixo da superfície a menos que seja reconhecida. Muitas pessoas que se consultam comigo sobre como negociar salários me dizem que aquele dinheiro, além de prover as necessidades da vida, também ajuda a construir sua reputação. Se a negociação que você tem em vista for a primeira de muitas semelhantes que precisará conduzir – por exemplo, você está começando a negociar com clientes sobre seu novo produto ou serviço –, pode ser que se sinta preocupado com sua reputação como líder de uma empresa ou a reputação do produto no mercado.

Um agente de talentos me contou uma história sobre tentar negociar termos de contrato para um dos primeiros atores que ele representou. O agente era novo no ramo e percebeu que estava demonstrando inflexibilidade e exasperando a empresa de produção. Mesmo assim, continuou pressionando. Por quê? Ele estava apenas começando e não queria ser visto como um negociador fraco. Se a reputação parece ser uma necessidade (e com frequência é), pare um momento e faça uma avaliação.

Necessidades de liberdade e autonomia. As pessoas possuem uma profunda necessidade de saber que são responsáveis por tomar as próprias decisões, na medida do possível, dentro da lei e das regras de uma organização (e isso inclui a família!). Mesmo ao negociar com alguém que não tenha o poder de decisão, como uma criança, pedir sua opinião e escutá-la ou oferecer possíveis escolhas pode ajudar a satisfazer as necessidades de autodireção.

Juntas, essas necessidades psicológicas e emocionais dominam muitas das negociações diplomáticas, sejam de vizinhança, de família, de negócios e jurídicas que encontramos no dia a dia.

Outras necessidades

As outras categorias que completam a lista de necessidades humanas são:

- **TRANSCENDÊNCIA.** Valores que transcendem o eu pessoal (ou seja, fé religiosa, experiências místicas e certas vivências com a natureza, subserviência, experiências de caráter estético, sexual, científico, etc.).
- **COGNITIVAS.** Conhecimento e compreensão, curiosidade, exploração, necessidade de sentido e previsibilidade.
- **ESTÉTICAS.** Apreciação e busca por beleza, equilíbrio, forma, etc.
- **AUTORREALIZAÇÃO.** Percepção de potencial pessoal e autorrealização, busca do crescimento pessoal e de experiências transformadoras.

Reconhecer minhas necessidades de autorrealização me levou a escrever o livro que você está lendo agora. Dezoito anos atrás, quando era estudante em Columbia, eu me sentei em uma sala de conferências sombria de um tribunal da cidade de Nova York e vivenciei uma dessas epifanias que só costumamos ver nos filmes. Eu estava cursando uma disciplina que se chamava Clínica de Mediação, indicada por um amigo da faculdade, que disse apenas: "Consiste em muita conversa – você vai se sair muito bem." Meus professores me deram um breve treinamento e logo depois me mandaram para o tribunal a fim de mediar meu primeiro caso.

Naquele dia, quando as duas partes envolvidas estavam diante de mim e comecei a ajudá-las a resolver o conflito, vivenciei um momento em que entendi, com total clareza, o motivo pelo qual vim ao mundo. Eu sabia que, ao ajudar as pessoas a negociarem melhor, estava alcançando meu maior potencial. Eu me senti mais realizada do que nunca. No semestre seguinte, comecei a trabalhar como professora assistente na Clínica e ajudei outros estudantes a aprenderem a mediar melhor. Adorei a experiência!

Depois que me formei em Columbia, fui trabalhar como advogada em um dos melhores escritórios do país. Eu amava o trabalho e meus colegas. Era bem paga. Meus pais estavam felizes porque eu tinha arrumado um emprego estável. No entanto, eu ansiava por mais para a minha vida. Lembrei-me daquele dia no tribunal e percebi que precisava da realização que sentira ao ajudar pessoas a resolverem seus conflitos e os estudantes a alcançarem o próprio potencial. Eu sabia que retornar para a faculdade para ensinar mediação permitiria que eu crescesse. Enquanto escrevo isto, hoje, sei que reconhecer minhas necessidades de autorrealização me levou à melhor decisão da minha vida: sair de um emprego em um prestigioso escritório de advocacia para lecionar e mediar. Todos os dias eu acordo realizada com o trabalho que estou fazendo.

PRIORIZAMOS NECESSIDADES DIFERENTES

Perceba que, embora as pessoas geralmente priorizem, acima de tudo, suas necessidades físicas e de segurança básicas, isso não significa que seja algo universal. Os seres humanos valorizam as coisas de maneiras diferentes. Se você conduz muitas negociações, encontrará, por exemplo, pessoas que priorizam necessidades espirituais acima da segurança econômica. Certa vez, mediei um caso jurídico envolvendo uma organização religiosa. Era uma quebra de contrato trazida pela família de um ente falecido contra a organização religiosa a que ele pertencera. A família alegou que o falecido, uma pessoa amada e membro devoto de sua fé, tinha dito a eles que a organização havia prometido arcar com os custos do enterro caso ele não tivesse dinheiro suficiente. Quando ele faleceu, a família contatou a organização para confirmar que ele era um congregado, mas ninguém respondeu. Em prantos, a família contou que o corpo dele ficou no necrotério por um mês, até que tivessem condições para fazer o enterro.

Nesse caso não havia um contrato por escrito. No entanto, a advogada da organização, que comungava da mesma fé, me informou no começo da mediação que, se o que a família estivesse alegando fosse verdade, a organização tinha um imperativo moral de pagar o acordo, independentemente do que a lei defendesse. As necessidades espirituais da organização superavam as necessidades econômicas ou jurídicas.

IR ALÉM: TANGÍVEIS E INTANGÍVEIS

Agora que você conheceu essas categorias, com qual delas se identifica? Alguma outra necessidade surgiu em sua mente? Em caso positivo, escreva-a também.

Uma vez concluída sua lista, vamos dar uma olhada no que você anotou para ajudá-lo a alcançar um entendimento mais profundo de suas necessidades. Vamos formular passos práticos para garantir que elas sejam atendidas. O primeiro deles é examinar suas necessidades e categorizá-las, dividindo-as em dois blocos: tangíveis e intangíveis.

TANGÍVEIS

Vamos começar com as necessidades tangíveis. Tangível é tudo aquilo que podemos tocar ou sentir, ver ou contar – clientes, dinheiro, cargos, quadros, lojas, pontuação, empregos e produtos em uma estante, por exemplo. Então, se você perguntar a si mesmo "Do que eu preciso?" e responder com itens tangíveis, como "mais dinheiro", "ser promovida a coordenadora" ou "novos clientes", é um ótimo começo. Certifique-se de que anotou todos os elementos tangíveis que identificar.

Mas o nosso trabalho não acaba por aqui hoje, porque queremos ir além do que é tangível ao considerar suas necessidades. Olhe para os itens tangíveis em sua lista e faça as seguintes perguntas:

O que torna isso importante?
O que isso representa para mim?

Essas perguntas ajudam a descobrir por que você precisa dos

itens tangíveis que listou. Uma vez que sabemos o *porquê*, podemos seguir para os próximos capítulos e elaborarmos o *como*. Por exemplo, você poderia começar com algo concreto como: "Eu preciso de cinco novos clientes este trimestre." Quando você se pergunta o que torna isso importante, percebe que "Eu preciso de mais clientes porque isso me trará maior segurança financeira" ou "Eu preciso de um pouco de desafio e progresso na minha vida". E isso é ótimo. Ao analisar bem o concreto, você descobre suas necessidades e seus valores mais profundos. E vamos usar isso para moldar sua solução.

As necessidades tangíveis muitas vezes representam outra coisa, sendo apenas parte de algo mais abrangente. Precisamos olhar além delas para descobrir as necessidades mais amplas. Por exemplo, quando perguntei a Walden, CEO de uma startup de produtos de consumo e bem-estar, sobre suas necessidades para a empresa, uma das primeiras coisas que ele falou foi: "Entrar nas principais redes de lojas e então ganhar tração em certas cidades do Meio-Oeste até o primeiro trimestre de 2021." Quando continuei e perguntei por que isso era importante, ele respondeu:

– Todo mundo sabe que nosso produto pode fazer sucesso na região costeira. Muitos produtos novos de bem-estar se saem otimamente em Nova York e Los Angeles. Isso é uma realidade. O que distingue os produtos que fazem sucesso é o alto consumo no restante do país. Se alcançarmos boas vendas em cidades como Des Moines, por exemplo, nossos investidores e o mercado saberão que viemos para ficar e estaremos preparados para a próxima rodada de investimentos.

Eu resumi tudo isso para ele e perguntei:

– Então, o que a entrada no Meio-Oeste realmente significa do ponto de vista das suas necessidades?

– Bem, eu não tinha pensado nisso – confessou ele –, mas,

sabe, os números do Meio-Oeste significam investimento: manter felizes os investidores que já temos e atrair novos.

Acrescentamos "Atração/satisfação de investidores" na lista de necessidades e colocamos "Entrada no Meio-Oeste" abaixo.

Como Walden, uma vez que você torna explícitas essas necessidades mais profundas, pode acabar expandindo ou refinando as tangíveis que as acompanham. Depois de identificar por que são importantes para você, quero que se pergunte: "De que outra forma eu poderia atender à minha necessidade de satisfação do investidor?" Assim você vai esclarecer a necessidade fundamental e gerar uma lista completa de opções para satisfazê-la.

INTANGÍVEIS

Algumas das necessidades da sua lista podem ser intangíveis – ideais efêmeros porém importantes, que dão sentido à vida –, como muitas das necessidades que vimos no início deste capítulo. Ao listar suas necessidades tangíveis e depois conectá-las com algo mais profundo, você chegou a essas necessidades mais profundas que são intangíveis. Algumas das mais comuns são: respeito, reputação, reconhecimento, expressão, sucesso, progresso, amor, segurança, privacidade e liberdade.

Às vezes, as intangíveis podem parecer indistintas ou abstratas porque você não pode vê-las ou contá-las. Mas elas são importantes, pois costumam transcender qualquer problema e dar sentido e propósito para a vida. Reconhecer as necessidades intangíveis pode ajudá-lo a traçar uma rota para toda a sua vida profissional ou pessoal. Lembre-se de que neste livro estamos conduzindo seus relacionamentos e seu futuro no longo prazo, não apenas para uma negociação específica. Você está revelando suas necessidades pessoais de uma forma que vai gerar valor muito além de um aperto de mãos, um contrato ou um abraço.

Caso você ainda não tenha nenhuma necessidade intangível em sua lista, reserve um momento e pense sobre as que já listou. Alguma delas se conecta com as necessidades intangíveis que você viu neste capítulo? Alguma outra intangível lhe ocorreu enquanto você estava lendo?

Caso já tenha, ótimo. Agora vamos para a segunda fase do trabalho: concretizá-las. Queremos tornar essas necessidades intangíveis acionáveis para que você comece a trabalhar para realizá-las. Para cada uma delas, você vai fazer a si mesmo a seguinte pergunta:

Como seria isso?

Por exemplo, ao mediar conflitos de negócios, muitas vezes ouço: "Eu preciso de uma solução justa para esse problema." E repetidamente mencionam justiça. Quando pergunto "Como seria justiça para você neste caso?", começamos a fazer progresso em direção a uma solução. Justiça pode parecer muitíssimo diferente para cada pessoa. Quando faço essa pergunta, veja uma pequena amostra do que já ouvi como resposta:

200 mil dólares
2 mil dólares
uma promoção
ajudar a marcar as consultas de fonoaudiologia para uma
  criança
orientação de um alto executivo
uma hora de televisão nos fins de semana
um desconto na próxima lavagem a seco

direito de votar
tempo de descanso
um tempo longe das crianças
remover seis gatos bravos de uma propriedade residencial (sim, verdade)
uma localização melhor para o escritório
um pedido de desculpa

Entendeu? Justiça pode significar coisas diferentes para *você* em diferentes contextos ou momentos. Você nunca saberá se não perguntar. Então, para cada necessidade intangível, tenha certeza de que fez a pergunta "Como seria isso?". Em seguida, para completar sua lista, pergunte-se: "De que outras formas posso alcançar justiça (ou aquilo de que eu necessito) nesta situação?" Continue até sentir que sua lista está completa.

Veja outro exemplo: Brett vem pensando em voltar a trabalhar depois de passar 10 anos em casa cuidando dos três filhos, que agora têm 9, 7 e 5 anos. Ex-consultora de gestão e gerente de projetos, ela acabou se interessando por consultoria de nutrição e fez alguns cursos enquanto estava em casa com as crianças. Ela sabe que quer abrir o próprio negócio e conquistou seguidores fiéis nas mídias sociais. Mas, por um tempo, Brett se via confusa, sem saber qual direção seguir, e agora se sente estagnada. Ela decidiu escrever suas necessidades na esperança de que isso lhe desse clareza sobre suas ambições de trabalho.

Na lista, ela incluiu "uma sensação de progresso". Quando perguntei a Brett como seria "uma sensação de progresso", ela respondeu:

– Humm, acho que seria como produzir algo tangível que as pessoas consumam. Talvez criando um PDF com dicas que eu pudesse distribuir. E vendo os clientes pessoalmente. Eu não quero apenas uma plataforma de mídia social. Ter pessoas trabalhando comigo, presencialmente ou pelo Skype, seria um progresso.

Graças à minha pergunta, conseguimos compreender melhor as necessidades dela (assim como os passos que pode dar para realizá-las): produzir algo tangível que os clientes possam ver ou segurar e encontrar pessoas para trabalhar com ela.

E O DINHEIRO?

Necessidades financeiras são reais. O dinheiro conta como uma das necessidades humanas básicas e tangíveis, porque nos permite comprar os itens que suprem as necessidades da vida. Mas dinheiro também representa outras coisas. De certa maneira, pode ser intangível: é um símbolo de respeito, reconhecimento, progresso, contribuição, realização e até liberdade.

Ao longo dos anos, conversei com muitas pessoas de diferentes setores que me contaram sobre algumas negociações financeiras que simplesmente não conseguiram fechar, mesmo quando os termos que elas ofereceram eram objetivamente razoáveis ou mesmo ótimos. Por que isso aconteceu? Porque muitas vezes os números não estão ligados a danos ou realidades econômicas; eles simbolizam algo mais para aquela pessoa. A necessidade de reconhecimento. O desejo por justiça. Um coração partido.

Então, se o dinheiro aparecer como algo tangível, explore o que ele significa para você. Que valor ele representa? E de que outras formas, além do dinheiro, você poderia contemplar esse valor? Se o dinheiro aparecer como algo intangível, como "liberdade", pergunte-se: "Como seria isso?" Vai ajudar você a colocar o dinheiro no devido contexto e dar as informações do que exatamente você precisa para alcançar esse valor. Um bom plano de previdência? Poupar o equivalente a um ano de salário?

Saber do que você realmente precisa ajudará a moldar seu futuro de uma forma que vai bem além do resultado de uma negociação específica.

SOLUÇÕES DE PROBLEMAS COMUNS

Vejamos algumas dicas adicionais para ajudá-lo em problemas que podem surgir ao responder "Do que eu preciso?":

E se eu me sentir bloqueado?

E se você leu até aqui e ainda não tem uma resposta? Se estiver encontrando dificuldade em identificar necessidades, tenho dois truques que costumam ajudar.

DICA UM: PENSE SOBRE O QUE VOCÊ ACHA INTOLERÁVEL SOBRE A SUA SITUAÇÃO ATUAL OU O QUE MAIS O ABORRECE, ENTÃO VIRE A FOLHA E ESCREVA O CONTRÁRIO. Essa é a sua necessidade. Por exemplo, se um dos seus problemas principais é sentir-se desvalorizado no seu relacionamento, o que está procurando pode ser apreciação, respeito ou reconhecimento. Se você está sentado com este livro por causa de um emprego que não lhe permite ter um momento de descanso ou paz... bem, agora você sabe do que precisa.

DICA DOIS: NÃO SE DEIXE INFLUENCIAR PELO QUE AS OUTRAS PESSOAS PENSAM OU ACREDITAM QUE VOCÊ DEVERIA PRECISAR. É fácil ser envolvido pelo que *outras pessoas* disseram que precisamos ou pelo que achamos que *deveríamos* precisar com base no que os outros têm. Se você está bloqueado porque está pensando em outras pessoas e no que elas acham sobre as suas necessidades, vá em frente e encare isso. Faça uma lista com tudo o que elas acham que você precisa – e depois, literalmente, deixe-a de lado. Ter essa lista escrita na sua frente o ajudará a separar o que você precisa do que dizem que precisa.

Como penso sobre minhas necessidades se estou negociando em nome de alguém ou de uma organização?

"Do que eu preciso?" pode ser usado para empresas ou instituições, assim como para pessoas. Depois do brainstorming inicial das necessidades, eu gosto de ir mais fundo ajudando você a separar suas necessidades de acordo com os diferentes papéis ou identidades que você põe na mesa – ou o que eu chamo de "chapéus".

Como temos certeza de que estamos levando em conta todos os nossos diferentes "chapéus" ou papéis? Pense sobre as suas (1) responsabilidades; (2) identidades; e (3) os seus papéis, formais ou informais. Por exemplo, Keisha, professora e mãe de uma menina autista, está negociando com um distrito escolar sobre o IEP (um plano educacional para crianças portadoras de deficiência) da sua filha Imani. Quando ela se reúne com os representantes, sempre leva em conta as suas necessidades como (1) mãe de Imani, que não pode explicar as próprias necessidades; (2) líder da organização local de pais e professores de educação especial, que trabalha em nome de todas as crianças da cidade; e (3) educadora que valoriza o papel e o conhecimento dos professores. Reconhecer todas essas necessidades ajudou Keisha a decidir o que queria defender (uma assistente pedagógica para Imani e terapias diárias) e como precisava estruturar seus argumentos para que convencessem os professores na sala de reunião.

Da mesma forma, se você está agindo em nome de uma organização, terá necessidades institucionais, assim como pessoais, como aconteceu com Lilia na história que abriu este capítulo.

Em resumo, quando separamos todas as identidades que as pessoas põem na mesa ao negociar, isso serve a vários propósitos: primeiro, permite-nos expandir nossa lista de necessidades para obtermos a visão mais completa possível do que precisamos em uma negociação; segundo, ajuda a identificar os diferentes papéis que ocupamos conforme negociamos, alguns dos quais talvez nem nos ocorram; e, por último, talvez nos ajude a identificar interesses que parecem conflitantes – e acho que necessidades internamente conflitantes são a principal causa de confrontação e bloqueio.

E se algumas das minhas necessidades parecerem conflitantes?

À medida que descobre suas necessidades, talvez você perceba que algumas delas parecem conflitantes. Por exemplo, se está pensando em trocar seu emprego em uma empresa grande e estabelecida por uma startup, talvez precise simultaneamente do crescimento profissional que resulta de trazer um novo produto ao mercado e da necessidade de manter a estabilidade financeira para sua família. Essa é uma grande descoberta! Pode dar a pista de por que você não conseguiu dar os passos em direção à decisão profissional. Escreva as duas necessidades. A partir do momento que sabemos que você tem necessidades conflitantes – e muitos de nós temos –, podemos descobrir se estão mesmo em conflito ou se existe um caminho mutuamente satisfatório a seguir. Dica: geralmente existe.

Se você abriu este livro porque está com uma sensação de bloqueio pessoal ou profissional, olhe para a sua lista de necessidades e pergunte-se se alguma delas parece estar em conflito. Em caso positivo, isso pode dar origem a uma sensação de conflito interno que pode resultar em (1) sensação de impasse e (2) comportamentos e sentimentos discordantes. Uma forma de lidar com isso é olhar as necessidades que você acha que são conflitantes e verificar se é realmente o caso.

Separar nossas necessidades de acordo com diferentes papéis, identidades ou "chapéus" também pode iluminar conflitos. Relembre Brett, que está pensando em voltar a trabalhar após algum tempo em casa cuidando dos filhos, mas se viu indecisa sobre qual direção tomar. Brett sente como se estivesse em conflito consigo mesma. Quando falamos sobre os "chapéus" e as necessidades dela, Brett os separou da seguinte forma:

MÃE	ESPOSA	EU
Conexão com meus filhos	Equilíbrio financeiro com o meu marido	Conexão com os outros
Ajudar meu filho a ler	Fazer a casa funcionar sem problemas	Contribuição financeira
Investir no desenvolvimento deles	Paz no lar	Sensação de progresso
Estar por perto enquanto forem pequenos	Conexão com o meu marido	Viagens e aventuras

Depois que definimos desta forma, Brett avaliou suas necessidades e disse: "Tenho medo de que minha necessidade de conexão com os meninos entre em conflito com o meu desejo por viagens e aventura." Então, analisamos cada um desses interesses para ver como eles poderiam ser na prática.

Quando indagada sobre como seria a "conexão com os filhos", Brett descobriu que isso significava:

- Dedicar um tempo para cada um deles separadamente.
- Passar as manhãs de sábado juntos antes dos esportes e das atividades.
- Jantar em família sem aparelhos eletrônicos ligados duas vezes por semana.

Quando abordamos o seu desejo por "viagens e aventuras", ela definiu desta forma:

- Viajar uma vez por ano sem a família.
- Ministrar um workshop em outra cidade direcionado a outras mulheres que também valorizem viagem e a vida em comunidade.
- Aprender francês.
- Fazer algo que a tirasse da zona de conforto.

Ao observarmos essas duas listas, os interesses realmente entram em conflito? Ou existem maneiras de alcançar os dois? Quando Brett e eu analisamos essa lista, imediatamente vimos que existem muitas maneiras de ela satisfazer esses interesses tão importantes, pelo menos na maior parte do tempo. Por exemplo, ela poderia ter aulas nos dias úteis e encontrar tempo para jantar em família sem aparelhos eletrônicos ligados duas vezes por semana. Ela poderia passar um tempo com os meninos, sair à noite com o marido e também planejar uma viagem ou um retiro pessoal que a satisfaça. Às vezes, nos encontramos diante de difíceis conflitos entre interesses – por exemplo, a necessidade de uma cozinha nova pode colidir com a necessidade de aumentar as economias e formar uma reserva de emergência –, mas com muita frequência, se detalhamos e examinamos como as nossas necessidades seriam na prática, encontramos caminhos para alcançar os dois.

(E prepare-se para fazer várias vezes esse exercício de harmonizar necessidades depois que perguntar a outra pessoa sobre as necessidades dela, na segunda parte do livro: Janela.)

UMA CONSIDERAÇÃO FINAL SOBRE AS NECESSIDADES: COMO OS SERES HUMANOS, ELAS EVOLUEM

Como disse Anaïs Nin: "A vida é um processo de tornar-se." As necessidades, assim como as pessoas, nunca são estáticas; estão sempre mudando e se modificando. À medida que mudamos, identidades e papéis também mudam. Então, nossas necessidades como filhos, mulheres, gerentes, médicos e coaches vão todas evoluir, assim como nós.

Minhas necessidades como professora acadêmica hoje são totalmente diferentes daquelas de quando comecei na faculdade, há 12 anos. As necessidades de Walden como CEO de sua empresa agora que o negócio está fazendo a terceira rodada de financiamento e uma expansão nacional são diferentes daquelas de quando ele estava refinando seu produto e buscando capital inicial. As necessidades de Brett como mãe, esposa e pessoa mudarão conforme ela evoluir e seus filhos crescerem e se desenvolverem.

Então, se você tem um problema permanente que requer múltiplas negociações, suas necessidades também podem evoluir durante esse tempo. Da mesma forma que você talvez precise se reunir várias vezes com a mesma pessoa, marque vários encontros consigo mesmo.

CONCLUSÃO... E UMA PERGUNTA FINAL

Eis aqui mais um exercício rápido. Quero que reserve um momento agora para admitir o que você ainda não admitiu.

O que isso significa? Às vezes, as maiores necessidades que temos são aquelas que escondemos de nós mesmos. Nos censuramos sem nem mesmo saber que estamos fazendo isso. Então quero que você termine este capítulo fazendo uma pausa e se perguntando: *Quais são as piores coisas, as menos lisonjeiras, de que eu poderia precisar nesta situação?*

Quando fiz essa pergunta a Brett, depois de ter ouvido suas necessidades mais "socialmente aceitáveis" de cuidar da família e manter um bom relacionamento com o marido, ela fez uma pausa, deu um suspiro e revelou uma de suas necessidades "secretas". Acabou admitindo que precisava de um sentimento de realização além do lar.

– Sei que não deveria estar focando muito nisso... afinal, sou mãe, certo? Meus filhos são a minha prioridade, claro. Mas eu realmente sinto falta de estar *realizando* algo no mundo de forma mais ampla.

Esse exercício de listar nossas "piores" necessidades possíveis é importante para todos nós. Muitas vezes censuramos aquilo de que precisamos. Achamos que não é legal ou apropriado ter a necessidade de realização, beleza... ou dinheiro. O que há de tão errado nisso? Por que parece tão difícil admitir? Ao ignorarmos essas necessidades, acabamos recusando uma parte do que somos, limitando o que podemos alcançar em uma negociação... e sufocando quem poderíamos nos tornar.

Agora que respondeu a essa pergunta, experimentou todos os seus "chapéus", listou suas necessidades tangíveis e intangíveis e fez as perguntas subsequentes para ir mais fundo e ser mais objetivo, vamos concluir resumindo suas necessidades.

Revise tudo o que escreveu e faça um resumo de um parágrafo. Tome nota de cada palavra ou assunto que sempre aparece. Você usará esse resumo conforme for avançando.

3
O QUE EU SINTO?

Cara era uma alta executiva muito ocupada de uma importante empresa internacional de produtos de consumo, conhecida pelo senso de humor sarcástico e pela personalidade prática. Trabalhava lá havia 18 anos, desde que se formara na faculdade, e fora galgando os degraus da empresa vendendo produtos de limpeza e de cuidados pessoais para as principais redes de farmácias e outras lojas do varejo.

Às vezes, o trabalho era dinâmico e estressante. Mas, durante toda a permanência de Cara, nem os colegas mais próximos nem os amigos jamais a viram abatida ou derramando uma lágrima. Ela sempre dizia: "Eu não fico chateada, não tenho tempo para isso." Nas avaliações anuais, a principal crítica construtiva que Cara recebia era: "Vá mais devagar." Quando alcançou uma posição hierárquica mais alta, casou-se e economizou rigorosamente, vivendo com muito menos do que ganhava e correndo poucos riscos financeiros para poder comprar a casa dos seus sonhos – e ainda sobrar dinheiro. Quando chegou a hora de comprar a casa, ela me mostrou uma impressionante planilha de Excel com todas as características desejadas, em que analisava quais imóveis correspondiam a quais critérios. "Eu faço planilhas para tudo", contou ela. Cara escolheu a casa que satisfazia a mais critérios.

O tempo passou e Cara teve dois meninos. Depois que eles nasceram, cresceu seu interesse em ter um estilo de vida saudável e ela obteve um certificado em nutrição. Conforme voltava sua atenção para alimentar sua família com refeições saudáveis, também começou a pensar mais sobre que tipo de produtos de uso doméstico ela gostaria de utilizar, então começou a procurar opções mais naturais. Ela comparou os produtos que tinha em casa com os que vendia no trabalho e viu uma desconexão. Talvez fosse a hora de tomar providências a respeito.

Então, Cara buscou startups no ramo de produtos de limpeza naturais, esperando a oportunidade certa para se apresentar. Muitas empresas estavam interessadas em contratá-la. Ela me consultou como coach de negociação durante todo o processo – avaliando em uma extensa planilha de Excel o poder de mercado, os termos dos acordos e os perfis das equipes de liderança para cada empresa em potencial –, tudo isso para rejeitar cada uma delas. Por fim, surgiu uma proposta com algumas vantagens sobre as demais. A empresa estava no mercado e no estágio de desenvolvimento certos, com o cargo certo, mas o pacote financeiro representaria um corte em seus ganhos comparando-se ao da empresa atual, já estabelecida e consagrada no setor. Ela ficou indecisa por muitas semanas, negociando condições e debatendo se deveria aceitar. Enfim, chegou a um ponto nevrálgico: ela obteve tudo o que podia da negociação do emprego, em termos de dinheiro e informações sobre as perspectivas futuras da empresa, e agora precisava tomar uma decisão. Mas se sentia paralisada.

– Eu analisei tudo o que pude – disse ela. – Mas, por algum motivo, não consigo escolher entre um e outro.

A startup informou que ela tinha mais uma semana para responder. Foi nesse momento que Cara mencionou de passagem, durante uma de nossas consultorias ao telefone, que não conseguira sair da cama naquela manhã. Na verdade, ela tivera que abandonar a academia, pois estava lidando com dores musculares debilitantes havia meses, a ponto de deixá-la acamada em várias ocasiões. Os médicos solicitaram todos os exames possíveis, e nenhum oferecia pistas sobre a causa da dor. E, naquela manhã, a dor a impedira até de preparar o café para a família.

Essa foi minha deixa. Respirei fundo e perguntei:

– O que você está sentindo em relação a essa decisão?

Minha cliente prática, que analisava cada métrica possível sem mencionar um sentimento sequer, finalmente se permitiu contemplar o que estava vivenciando com aquela decisão. Ela sabia que mudar para uma startup envolveria um corte no salário e tinha se preparado durante anos para gerenciar aquele tipo de impacto em suas finanças. Mas não conseguira prever quão ansiosa ficaria sobre deixar a aposta certa que ela vinha fazendo havia 18 anos em troca de um risco financeiro que poderia afetar sua família no curto prazo embora com perspectiva de melhora de salário no longo prazo. Ela também não podia ignorar a intensa sensação de culpa de vender, no seu atual emprego, produtos que não era mais capaz de usar em sua própria casa. Cara contou que recentemente a empresa havia desenvolvido um item no qual ela não acreditava e, mesmo assim, tinha que ligar para os compradores em potencial e vendê-lo. Terminava cada ligação nauseada.

Escrever esses sentimentos em sua planilha foi esclarecedor. Cara analisou sua ansiedade financeira em relação aos números e lembrou que estava bastante preparada para a redução de curto prazo no salário. Lembrou também que, durante sua pesquisa sobre a startup, ela tinha acumulado indícios sólidos de que acabaria conseguindo um aumento depois de algum tempo de casa. Também percebeu que essa ansiedade era natural, mas que provavelmente seria temporária. A antecipação do impacto talvez fosse pior do que a realidade.

Então ela comparou isso com a culpa que sentia com os produtos que estava vendendo. Ela sabia que essa culpa, ao contrário da ansiedade financeira, provavelmente persistiria até que trabalhasse em uma empresa mais alinhada com os seus valores. Percebeu que, na verdade, essa culpa vinha crescendo ao longo dos anos. E não poderia continuar a vender produtos que ela não se sentia bem em usar.

Essa executiva, que se preparou meticulosamente para essa negociação de emprego e analisou todos os dados concretos disponíveis, ainda não havia percebido que primeiro precisava negociar consigo mesma sobre os sentimentos que vinha experimentando com a decisão. Munida dessa informação adicional, ela fez a ligação e aceitou o emprego. A dor desapareceu quase de imediato. Um ano depois, Cara estava superando até as metas mais otimistas de vendas que a nova empresa tinha estabelecido. Ela me disse que atribuía o sucesso em grande parte à felicidade no trabalho. Sua crença nos produtos a levou a vendê-los com um entusiasmo e uma energia que ela não experimentava havia anos.

"SENTIMENTOS SÃO FATOS"

Quando comecei a estudar negociação, minha mentora, Carol Liebman, me ensinou que sentimentos são fatos. Ela não quis dizer que sentimentos são uma realidade tão objetiva quanto o tempo, o peso ou a temperatura, mas que são reais, existem e devem ser levados em conta em qualquer negociação. Os sentimentos moldam nossa percepção de realidade e nossa tomada de decisão a todo momento.

Não podemos evitar os sentimentos em uma negociação. Certa vez li um artigo que sabiamente comparou a emoção humana com um vulcão. Vulcões são produtivos: eles criam ilhas que acabam gerando vida animal e vegetal. Mas também podem ser destrutivos. O fluxo da lava pode devastar a terra e a própria vida. Como os vulcões, você não pode impedir que as emoções humanas entrem em erupção. No entanto, com alguma preparação, é possível direcionar o fluxo de lava para o mar, em vez do vilarejo, desse modo maximizando os benefícios e minimizando qualquer dano.

Com frequência tentamos enterrar ou negar nossos sentimentos, mas sempre achei (e pesquisas mostram) que essa prática tende a ser mais destrutiva do que útil, e que pode ser mais produtivo encará-los. Quando analisamos os nossos próprios sentimentos, duas coisas acontecem: primeiro, afastamos a incerteza ou a confusão que envolve um conflito ou uma decisão importante, e assim nos sentimos mais organizados e capacitados; segundo, encontramos informações que nos ajudam a resolver o problema.

Neste capítulo, vou ajudar você a identificar quaisquer sentimentos que possa experimentar em uma negociação. Ao longo do caminho, vamos falar sobre por que os sentimentos são fundamentais para uma negociação e como identificá-los pode ajudar a negociar de maneira mais eficaz. Vou ajudar você a ouvir sua voz interna sem julgamentos, tomando nota de seus sentimentos verdadeiros – não aqueles que sua mãe acha que você deveria sentir. Juntos, acompanharemos seus pensamentos iniciais para ter certeza de que você está considerando tudo o que pode estar sentindo. E vou apresentar estratégias de como lidar com os sentimentos. Você as usará quando entrar na fase Janela e estiver falando cara a cara com alguém.

Primeiro, como sempre, a preparação começa em casa, e você já sabe: começa com você.

SUA VEZ NO ESPELHO

Agora é a sua vez de se olhar no Espelho. Lembre-se: você já identificou o que o trouxe até aqui e quais são as suas necessidades. Você tem uma noção do problema que quer resolver e o que precisa extrair da situação. Agora vai entrar nos sentimentos. Como no capítulo anterior, quero que você vá para um espaço físico onde possa pensar livremente. Nos próximos cinco minutos, pense e anote a sua resposta para a pergunta: *O que eu sinto?*

LIDANDO COM OS SENTIMENTOS NA NEGOCIAÇÃO

Algumas vezes as pessoas são pegas desprevenidas para falar sobre seus sentimentos enquanto estão no trabalho ou em sua negociação pessoal. Neste capítulo, vamos falar sobre isso.

Essa hesitação faz sentido. Durante anos, a sabedoria popular sobre os sentimentos na negociação era de que eles – fossem positivos ou negativos – eram improdutivos. Deveríamos tentar não sentir, e, se sentíssemos, deveríamos escondê-los e negociar apenas com base nos fatos.

Mas lidar com os sentimentos é crucial para o sucesso em qualquer negociação. O que torna os sentimentos tão essenciais? Dois fatores importantes:

1. **OS SENTIMENTOS SEMPRE ESTÃO PRESENTES NA NEGOCIAÇÃO**
   Lembre-se de que negociação é qualquer conversa na qual você está conduzindo um relacionamento. Você está constantemente negociando quando gerencia seus relacionamentos com colegas, clientes, gerentes, cônjuge, filhos e com a pessoa que bateu na traseira do seu carro semana passada. Um relacionamento é um momento (ou mais) de conexão entre você e outro ser humano ou grupo. E, como ser humano, você também tem um relacionamento consigo mesmo.

   Qualquer relacionamento ou conexão que envolva seres humanos, não importa quão séria ou passageira, envolve sentimentos. Estamos acostumados a pensar sobre os sentimentos na medida em que afetam nossa vida pessoal, como no contexto do relacionamento familiar, mas com frequência deixamos de reconhecer que eles estão presentes em *todas* as negociações. (Se em algum momento todos formos substituídos por computadores, aí é outra história.) Não importa o tipo de problema que esteja enfrentando, quer esteja você em uma mesa negociando em nome de outra pessoa ou instituição, quer seja você o tipo de pessoa que os outros chamam de "pessoa emotiva". Se a negociação envolve pessoas (ou seja, você), é pessoal, portanto os sentimentos farão parte disso.

   Se os sentimentos estão sempre presentes, não faz mais sentido reconhecê-los e trabalhar com eles?

2. **OS SENTIMENTOS IMPACTAM DIRETAMENTE A TOMADA DE DECISÃO E OUTRAS CAPACIDADES NA NEGOCIAÇÃO**
   Os sentimentos são importantes na negociação porque nos ajudam a tomar decisões, sejam grandes ou

pequenas. O neurocientista Antonio Damasio estudou uma série de pacientes cujo lado direito do cérebro (que controla as emoções) estava debilitado, mas que apresentavam todas as demais funções cognitivas intactas, e descobriu que eles eram incapazes de tomar decisões. Eles conseguiam explicar o que pensavam logicamente, mas não decidiam o que comer no jantar. Sem a capacidade de tomar decisões, nós nos perderíamos na negociação.

As emoções também afetam a inovação e a criatividade: pesquisas descobriram que emoções positivas, como compaixão ou gratidão, podem aprimorar nossa capacidade de julgar as circunstâncias com precisão, trazer soluções criativas e inovar – elementos muito importantes para a negociação. Emoções negativas, especialmente medo e ansiedade (vamos abordar as duas mais adiante), podem inibir essas capacidades. Reconhecer os nossos sentimentos e tratá-los da mesma forma que qualquer outro tipo de informação a ser considerada em uma negociação pode nos ajudar a tirar o máximo proveito dessa conexão entre emoção e ação.

A IMPORTÂNCIA DOS SENTIMENTOS NAS NEGOCIAÇÕES PROFISSIONAIS

Às vezes, as pessoas expressam dúvidas de que as chamadas negociações profissionais – as que você faz no trabalho ou talvez em nome de uma organização, como uma empresa ou um governo – possam envolver sentimentos. Mas se você quer se tornar um negociador no mundo empresarial, na diplomacia ou em qualquer outra área, precisa entender e lidar com os sentimentos. Andra Shapiro, vice-presidente executiva e conselheira-geral da Cable Entertainment da NBCUniversal, negocia acordos para oferecer os melhores programas para pessoas do mundo todo. Entre as negociações mais comuns estão contratos com escritores e produtores que criam conteúdos em várias redes e plataformas. O trabalho de Andra é comprar ou licenciar seus trabalhos.

Você pode pensar que as negociações deles envolvem apenas pagamento, e é verdade que a parte financeira está presente praticamente em todos os acordos, mas é muito comum que as emoções estejam no centro das negociações, especialmente com criadores de conteúdo. "Quando negociamos em torno de criações de outras pessoas, é como se elas estivessem dando para você segurar o *bebê* delas", observa Andra. "É extremamente emocional e é preciso respeitar, entender, ou não se terá sucesso em fechar contratos nessa área."

Da mesma forma, quando os acordos comerciais dão errado, uma porcentagem surpreendente desses conflitos surge por causa de sentimentos irrefletidos. Um advogado com treinamento em mediação contou sobre uma experiência que teve como sócio de uma empresa importante. Seu cliente, um grande *player* do mercado de saúde americano, foi adquirido por um gigante estrangeiro do setor. O processo de aquisição seguia bem até que os dois CEOs foram ao jantar de concretização do negócio. Lá, tiveram uma enorme briga incitada por diferenças culturais, vinho e insegurança sobre o futuro papel de cada um dentro da nova organização – o que resultou no CEO americano ligando para o seu advogado tarde da noite em uma sexta-feira para dizer: "Eu quero que você redija uma reclamação de arbitragem imediatamente. Vamos processar esse #@$%!"

O advogado ouviu o que o cliente tinha para dizer. Mas também sabia que a reclamação de arbitragem provavelmente seria um fracasso, além de ter um alto custo. Então, ao se lembrar do treinamento de mediação e sentindo a questão emocional em jogo, ele passou o fim de semana alternadamente esboçando a reclamação e conversando com o cliente, perguntando: "Tudo bem, me conte mais sobre o jantar..." (Você vai encontrar essa pergunta na Janela.) No fim das contas, o advogado ajudou o cliente a abrir algum espaço emocional e alguma perspectiva sobre o que tinha acontecido no jantar que deveria ter sido festivo. O CEO acabou desistindo do pedido de reclamação de arbitragem e voltou a concentrar sua energia em tornar a fusão das empresas um sucesso.

OLHE NO ESPELHO: OS BENEFÍCIOS DE CONSIDERAR OS SEUS SENTIMENTOS

A melhor maneira de se preparar e lidar com sentimentos nas negociações é identificar os próprios sentimentos. Pensar sobre isso ajuda de várias maneiras.

Primeiro, oferece dados importantes que podem ser usados quando você negocia. A negociação não é orientada apenas por aquilo de que precisamos ou em que acreditamos sobre determinada questão, mas pela intensidade do que sentimos a respeito do assunto em pauta. Saber como se sente em relação a uma questão vai ajudá-lo a entender quanto quer priorizá-la na negociação. Reserve um momento para analisar seus sentimentos e identificar o que eles dizem sobre como você deveria abordar a conversa Janela com a outra pessoa.

Segundo, admitir seus sentimentos pode ajudá-lo a formular soluções melhores. Fazer uma pergunta subsequente mágica pode ajudar a transformar sentimentos em ideias focadas no futuro. Caso esteja sentindo uma emoção negativa, quero que se pergunte: "O que ajudaria a eliminar ou reduzir meu [*inserir sentimento*] nessa situação?" Por exemplo, você é um médico e se sente sufocado, e muito frustrado, pela forma como foi instruído a cuidar de determinados pacientes no hospital onde atua. Eu quero que você se pergunte: "O que ajudaria a eliminar ou reduzir minha frustração nessa situação?" Assim, você pode usar seus sentimentos para gerar ideias concretas de como seguir em frente.

Por último, reconhecer e expressar seus sentimentos de maneira pessoal ajudará a reduzir a possibilidade de senti-los ou expressá-los de algum jeito incontrolável durante a parte da negociação em que você está sentado com outra pessoa. Pesquisas mostram que, se sufocamos nossas emoções, elas podem voltar em um momento ou com uma intensidade que impeça nossa capacidade de tomar decisões ou atrapalhe a decisão. Mais uma vez, você não pode impedir que o vulcão de sentimentos entre em erupção, mas reconhecê-los e se preparar para lidar com eles em uma negociação vai ajudar a aproveitar seu poder e alcançar grandes resultados.

CONSIDERAR SEUS SENTIMENTOS TRAZ ALÍVIO E RESULTADOS

Stephen é um sócio experiente de um grande escritório de advocacia dos Estados Unidos. Quando já estava consagrado em sua prática e mais próximo da aposentadoria, o escritório pediu que ele assumisse a responsabilidade de recrutar novos talentos e orientá-los para que ocupassem futuramente a posição de sócios. Oito anos antes, ele contratara um jovem advogado imobiliário, Craig, que se revelou uma promessa brilhante. Stephen o orientou para preencher uma posição de sócio júnior, destacando seus pontos positivos e o aconselhando nas áreas em que precisava melhorar. No entanto, Stephen observou que Craig, que era brilhante em conquistar novos clientes, às vezes se antecipava e negligenciava a papelada e os protocolos do escritório. Um dia, Stephen recebeu uma ligação complicada: o sócio-gerente telefonou para dizer que Craig havia trazido um novo cliente com um problema imobiliário que envolvia uma ação judicial. A política da empresa determinava que toda reclamação levada ao tribunal precisava ser revisada por alguém que fosse (1) um sócio sênior e (2) do departamento de litígios. Craig não era nem um nem outro. Ele conhecia essa política e mesmo assim deu entrada no caso.

Stephen revisou a petição. O trabalho de Craig era muito bom. No entanto, se ele o tivesse consultado ou a outra pessoa do departamento de litígios, o trabalho poderia ter sido um pouco mais detalhado. E a gerência se irritou com o desrespeito deliberado à política do escritório. Stephen escolheu as perguntas Espelho para começar a trabalhar. Ele sabia do que precisava: garantir que Craig seguisse as regras e, ao mesmo tempo, mantê-lo motivado para continuar trazendo clientes. Stephen também precisava preservar o bom relacionamento de trabalho que haviam construído. Por fim, como um litigante, Stephen sentiu-se responsável por garantir que o cliente alcançasse um bom resultado no tribunal.

Quando ele chegou à pergunta "O que eu sinto?", as coisas ficaram interessantes para Stephen. Ele listou algumas emoções que pareciam relativamente óbvias:

- Ansiedade com a conversa
- Medo de piorar as coisas entre Craig e a gerência

- Aborrecimento por Craig não seguir as regras
- Alívio com a perspectiva de resolver o problema

Mas então, conforme ele pensava, escreveu um pouco mais:

- Empatia com Craig
- Ambivalência quanto às regras

Isso surpreendeu Stephen. Anotar seus sentimentos o fez perceber duas coisas.

Primeira: ele compreendia o que tinha acontecido com Craig. Stephen também era excelente em desenvolver relacionamentos com novos clientes e em resolver os problemas deles com rapidez. Ele se reconhecia em Craig e, lá no fundo, percebia sua intenção de ajudar, e não de prejudicar o escritório. Ele escreveu tudo isso para incluir na conversa com Craig.

Segunda: Stephen descobriu que não tinha tanta certeza se as regras de ouro do escritório faziam sentido. Então se deu conta de que, para resolver completamente o problema, talvez precisasse buscar dois caminhos paralelos: um com Craig e outro com a gerência, para ver se seria possível desenvolver alguma flexibilidade na política ou se estavam dispostos a discutir outras ideias que ajudassem os sócios juniores.

Às vezes, tememos que, se olharmos no Espelho para ver os nossos sentimentos, isso piore a situação. Mas, longe de prejudicar a negociação, reservar alguns momentos para considerar seus sentimentos ajudou Stephen a se conectar com Craig, detalhar de maneira mais completa os problemas reais a serem resolvidos e dar alguns passos à frente. Se você trabalhar essa questão como fez Stephen, provavelmente encontrará a mesma verdade para você.

ENCONTRAR A DIVERSÃO

Um comentário final sobre olhar no Espelho em busca de sentimentos: em geral, quando precisam considerar seus sentimentos na negociação, as pessoas o fazem com receio. É como se eu perguntasse "Que coisas desagradáveis você sente?", e elas respondessem de maneira compatível, anotando todas as coisas negativas que vêm à mente. Assim, quero continuar com um lembrete específico: você anotou os sentimentos positivos que vieram à sua mente? Se não, faça isso agora.

Quero encorajá-lo a entrar em contato com seus sentimentos positivos em cada negociação que encontrar. Muitas vezes deixamos que as emoções negativas predominem nas negociações, mas por baixo desses sentimentos também temos alguns realmente positivos. Sim, você está nervoso por ter que abordar um cliente ou ter uma conversa com seu sócio. Mas também não poderia estar empolgado para iniciar essa próxima fase da sua carreira? Será que sente algum alívio com a perspectiva de se livrar do dilema mental desse conflito e acabar com a tensão?

Recentemente, conduzi um grupo de executivos por essa questão. Um participante que enfrentava uma importante negociação financeira com um funcionário escreveu "frustração por ele não ser realista em relação aos números" e depois "empolgado por exercitar minhas habilidades como negociador". "Encontrar a diversão" (ou alegria, orgulho, empolgação, triunfo) pode nos ajudar a avaliar o quadro geral de como nos sentimos sobre nossa negociação e evocar a energia para enfrentá-la.

PRÓXIMO PASSO: ENFRENTANDO PROBLEMAS COM SENTIMENTOS

Constatamos por que faz sentido considerar os sentimentos parte de qualquer negociação e analisamos a pergunta em si. Em seguida, solucionaremos quaisquer dúvidas que você possa ter ao pensar sobre seus sentimentos. Vamos dar uma olhada em alguns obstáculos comuns e lhe darei meios de superá-los.

1. "NÃO CONSIGO SENTIR NADA ENQUANTO ESTOU USANDO UM TERNO"

A posição em que você se encontra permite que seja honesto nas respostas sobre seus sentimentos? A primeira vez que propus essa pergunta nas Nações Unidas, fiquei surpresa em ver que muitos diplomatas, homens e mulheres, reagiram *imediatamente* a ela e depois tiveram dificuldades em se permitir escrever alguma coisa. Um deles disse: "Não estou acostumado a me indagar sobre sentimentos enquanto estou usando um terno. O que sinto no trabalho é apenas o que quero me permitir sentir. As coisas que estou pensando não são 'sentimentos de trabalho.'"

Então eu entendi que muitos de nós realmente precisamos conversar sobre nossas emoções, mas não nos damos essa oportunidade. Pelo contrário, tentamos bloquear os sentimentos, em especial no local de trabalho. Não importa se você usa um terno, uniforme ou a mesma bermuda todos os dias para trabalhar. Se está pensando sobre essa pergunta no contexto do trabalho e tendo dificuldade, tente se colocar em uma posição onde possa explorar seus sentimentos fora do trabalho.

2. "EU NÃO SEI."

E se você estiver paralisado e não conseguir descobrir o que sente? Talvez tenha se feito essa pergunta sem encontrar a resposta.

Temos a capacidade de pensar sobre nossas emoções, mas isso não significa que seja sempre fácil identificá-las ou expressá-las. Estamos tão acostumados a suprimi-las – ou, no outro extremo, nos sentirmos sobrecarregados por elas – que às vezes é difícil admitir o que estamos sentindo. Por isso incluí aqui várias estratégias para identificar suas emoções nos momentos em que você se sentir bloqueado.

EMOÇÕES HUMANAS COMUNS

Se você não está conseguindo descobrir o que sente, dê uma olhada na lista das emoções mais comuns a seguir. Embora os seres humanos vivenciem uma grande variedade de sentimentos – mais do que conseguimos incluir neste capítulo –, também costumamos experimentar algumas das mesmas emoções, em especial em negociações ou conflitos. A Dra. Brené Brown e outros psicólogos pesquisaram grupos de emoções essenciais que podemos examinar e utilizar em nossa própria vida. A seguir você vai encontrar uma lista de emoções que costumam surgir em negociações, algumas das quais foram identificadas por esses especialistas e outras que eu mesma identifiquei por meio da experiência orientando milhares de pessoas:

Admiração	Desejo	Pavor
Afinidade	Desprezo	Pertencimento
Alegria	Empatia	Pesar
Alívio	Empolgação	Preocupação
Amor	Estresse	Raiva
Ansiedade	Felicidade	Rejeição
Arrependimento	Frustração	Satisfação
Aversão	Fúria	Solidão
Calma	Gratidão	Surpresa
Compaixão	Humilhação	Traição
Confusão	Inveja	Tristeza
Constrangimento	Julgamento	Triunfo
Culpa	Mágoa	Valorização
Curiosidade	Medo	Vergonha
Decepção	Orgulho	Vulnerabilidade

Uma vez que tenha lido esta lista, sinta-se à vontade para fazer acréscimos ou ajustes necessários na que você mesmo criou anteriormente.

PARA OS SENTIMENTOS, VOLTE ÀS NECESSIDADES

Caso você encontre dificuldades para pensar sobre os sentimentos, tente voltar às suas necessidades. Com frequência, as necessidades e os sentimentos são lados opostos da mesma moeda. Volte ao Capítulo 2 e reveja as necessidades tangíveis e intangíveis que você descobriu. Muitas vezes, os conflitos das pessoas são o contrário dessas necessidades. Se você precisa de um pacote de remuneração melhor no emprego, pode estar se sentindo inseguro, desvalorizado ou mesmo contrariado por não ganhar o que sente que vale. Se precisa de mais reconhecimento no relacionamento, pode estar se sentindo triste, zangado ou apenas invisível. Se percebe uma necessidade desesperada de ampliar a lista de clientes, pode estar se sentindo estagnado ou superado pelos colegas.

IDENTIFICAR "O PIOR SENTIMENTO": COMBATA A AUTOCENSURA

Às vezes, quando pergunto às pessoas o que estão sentindo, descubro que estão experimentando alguns sentimentos que tentam esconder, inclusive de si mesmas. Se você está tendo dificuldade em descobrir como se sente, pergunte-se: "Qual a pior coisa que eu poderia estar sentindo agora?" Adoro essa pergunta subsequente porque, em grande parte do tempo, suprimimos nossos sentimentos para evitar a vergonha ou o autojulgamento. Nós não queremos sentir isso, desejamos algo diferente. Assim, nos desligamos desses sentimentos. Só que sufocá-los ou negá-los não faz com que desapareçam. Lançar uma luz sobre os nossos "piores" sentimentos (entre aspas porque sentimentos não são bons ou ruins, simplesmente *são*), ainda que pareçam feios, reduz seu efeito sobre nós e ajuda a atenuar sua carga emocional. Uma vez que colocamos um Espelho diante desses sentimentos, melhoramos profundamente nossas condições para avançar.

AS DUAS GRANDES EMOÇÕES ESCONDIDAS

Já que estamos falando nos "piores" sentimentos, quero compartilhar os dois mais comuns relatados pelas pessoas, mas que elas não expressam quando estão em conflito. Vi essas duas emoções tantas vezes que já perdi a conta. Tentamos suprimi-las, mas sem sucesso – elas *sempre* retornam, como um monstro no fim do filme, causando terror para o herói e a heroína. Quais são eles?

Culpa e medo.

Culpa e medo são o que eu chamo de as Duas Grandes – as duas emoções que mais evitamos e as duas emoções que detonam negociações e relacionamentos mais do que quaisquer outras. Sempre me lembro desta frase de John F. Kennedy: "Jamais devemos negociar por medo, mas jamais devemos ter medo de negociar." Quando as pessoas parecem difíceis em uma negociação ou discussão de relacionamento, é porque devem estar sentindo uma dessas emoções.

No ano passado, viajei pelos Estados Unidos para dar treinamento a muitas das sedes regionais do Escritório dos Direitos Civis do Departamento de Educação. Esses escritórios lidam com os processos movidos por pais contra distritos escolares por aspectos da educação dos seus filhos – algo bem intenso em termos de emoções. Quando pedi aos investigadores de direitos civis que identificassem quais seriam, em sua opinião, as emoções mais comuns que os pais poderiam sentir em relação aos distritos escolares, eles vieram com uma pequena lista: raiva, desconfiança e fúria. Então perguntei:

– O que vocês diriam se eu contasse que, na minha opinião, a maioria dos pais sentados diante de vocês também estão sentindo medo ou culpa?

Houve um "ohhhhhh" coletivo e os olhos se arregalaram na sala. Um participante disse:

Isso faz tanto sentido. Aposto que os pais estão sentindo toneladas de culpa. "Sim, o distrito escolar pode ter cometido erros, mas será que eu poderia ter feito algo melhor por meu filho? Por que não consegui resolver esse problema antes de chegarmos a esse ponto?" E medo... essa pode ser a emoção número um. Os pais temem que o futuro dos filhos seja destruído, dependendo de como enfrentem esse caso. Faz com que se fechem e sejam incapazes de negociar. Agora que estou sentado aqui, acho que muita raiva que tenho visto contra o distrito escolar é na verdade o medo ou a culpa dos pais pela situação. E se atacássemos isso, talvez parte da raiva pudesse desaparecer.

Pense nessa história sobre os sentimentos das outras pessoas quando for enfrentar os seus próprios e reflita se você estaria lidando com as Duas Grandes. Confrontar sentimentos pode ser difícil, certo? Bem, como professora, acredito em caminhar com você enquanto lidamos com essas questões desafiadoras... então eu começo. Vou lhe contar uma história sobre os meus sentimentos e como minha incapacidade de reconhecê-los quase destruiu um relacionamento familiar próximo.

Cresci com um pai advogado que eu admirava muito e cuja aprovação sempre buscava. Impetuoso e um tanto beligerante, foi descrito certa vez por um dos colegas como "o mais combativo advogado fiduciário e imobiliário que já conheci". Lembro vivamente que, aos 5 anos, perguntei ao meu pai o que um advogado fazia, e ele respondeu: "As pessoas vêm até o papai pedindo conselho. Eu digo o que acho que deveriam fazer e elas me pagam com suas moedas." Aquele me pareceu o melhor trabalho do mundo (não surpreende que eu fosse parar na faculdade de Direito 20 anos depois).

Eu sempre ansiei por um relacionamento mais próximo com meu pai, em que pudéssemos conversar com mais frequência ou profundidade sobre assuntos que importavam. Mas meu pai não era dado a conversas profundas e emotivas. Costumava inventar razões de trabalho para me chamar e depois, desajeitadamente, passava para uma conversa mais pessoal com: "Hum, e quais são as novidades?" Nosso amor pelo direito era um dos nossos pontos em comum. Quando ganhei um grande prêmio na graduação, a expressão radiante dele ao ouvir anunciarem meu nome valeu mais do que o prêmio em si.

Três anos atrás, meu pai, com apenas 70 anos, ficou doente. De repente, de um pouco apático e desligado, passou a esquecer meu nome e me mandar e-mails com sequências de palavras desconexas. Meus irmãos e eu sentimos um choque. Liguei para o Departamento de Neurologia da Universidade Columbia e levei meu pai para uma série de testes de memória. Ele não passou em nenhum. O médico contou que estávamos lidando com uma doença degenerativa para a qual não havia cura nem tratamento. Meus irmãos e eu coordenamos as consultas e os exames dele e nos unimos para enfrentar essa notícia devastadora.

Meu tio Bill, melhor amigo de toda a vida do meu pai, confidente, defensor e único irmão, foi um segundo pai para mim. Desde que era adolescente, sempre procurei meu tio e minha tia mais vezes do que posso contar para pedir apoio e conselhos inteligentes em situações difíceis. Desta vez, meu tio era parte do grupo que estava lidando com esse diagnóstico, então eu não queria desabafar com ele e deixar as coisas ainda piores. Ele, da mesma maneira, tentou me poupar de sua dor – e, por um período, senti que conversamos menos do que o habitual, enquanto cada um de nós lidava com as notícias. O problema é que comecei a dizer para mim mesma que essa distância temporária significava que ele não estava feliz com a forma como eu estava conduzindo o tratamento do meu pai. Isso aumentou meu medo. Será que eu estava fazendo as coisas certas? Será que eu poderia lidar melhor com a situação? Por fim, em uma reunião de família na qual todos fomos confrontados com a aparência frágil do meu pai, meu tio fez uma pergunta inofensiva e despretensiosa: se os medicamentos dele poderiam ser mudados para ajudar a reduzir alguns dos sintomas. Eu surtei. Respondi com raiva, sem fazer nenhuma pergunta antes. Disse aos meus tios que éramos meus irmãos e eu que estávamos lidando com a situação. Que sabíamos o que estávamos fazendo e tínhamos consultado os melhores médicos. E que o meu pai ia acabar morrendo daquela doença e que não havia nenhum medicamento que pudesse fazer aquilo parar. E saí.

Durante o resto da tarde, eu me senti péssima. Uma confusão de emoções surgiu dentro de mim. Quando parei e perguntei a mim mesma o que estava sentindo, o que descobri primeiro foi medo. Eu estava tentando parecer confiante, organizando as consultas e fazendo as perguntas certas, mas, lá no fundo, estava aterrorizada por administrar os cuidados com a saúde do meu pai. Em muitos aspectos, eu me sentia como uma criança de novo. Estava assustada por ter que tomar decisões tão importantes quando não tinha mais meu pai – nem meu tio – para me aconselhar. Segundo, culpa. Secretamente, eu me sentia culpada por não poder fazer mais para acabar com o sofrimento do meu pai. Também me sentia péssima por ter falado com meus entes queridos daquele jeito. Eu sabia que eles estavam assustados e sofrendo, como eu. O medo e a culpa me colocaram na defensiva. Eu necessitava desesperadamente da aprovação de meu tio e minha tia, mas pedi isso do pior jeito possível.

Mais tarde, minha tia se aproximou e pediu que conversássemos. Sempre serei grata a ela por isso. Nós nos sentamos nas escadas e ela disse:

– Você sabe que... seu tio e eu nunca fizemos isso, sentar e assistir à geração mais jovem tomar decisões. Estamos nos sentindo um pouco confusos. Mas temos boas intenções.

– Obrigada – falei. – Eu também nunca fiz isso. Também estou me sentindo perdida. Estou meio que surtando por dentro. Meu pai não pode mais aprovar ou não o que estou fazendo, então realmente preciso ouvir que vocês confiam em mim e apoiam as minhas decisões.

Ela me tranquilizou:

– Confiamos em você. Seus irmãos e você têm sido incríveis com o pai de vocês. Não era nossa intenção questioná-la sobre os medicamentos. Podemos apenas esperar o melhor uns dos outros daqui para a frente?

– Com certeza – concordei. – Eu reagi de maneira exagerada porque estava tentando controlar uma situação incontrolável. Vamos começar de novo.

Ao confrontar meus sentimentos e expressá-los honestamente com minha tia, nós duas conseguimos reconhecer e honrar o medo mais profundo uma da outra. Transformamos um conflito de família desafiador em uma oportunidade para crescermos juntos. Hoje, meu tio e minha tia são minhas fontes principais de apoio em momentos devastadores. Recentemente, os médicos do meu pai comentaram que raras vezes viram uma família tão coesa. Todos nós ficamos muito tristes com as pioras nas condições de saúde dele, mas encontramos grande conforto e alívio uns nos outros.

O PASSO FINAL: EXPRESSAR SUAS EMOÇÕES NA NEGOCIAÇÃO

Você começou a processar como se sente para se preparar para uma negociação. A próxima pergunta lógica é: "Devo demonstrar essa emoção quando estou negociando?"

Como princípio geral, eu acredito na transparência durante a negociação. Uma comunicação transparente ajuda a gerar mais valor. Já foi comprovado que expressar emoções positivas como compaixão, empolgação ou orgulho ajuda a desenvolver uma conexão com a outra parte e aumenta as chances de que ela queira ajudá-lo a alcançar seus objetivos, bem como os dela própria. Mas e o que fazer com as emoções negativas? A seguir, vou falar sobre as duas emoções sobre as quais as pessoas mais me perguntam: raiva e ansiedade.

Raiva

A raiva é uma emoção legítima na vida e na negociação. Muitas pessoas, especialmente mulheres e indivíduos de determinadas culturas, aprendem que não devem sentir ou expressar raiva, ainda que reconhecer e demonstrar esse sentimento possa gerar efeitos empoderadores.

Mas o que você faz com essa raiva na negociação? Pesquisas mostram que talvez experimente maior dificuldade na hora de entregar soluções criativas e de ganho mútuo. Talvez você também tenha maior dificuldade de avaliar de maneira precisa as necessidades da pessoa que está à sua frente (o que abordaremos no Capítulo 6). Lidar com sua raiva antecipadamente ajudará você a se comunicar com clareza e determinação quando for negociar com alguém.

Por último, a decisão de demonstrar ou não sua raiva em qualquer negociação pertence a você. Já se observou que manifestações de raiva em uma negociação levam a resultados mistos. Se você tem mais poder do que seu interlocutor, é bem provável que ele esteja mais disposto a fazer concessões no curto prazo como resultado da sua raiva. Mas pesquisas mostram que também é provável que ele se torne menos disposto a querer fazer negócios com você no longo prazo. Se você tem menos poder do que seu interlocutor, demonstrar raiva talvez leve a um agravamento do conflito e a um impasse na negociação.

Para situações em que você está com raiva mas talvez não queira demonstrá-la, expressar uma emoção moderada, como decepção, talvez lhe dê a chance de comunicar que está insatisfeito, enquanto minimiza as chances de uma reação e maximiza as de alcançar o que precisa da negociação.

Ansiedade

Outra emoção delicada é a ansiedade. A ansiedade na negociação pode levar as pessoas a aceitarem conselhos ruins, a desistirem facilmente e a ignorarem as próprias necessidades. Se você colocou ansiedade na sua lista de sentimentos no capítulo anterior, na maioria dos casos vai querer enfrentar isso sozinho, em vez de expor para todo mundo quando estiver negociando. (A exceção seria se essa negociação fosse com alguém próximo a você, talvez um familiar ou um cônjuge, na qual os objetivos sejam transparência e proximidade totais.)

Quando enfrenta a ansiedade, é importante considerar se você se sentiu ansioso com o conteúdo da negociação (por exemplo, como seu salário se compara com o dos demais no departamento e o que isso significa para o seu futuro na empresa) ou com a negociação em si (tal como o processo de ir até seu chefe pedir um aumento salarial).

Das duas formas, você se beneficiará do reconhecimento dessa ansiedade e de refletir sobre ela com antecedência. Se você está se sentindo ansioso com o conteúdo do conflito e trabalha nessas questões antes de negociar, terá muito mais informações que o ajudarão a se sentir mais preparado para abordar a negociação. E se você se sente ansioso com o processo, certamente se beneficiará muito mais ao identificar e lidar com essa ansiedade. Reconhecer essa emoção e responder às outras perguntas Espelho deste livro contribuirão muito para acalmar a ansiedade que você sente com a negociação em si. Negociar sempre envolve elementos e situações que não podemos controlar, mas em muitos casos podemos – e, ao fazer as perguntas a si mesmo, você abordará a parte que está sob sua influência.

Uma última forma de lidar com a ansiedade é olhar de antemão as perguntas Janela e imaginar o que a outra pessoa poderá responder. Anote essas respostas, planeje uma estratégia para quando for fazer a pergunta e trabalhe para que a negociação seja bem-sucedida.

CONCLUSÃO

Você se olhou no Espelho, confrontou seus sentimentos e sobreviveu. Antes de terminarmos, leia o que anotou neste capítulo e resuma os pontos ou assuntos importantes.

A seguir, vamos partir para uma pergunta que ajudará você a criar ideias excelentes para solucionar seu problema – e se sentir ótimo enquanto faz isso.

4

COMO LIDEI COM ISSO DE MANEIRA BEM-SUCEDIDA NO PASSADO?

Mesmo para pessoas inteligentes e bem-sucedidas, algumas negociações trazem mais preocupação e inquietude do que pedir um aumento de salário.

Andrew tinha se formado em Administração havia três anos e fora trabalhar em uma instituição financeira. Ele queria ajuda para negociar sua primeira promoção e, com ela, um aumento na remuneração. A partir do momento em que Andrew chegou à empresa, começou a se dedicar para contribuir não apenas com os resultados, mas também para um ambiente de trabalho positivo ao recrutar universitários e orientá-los. Até participou de um comitê dedicado ao bem-estar dos funcionários.

Andrew me disse que, quando fora contratado, ainda um funcionário em início de carreira, a remuneração era estabelecida de maneira uniforme, o que significava que todos daquele nível ganhavam o mesmo salário. Era possível negociar por bons postos de trabalho e orientadores, mas o salário era o mesmo. Ele se empenhou arduamente e seu trabalho falava por si.

Passados três anos, Andrew queria assumir o cargo de

gerente. Ele tinha se tornado elegível para essa promoção no ano anterior, mas não se candidatara e não fora promovido. Como filho de imigrantes, Andrew fora criado para acreditar que não tinha direito a nada e que só o trabalho duro e a dedicação o levariam aos melhores resultados. Agora, porém, ele estava começando a ver que precisaria de mais do que isso para ser bem-sucedido. Com a avaliação anual se aproximando, Andrew esperava usar a ocasião para defender sua promoção, bem como um aumento salarial. Ele sabia que os gerentes ganhavam de 15% a 25% mais do que ele, mas a promoção e a remuneração dependeriam da sua defesa. Ele queria montar uma estratégia para pedir mais.

Definimos o objetivo principal de Andrew: ele queria negociar um aumento o mais próximo possível dos 25%. No entanto, tinha planos mais ambiciosos: desejava mostrar para a gerência que tinha tudo para ser um futuro líder dentro da empresa. Ele também queria se sentir confiante ao negociar por si mesmo, e não apenas pela empresa ou pelos clientes. Portanto, suas necessidades incluíam conquistar o reconhecimento por tudo o que estava fazendo, tanto com clientes quanto no plano institucional; compartilhar a percepção de que ele estava avançando em direção a uma posição sênior e talvez a um cargo de gestão; e ganhar mais experiência negociando com sucesso em benefício próprio.

Também contemplamos os sentimentos de Andrew: por um lado, ele estava empolgado por começar ativamente a administrar a própria carreira, mas, por outro, tinha sentimentos mistos em relação a acumular dinheiro pelo dinheiro apenas. Ele estava ganhando bem o suficiente para se sustentar e ajudar os pais. Estava confortável para negociar em nome da empresa, mas se sentia um pouco culpado em pedir mais para si mesmo. Ele reconhecia que esses sentimentos conflitantes o tinham impedido de pedir um aumento ou uma promoção no ano anterior, quando pela primeira vez se tornara elegível para o cargo que cobiçava.

Eu perguntei a ele como tinha lidado com negociações bem-sucedidas semelhantes no passado. Ele me encarou e disse:

– Esta é a primeira vez. Durante a faculdade, eu fiz vários estágios em grandes empresas, mas eram todos voluntários. Agora estou aqui. Trabalho com finanças e estou indo muito bem, embora nunca tenha negociado minha própria remuneração. Então, não tenho um sucesso anterior no qual me basear.

Dei uma olhada nas minhas anotações.

– Tudo bem. Vamos olhar para os diferentes elementos da sua abordagem e analisá-los. Do que você vai precisar para ter sucesso?

Ele pensou por um minuto.

– Bem, eu preciso desenvolver uma argumentação, o que significa que preciso revisar todos os aspectos do meu desempenho e destacá-los da melhor forma possível. Também devo formular meus argumentos em termos que deixem claro que a empresa vai se beneficiar ao me promover e me pagar o que mereço. Na minha experiência, esse é o tipo de abordagem que funciona melhor com a gerência, além de ser coerente com meus valores. Também devo passar algum tempo conversando individualmente com as pessoas-chave da empresa, que podem advogar a meu favor quando forem decidir quem será promovido. Posso fazer com que me apoiem e oferecer justificativas para que defendam a minha causa. E por último... vou precisar me preparar psicologicamente para fazer isso, ou seja, realmente acreditar que eu valho tudo isso, para convencê-los a acreditar nisso também.

Fiz um resumo:

– Para ser bem-sucedido, parece que você precisará (1) pesquisar e desenvolver um argumento, (2) apresentar isso como uma vitória mútua, (3) ter algumas pessoas-chave para apoiá-lo e (4) se preparar psicologicamente para acreditar que o resultado que está defendendo é na verdade o certo, e não apenas o que você deseja. Vamos olhar para o passado e verificar se houve algum momento em que você teve uma negociação de sucesso envolvendo esses elementos. Você disse que já teve uma experiência na empresa que indicou que apresentar esse cenário como vitória mútua poderia dar um bom resultado. Será que isso talvez nos mostre por onde começar?

Andrew pensou e mencionou que, logo que chegou à empresa, teve a ideia de começar um programa de treinamento para os funcionários juniores, algo que na época era raro em organizações com presença forte no mercado. Seus esforços o levaram a uma série de palestras focadas em orientá-los para liderança, negociação e outras habilidades que poderiam ajudá-los a avançar. O programa foi muito bem-sucedido, mas precisou ser defendido junto à equipe de gerentes. Andrew teve que convencê-los de que isso ajudaria a atrair e reter grandes talentos, o que, por sua vez, produziria uma imagem melhor da empresa e melhores resultados financeiros de longo prazo, já que teriam funcionários mais felizes e menos rotatividade de pessoal. Ele teve que apresentar isso como uma vitória para ambos: os juniores (incluindo ele mesmo) e a alta administração.

Andrew explicou sua hesitação em fazer a mesma coisa desta vez:

– A única diferença nesse cenário é que eu não estava defendendo algo apenas para mim, então me preparar psicologicamente não foi um grande problema... Mas agora, pensando nisso, vejo que precisei defender meu interesse para conseguir este trabalho. É um mercado competitivo e esta é uma empresa muito disputada. Eu não estava pleiteando determinada remuneração, mas um cargo, assim como a equipe específica que eu queria, com vagas muito limitadas. Eu acreditava que tinha o perfil certo para a função e que poderia contribuir, e foi o que aconteceu. Pensando bem, talvez essa negociação não seja tão diferente.

Como resultado de relembrar o sucesso de sua negociação anterior, Andrew teve ideias concretas sobre como poderia abordar a atual negociação de remuneração. Seis meses mais tarde, ele havia se tornado um gerente em sua divisão, com dois subordinados diretos e um aumento salarial de 18%. Mas Andrew conseguiu mais do que isso. No processo de conversas individuais com a gerência sobre sua promoção, ele deixou claro que estava interessado em um dia fazer parte da alta administração. Um ano depois, ele foi chamado para um comitê de gestão da empresa que tinha apenas duas vagas para gerentes em início de carreira, uma colocação de prestígio que sinalizava a confiança da cúpula na sua liderança. Ele estava no caminho certo para alcançar seus objetivos.

OLHAR PARA UM SUCESSO DO PASSADO AJUDA EM NEGOCIAÇÕES DO PRESENTE

Neste capítulo, quero que você explore seu passado em busca de meios usados com êxito para lidar com desafios semelhantes aos que está enfrentando agora. Vou ajudá-lo a se colocar naquela mentalidade de sucesso para que possa acessar sua sabedoria interna e criar ideias que vão ajudá-lo em negociações futuras. Considerar um sucesso anterior também fará você se sentir mais confiante. E se, como Andrew, você não conseguir se lembrar de um êxito anterior em uma situação semelhante, vou ajudá-lo a encontrar outro resultado positivo para enfrentar a negociação atual. Juntos, sei que descobriremos que seu bom desempenho anterior tem mais semelhanças com a situação atual do que você imagina. Vamos finalizar este capítulo com uma imagem mais clara da sua situação. Prepare-se para se lançar ao futuro.

CONSIDERAR UM SUCESSO ANTERIOR

Quando instigo as pessoas a considerarem um sucesso anterior, com frequência eu as vejo se transformar diante dos meus olhos. Passam de incertas, apreensivas ou perdidas para confiantes, organizadas e até empolgadas com a negociação. Perguntar sobre um êxito passado não apenas prepara você para a última pergunta da parte Espelho, mas também ajuda na hora de negociar com alguém.

"Como lidei com isso de maneira bem-sucedida no passado?" é transformador por vários motivos. Primeiro, porque coloca essa negociação no contexto. Quando estamos muito envolvidos em um problema – uma negociação difícil, um "não" de um cliente em potencial, um conflito em um relacionamento, um acordo de negócios que não deu certo ou algo que nunca fizemos –, perdemos tempo com essa experiência a ponto de nos esquecermos dos muitos outros êxitos que experimentamos no passado. Segundo, porque, como no exemplo anterior, essa pergunta nos leva mais especificamente às abordagens, circunstâncias e técnicas que funcionaram para nós, das quais podemos reunir bons dados sobre o que pode funcionar desta vez. E por último e mais importante, porque eu sei, tanto por pesquisas quanto por experiência, que, quando as pessoas passam um tempo pensando sobre um êxito do passado, é mais provável que alcancem melhores resultados em negociações futuras. É uma âncora positiva poderosa. Vou ajudá-lo a usá-la em seu favor e lançá-lo no seu futuro da melhor maneira possível.

Vamos analisar cada um desses motivos.

Colocar a negociação no contexto

Às vezes, como o executivo de que falamos no início do capítulo, experimentamos emoções negativas em torno de uma negociação – talvez uma conversa que não deu certo, ou que provou ser mais difícil do que o esperado ou com a qual ainda não lidamos mas está nos deixando ansiosos. Isso é especialmente verdadeiro se a negociação envolver um relacionamento de longo prazo, seja no trabalho, em casa ou com você mesmo.

Caso esteja encarando uma negociação que envolva uma pessoa ou um problema de longa data e no Capítulo 3 tenha descoberto emoções negativas em torno dessa negociação, essa pergunta será útil para você. Quando as pessoas se deparam com um conflito com alguém que já conhecem há um tempo, às vezes permitem que esse conflito ocupe tanto espaço no seu cérebro (e com razão!) que até se esquecem de que já lidaram com uma negociação semelhante – ou muitas – com êxito em outros momentos.

Vamos analisar a situação da médica Jamila, que estava lidando com um paciente antigo, Ben. Ele tinha diabetes, e Jamila não conseguia fazê-lo tomar os remédios. Jamila, que se preocupava com Ben como paciente e, às vezes, até se enxergava nele (os dois eram músicos), estava ficando cada vez mais frustrada conforme via Ben sofrendo por não se cuidar direito. Jamila saiu da última consulta exausta e com raiva. Ela sabia que tinha demonstrado sua frustração mais do que deveria e que precisava se acalmar e descobrir outra maneira de ajudá-lo.

Quando reservou um momento para contemplar um sucesso anterior no trabalho com esse paciente, Jamila percebeu que, na verdade, já tinha obtido bons resultados com ele algumas vezes. Quando Ben procurou Jamila pela primeira vez para começar o tratamento, por exemplo, ele estava lutando contra hábitos alimentares bem insalubres. Jamila passou um tempo conversando com Ben, fazendo perguntas sobre sua vida e o que o deixava feliz. Mais importante, a médica o tranquilizou dizendo que a mudança podia ser administrável. Ben concordou em consultar uma nutricionista e, no geral, agora estava se alimentando melhor. Ele até tinha perdido um pouco de peso. Assim, Jamila percebeu que sua negociação com esse paciente antigo não era um fracasso total e que talvez o problema com a medicação representasse mais um pequeno obstáculo do que um bloqueio intransponível.

Contextualizar a negociação considerando um sucesso anterior também funciona muito bem em negociações difíceis nas quais você e a outra pessoa não têm um relacionamento de longa data. Também conversei com um executivo de publicidade, Elijah, sobre uma negociação que havia naufragado pouco tempo antes. Ele tinha feito uma entrevista para um emprego que queria muito, e então tentou chegar a um acordo com a gerência da empresa sobre a remuneração e as atribuições. Eles resistiram a algumas condições que considerava inegociáveis. Mais à frente, esse desequilíbrio gerou muitos sentimentos ruins dos dois lados. E ambos concordaram que Elijah não ficaria com o emprego.

Elijah ficou muito chateado. Ele oscilava entre a raiva pela forma como tinham lidado com a situação e a insegurança com a própria abordagem. Frustrado e triste, ficou um tempo sem procurar trabalho. Mas quando ele ousou revisitar seus sucessos anteriores em negociações de emprego, percebeu que, ao longo de sua carreira, havia feito negociações bem-sucedidas em quase uma dúzia de oportunidades – alguns acordos que ele aceitou e que chegou a avaliar, mas no final fez outra escolha. Ao colocar o recente "fracasso" no devido contexto, Elijah percebeu que uma negociação de trabalho ruim não definia seu valor como negociador ou como profissional. Então ele recomeçou sua busca.

Assim como Jamila e Elijah, você pode desfazer alguns desses sentimentos negativos ao relembrar como se deu bem em uma situação semelhante e colocar essa negociação no contexto adequado. Uma vez que reservamos um tempo para nos lembrarmos de um sucesso anterior, reduzimos o ruído em nossa mente e nos permitimos ver que essa negociação é apenas uma entre as muitas com as quais lidamos e ainda lidaremos ao longo da vida.

Seu sucesso anterior como gerador de dados
O segundo benefício dessa pergunta é que ela atua como um gerador de dados, ajudando a recuperar estratégias que funcionaram no passado e podem funcionar novamente. Andrew, o executivo cuja história abriu este capítulo, considerou um sucesso anterior (ou dois) e gerou uma lista de ações úteis para utilizar em sua negociação pelo aumento salarial. Ele começou com um plano de ação que incluía pesquisa, formulação de argumentos, encontro com pessoas-chave e automotivação.

Eu já testemunhei este tipo de esforço diversas vezes em situações muitíssimo diferentes.

Smith é um pedreiro que já fez muitos trabalhos para Rosa, uma senhoria e proprietária de vários negócios. Durante muitos anos ele trabalhou feliz e obteve lucros em muitos dos apartamentos de Rosa, mas a última obra deles terminou com quebra de contrato, falta de pagamento, uma cozinha inacabada e muitos sentimentos negativos. Eles tentaram negociar a quantia a ser paga e se trabalhariam juntos novamente no futuro. Como mediadora, perguntei aos dois como tinham sido suas negociações bem-sucedidas no passado. Várias coisas importantes aconteceram quase de imediato. Primeiro, eles se lembraram de quantos projetos tinham feito juntos ao longo dos anos sem nenhum tipo de problema. Isso os ajudou a colocar o conflito atual no devido contexto e a se concentrarem no fato de que, no geral, o relacionamento era muito bom. Segundo, os dois conseguiram diagnosticar que certas práticas que funcionaram para eles em outras situações – redigir o contrato, escolher o material juntos – não tinham se repetido no último acordo, o qual fora feito às pressas e era mais complicado do que os projetos habituais. Depois de nos debruçarmos sobre esses sucessos anteriores, restauramos alguns dos bons sentimentos entre eles e sugeri ideias para o futuro. Então eles decidiram continuar a parceria, sempre com um contrato por escrito. E estabeleceram algumas diretrizes para as formas de comunicação sobre as escolhas a serem feitas quando o trabalho estivesse em andamento.

Brad é pai de uma adolescente, Harper, cuja ansiedade se manifesta em discussões acaloradas em casa. Essas "explosões", como Brad as chama, normalmente ocorrem quando Harper está indo para a escola, de manhã. E afetam toda a família, incluindo os outros dois filhos e sua esposa, e ultimamente vinham levando o próprio Brad a gritar, o que o faz se sentir péssimo. Ele tem se esforçado imensamente para resolver essa situação com Harper, mas começou a se desesperar ao se ver incapaz de solucionar a questão.

Quando perguntei sobre sucessos anteriores, ele levou alguns minutos para se lembrar de uma situação assim. Então conseguiu pensar em uma: anos antes, Harper tivera dificuldades para dominar a leitura. Ela se sentia insegura e brigava todas as noites com Brad por causa do dever de casa. Eles tiveram várias discussões em "alto volume" que acabaram com os dois em lágrimas. No final, Brad conseguiu ajudá-la a superar esse obstáculo. Como? Pensando em retrospecto, ele percebeu que tinha feito algumas coisas. Para começar, encontrou um professor de leitura jovem, que Harper admirava e respeitava. O professor estabeleceu com ela uma conexão pessoal que se transformou em mais motivação. Então, Brad fez um esforço para ficar mais tempo com Harper quando não estavam lendo. Eles faziam atividades de que os dois gostavam, como ir a museus infantis e tomar sorvete. Brad sentiu que isso os ajudou a fortalecer o relacionamento para que pudessem superar os momentos difíceis em torno do aprendizado de Harper.

Com essa informação, Brad decidiu procurar uma terapeuta mais jovem e agradável, que talvez pudesse se conectar com Harper e ajudá-la com sua ansiedade. Ele também se comprometeu a passar algumas horas por semana com a filha fora desses momentos estressantes, para se conectarem e se divertirem juntos. Ele começou a se sentir mais otimista sobre sua capacidade de ajudar Harper – e a si mesmo – a superar esse desafio mais recente.

Nessas duas situações, olhar para sucessos anteriores ajudou a abordar uma negociação desafiadora com algumas ideias concretas que ofereceram um mapa em direção ao sucesso contínuo. Se isso se aplica a você, reserve um momento para avaliar se um sucesso anterior o ajuda a gerar ideias para sua negociação atual.

Preparação para a criatividade e o sucesso na negociação

Existe um benefício poderoso e adicional em considerar um sucesso anterior parte da estratégia de negociação: faz você se sentir melhor. E, quando você se sente melhor, aumentam as chances de ter um desempenho superior na negociação seguinte. Um dos principais motivos para se fazer essa pergunta é que, além de contextualizar sua situação e gerar ideias úteis, você se sentirá mais capacitado, feliz e orgulhoso, impactando positivamente no problema em que está trabalhando.

Também sabemos, com base no Capítulo 3 e em muitos estudos, que centrar esforços nas situações positivas pode aumentar a criatividade e a engenhosidade na negociação. Um estudo da Universidade Columbia descobriu que candidatos à graduação em Administração que escreveram sobre uma experiência de empoderamento pessoal antes de participar de uma entrevista de emprego simulada viram suas chances de aceitação dispararem: eles eram contratados em 68% das vezes, comparados com uma taxa de aceitação normal de 47%. E as pessoas que escreveram sobre uma época em que não tinham poder despencaram em eficácia: apenas 26% delas foram selecionadas.

Em outro estudo recente, pesquisadores da Harvard Business School encontraram um elo próximo entre emoção positiva e criatividade que provou ser bastante proveitoso na negociação, ainda mais quando as partes chegam a momentos de impasse. Como os pesquisadores Teresa Amabile e Steven Kramer explicam no livro *O princípio do progresso*, esse efeito é autorreforçador. Veja o que a *Harvard Business Review* escreveu sobre o trabalho deles: "Sentimentos positivos aumentam a criatividade, o que, por sua vez, pode levar a sentimentos positivos dentro da equipe ou da organização. A criatividade é particularmente importante na negociação quando as partes estão em um impasse."

O processo de negociação, sem mencionar os problemas consideráveis que estão sobre a mesa, pode desencadear ansiedade ou sensação de fraqueza, conforme nos preparamos para a negociação seguinte. Gerar sentimentos positivos em torno do sucesso de uma negociação anterior talvez seja o que precisamos para incorporar essa emoção positiva e acessar a criatividade e as capacidades de tomada de decisão que farão com que sejamos bem-sucedidos na vez seguinte.

DICAS PARA RELEMBRAR UM SUCESSO ANTERIOR

Conhecemos todos os benefícios que você pode atrair quando contempla um sucesso anterior. Agora tenho uma dica para você quando for responder a essa pergunta. É importante, então não pule! Quando for refletir sobre "Como lidei com algo assim de maneira bem-sucedida no passado?", quero que faça algo antes de anotar as respostas: feche os olhos e descreva seu triunfo anterior com o máximo de detalhes possível. Coloque para tocar uma música de fundo no estilo do filme *Rocky* (ou cante em voz alta!). Qual foi a sensação naquele momento? Como era a sua postura? Onde você estava? O que estava vestindo? Visualize a si mesmo fazendo sua oferta e o cliente concordando. Reviva o alívio de quando seu cônjuge diz que você tem razão; sinta a alegria do aperto de mãos ao fazer um acordo ou do dinheiro caindo na conta.

Quero também que você se lembre da época em que tudo aconteceu. Descreva sua preparação. Seus pensamentos. Suas ações. Suas emoções. Tudo isso é informação útil – lembrar-se de tudo o que fez parte do sucesso anterior pode ajudá-lo a se preparar para repetir esse desempenho. Lembre-se: quando você recorda um sucesso anterior, é mais provável que tenha um desempenho melhor na próxima negociação. Quanto mais detalhadamente você o descrever, mais se colocará de volta naquela mentalidade para alcançar outro triunfo hoje.

SUA VEZ NO ESPELHO

Agora é sua vez de se olhar no Espelho. Lembre-se: você já identificou suas necessidades e o que o trouxe até aqui. Considerou os seus sentimentos, positivos ou não. E agora vai recordar um sucesso anterior. Como você fez nos outros capítulos, encontre um espaço físico onde possa criar as melhores condições para esse momento de pensar e escrever livremente. Só então se permita considerar esta pergunta: *Como lidei com isso de maneira bem-sucedida no passado?*

Escreva o máximo que puder nos próximos cinco minutos.

SOLUÇÃO DE PROBLEMAS

Agora vamos ver alguns problemas que podem aparecer quando você estiver relembrando um sucesso anterior.

1. *"Não tenho um sucesso semelhante"*
Bom, e se você não conseguir se lembrar de um sucesso semelhante? Como Andrew fez no começo deste capítulo, quero que você analise essa negociação para pensar nos passos necessários para ser bem-sucedido. (Verbos costumam ser especialmente úteis aqui: pesquisar, formular, preparar-se psicologicamente, por exemplo.)

Eu fiz este exercício com um grupo de estudantes de pós-graduação em Administração no Brasil. Uma das alunas, Frida, uma executiva que retomou os estudos para alçar novos voos na carreira e que participou do primeiro dia do meu curso com muita determinação, me lançou um olhar apreensivo quando eu disse à turma que trabalharíamos com as perguntas deste livro para ajudá-los com negociações futuras. A certa altura, ela se aproximou para me perguntar em particular:

– Então... digamos que eu esteja passando por uma mudança na carreira. Isso conta como uma negociação?

– Claro – respondi. – Você está conduzindo sua carreira na direção dos seus objetivos. Essas conversas condutoras são negociações.

Ela pareceu mais resignada do que feliz ao ouvir que sua situação valia para o exercício. Observei-a enquanto ela trabalhava na definição do problema, das necessidades e até das emoções. Frida ainda parecia apreensiva, mas corajosamente anotou suas respostas. Então chegamos a esta pergunta sobre um sucesso anterior. Foi aí que ela colocou a cabeça entre as mãos e, para minha surpresa, começou a chorar. Levei-a a outro lugar onde pudéssemos conversar em particular. Ela respirou fundo e desabafou:

– Esta é a situação: eu fui demitida do meu último emprego. Demitida! Ou seja, eu sabia que não estava funcionando. Sinceramente, eu odiava o trabalho que executava e é por isso que estou fazendo a pós-graduação. Achei que teria tempo para traçar meu próximo plano. Mas acabou antes que eu estivesse totalmente pronta. Preciso aceitar que isso aconteceu e descobrir um novo caminho. Mas não tenho um sucesso anterior. É por isso que estou tão mal. Nunca tinha sido demitida!

Trabalhamos juntas para resumir sua resposta. Ela precisava (1) aceitar que esse relacionamento de trabalho, que não era gratificante ou bem-sucedido do ponto de vista dela, mas servia a um propósito na época, tinha acabado e (2) descobrir um caminho novo e mais gratificante para ela.

– Você consegue se lembrar de alguma situação em que obteve sucesso em aceitar o fim de um capítulo e compor um novo começo para você? – perguntei.

Por alguns segundos, ela balançou a cabeça e ficou em silêncio. Então ergueu os olhos.

– Espere... Sim. Um relacionamento pessoal conta? Eu tive um relacionamento muito longo que não estava mais dando certo para nós dois. Havia algumas coisas boas e a companhia era legal, mas eu sabia que não éramos feitos um para o outro. Então terminamos. Eu fiquei triste, mas depois de uns dias estava empolgada com o futuro. Eu sabia que tinha me libertado para estar com alguém que seria meu "para sempre". Comecei a retomar meus hobbies e a conversar com pessoas que eu achava que tinham os mesmos interesses que eu, algo que nos mantivesse compatíveis no longo prazo.

Essa breve conversa ajudou muito Frida. Contemplar um sucesso anterior em que começou um novo capítulo depois do término de um relacionamento tirou um pouco do incômodo da experiência de ser demitida. Ela conseguiu se lembrar de que aquele relacionamento de trabalho, como o seu relacionamento pessoal anterior, era mutuamente insatisfatório. E concluiu que, na verdade, teve sucesso ao moldar um novo capítulo para sua vida. Ela decidiu se envolver com algumas associações profissionais alinhadas a seus interesses (semelhante ao modo como redescobriu seus hobbies depois que terminou o namoro). Também foi capaz de reconhecer que até sua aceitação na pós-graduação e as possibilidades de networking que surgiram foram grandes passos em direção à construção de um futuro melhor para si. Frida foi embora naquele dia com a autoestima mais elevada.

2. *"Não consigo pensar em um sucesso de jeito nenhum"*
Ocasionalmente, algumas pessoas me dizem que não conseguem pensar em um sucesso. De jeito nenhum. Por mais realizadas que pareçam por fora, elas têm dificuldade em descrever o próprio trabalho como bem-sucedido e acabam atribuindo os resultados

a outras pessoas ("Isso foi um esforço da equipe") ou à sorte ("Eu estava no lugar certo e na hora certa").

Para outras, o sarrafo de "ser bem-sucedido" é tão alto que exclui... bem, tudo. Por exemplo: "Enviei meu artigo para vários grandes jornais. Um deles o aceitou rapidamente, mas fez um corte significativo para ser publicado como uma carta." E existem pessoas, entre elas Michelle Obama e Sheryl Sandberg, que revelaram sofrer de um fenômeno conhecido como "síndrome do impostor", em que, em vez de você se considerar um sucesso, está apenas esperando que o mundo o perceba como a fraude que pensa ser.

Soa familiar? Não importa se você está lidando com falta de confiança ou com a síndrome do impostor, é possível que tenha dificuldade ao tentar se lembrar de um sucesso anterior para se sentir mais seguro e competente nas suas negociações. A conscientização é o primeiro passo. Às vezes, apenas saber que esses fenômenos existem faz com que os reconheçamos em nossa vida e comecemos a analisar seus efeitos.

Primeiro, quero enfatizar que o sucesso anterior não precisa ser algo grandioso, como fechar um acordo que transformou sua empresa e acabou levando à abertura de capital. Reserve um tempo para pensar sobre um período em que as coisas iam bem com você ou no trabalho. Uma época ou mesmo um momento em que se sentiu orgulhoso. Ou quando recebeu um feedback positivo. Talvez esse seja o sucesso anterior.

Por falar em feedback, minha segunda dica é consultar um amigo ou colega próximo – seja em uma situação real ou na sua imaginação. O que esse colega diria sobre sua contribuição para o projeto daquela equipe? Em que seu melhor amigo diria que você se destaca? Às vezes, o feedback de pessoas próximas e respeitadas em sua vida é suficiente para resgatar um sucesso anterior. Fiz esse exercício com um amigo que estava procurando um novo trabalho depois de muito tempo cuidando dos filhos e da casa. Ele não se sentia confiante em sua capacidade de encontrar o caminho de volta ao mercado de trabalho. Ele me contou que, quando tentou identificar um sucesso anterior, não obteve respostas.

– Esse é o problema. Basicamente, eu não tenho um trabalho real fora de casa desde a conclusão da faculdade. Sou uma pessoa muito diferente agora.

– E sobre seu trabalho em casa? Quais são as coisas em que você é melhor ou que lhe trazem mais satisfação? – perguntei.

Ele respondeu:

– Bem, eu pago todas as contas sempre em dia. Minha parceira cuidou disso por um tempo, mas sou muito melhor nessa parte. Então, assumi. E quando nosso filho foi diagnosticado com dislexia, eu organizei todos os exames. Também negociei com a escola para ter certeza de que eles o apoiariam em sala de aula, como a lei exige. Encontrei um professor particular que sabia que seria uma boa combinação para as necessidades dele.

Em outras palavras, meu amigo "sem sucesso" era um gestor muito organizado e capaz de lidar com múltiplos prazos simultâneos. Ele sabia pesquisar padrões legais, levantar argumentos de sucesso e coordenar implementação de políticas. Ouvir tudo isso de uma boa amiga permitiu que enxergasse seu sucesso anterior e como isso poderia se transformar em esforços de negociação para conseguir um emprego fixo.

Às vezes, o sucesso anterior conterá muitas pistas para ajudar você a negociar melhor no presente e no futuro. Mas mesmo se o sucesso for bem diferente do desafio atual, apenas saber que foi bem-sucedido em esforços anteriores estimula você emocionalmente para seguir negociando.

CONCLUSÃO

Com essa pergunta respondida, você quase terminou de se olhar no Espelho. Neste capítulo, identificou uma época em que lidou com um desafio de negociação semelhante com sucesso. Se não tinha um sucesso anterior semelhante, procurou em seu banco de dados interno qualquer outro que compartilhava alguns elementos em comum com a negociação que está enfrentando agora. E pode ter vasculhado sua bagagem mental para reconhecer situações anteriores ou qualidades pessoais como um sucesso. Antes de terminarmos, reserve um momento para ler o que escreveu para este capítulo e resuma os pontos ou temas importantes.

A seguir, passaremos para uma pergunta que o fará considerar o futuro, e você começará a projetá-lo.

5
QUAL É O PRIMEIRO PASSO?

Mei Xu passou pelas portas da Bloomingdale's em Nova York, parando para contemplar o ambiente, os sons e os aromas. Anos antes, ela entrara ali como cliente. Hoje, é uma empreendedora de sucesso.

Mei imigrou da China para os Estados Unidos em 1991, depois de ter trabalhado no Banco Mundial e estudado para seguir carreira na diplomacia chinesa. Graças à sua formação diplomática, que incluía não apenas o domínio do inglês, mas também aulas de arte renascentista – e horas gastas olhando roupas nas barraquinhas ao lado da escola onde fez o ensino médio –, ela chegou ao país profundamente interessada em arte e moda. Mas não tinha nenhuma experiência relevante na área e precisava de um trabalho para se manter. Então, Mei assumiu um cargo em uma empresa americana de equipamentos médicos que exportava produtos para os hospitais chineses. O trabalho era entediante, mas pagava as contas.

Por acaso, a empresa em que ela trabalhava a hospedou em um hotel em Nova York próximo à loja de departamentos Bloomingdale's. Nas horas de folga, Mei andava pela loja, olhando com desejo os artigos à venda. Ela ficava maravilhada com a modernidade que via no departamento de roupas femininas, mas, quando chegou ao de artigos para o lar, viu algo bem diferente. Aquela modernidade que permeava o restante da Bloomingdale's inexistia no departamento de decoração – e, para Mei, muitos itens pareciam ter ficado no passado, como os "papéis de parede da vovó". Mei disse ao jornalista Guy Raz, da organização de mídia independente NPR, que seu objetivo era "acabar com a distância entre o lar e a moda".

O primeiro passo foi decidir em quais artigos para o lar ela poderia deixar sua marca. Depois de avaliar várias possibilidades de negócios, decidiu se concentrar nas velas perfumadas. Mei tinha feito algumas pesquisas e considerou que, com a aparência e os aromas certos, as pessoas comprariam as velas não apenas em ocasiões festivas, mas o ano todo.

Primeiro, ela precisava descobrir como fazer uma vela.

O passo seguinte foi ganhar experiência por meio de tentativa e erro. Mei foi até um vendedor de fragrâncias em Nova Jersey para aprender a combinar essências com cera. Então, passou semanas tentando fazer velas de teste no porão de casa, usando latas de sopa como moldes e experimentando aromas. Certo dia, durante seus experimentos, ela se esqueceu de adicionar um produto químico que fazia o óleo se misturar com a cera. Quando ela retirou a vela do molde, pareceu diferente – com aspecto fossilizado ou envelhecido. Mei decidiu tornar esse erro parte de sua marca de velas, que ela lançou em 1994: a Chesapeake Bay.

Então era o momento de negociar com as lojas para venderem suas velas. Mei me contou:

– Dar um passo de cada vez é muito importante. Eu vendia minhas velas em lojas de bairro porque sabia que, para sobreviver às grandes redes, essas lojas tinham que conhecer as tendências muito, muito bem. Sabia que me beneficiaria com o que aprendesse lá e que isso me ajudaria a chegar às grandes lojas quando estivéssemos prontos.

Fortalecida pelo sucesso local, Mei foi à Bloomingdale's, onde começou desenvolvendo relacionamentos com os assistentes que atendiam os telefones. Toda vez que ela ligava ou visitava, puxava assunto com eles: perguntava onde moravam antes de terem aquele emprego, o que os fizera querer trabalhar com moda. Mais tarde, usando uma dose de charme e persistência, ela conseguiu que eles lhe dessem o nome do comprador, a pessoa que tomava decisões sobre quais produtos a Bloomingdale's encomendaria. O comprador imediatamente adorou as velas de Mei e fez um pedido para vendê-las... na mesma loja da Bloomingdale's onde Mei construiu seus relacionamentos.

Assim que ela fechou esse pedido que mudou sua vida, o passo seguinte ficou claro para Mei: era vital que a entrega fosse um sucesso. Para isso, precisaria de uma instalação especializada onde produzir suas velas únicas. Mei pediu ajuda à sua irmã, que era casada e trabalhava com o marido em uma empresa de computação em Hangzhou, na China. Os dois se mobilizaram e, em 1995, abriram uma fábrica para produzir as velas perfumadas. A fábrica está em funcionamento até hoje.

Depois do sucesso na Bloomingdale's, Mei sabia onde precisava vender para ampliar a empresa. A fim de alcançar um segmento mais amplo do mercado, ela teria que entrar em lojas que apresentavam mais opções para consumidores focados em valor mas que também tivessem reputação para o bom gosto. Ela voltou suas atenções para a Target, com 750 lojas espalhadas pelo país e dois corredores com 15 metros de espaço para velas.

No entanto, a persistência e as técnicas de construção de relacionamentos que deram certo na Bloomingdale's fracassaram na Target. Apesar de um ano inteiro de tentativas, Mei não conseguiu que o comprador retornasse suas ligações. Por fim, a recepcionista solidária sugeriu que Mei ligasse para o chefe do comprador e fizesse uma reclamação. E foi o que ela fez. O comprador imediatamente ligou para ela... apenas para gritar que aquela não era a maneira certa de começar um relacionamento, e depois desligou.

Desanimada, Mei esperou um pouco e ligou de novo. E de novo. Enfim, meses mais tarde, uma voz diferente a cumprimentou no correio de voz. Mei recebeu uma ligação rápida da nova e jovem compradora e voou para a matriz da Target em Minneapolis a fim de se encontrar com ela. A compradora terminou o encontro dizendo: "Mei, eu quero colocar suas velas em todas as nossas 750 lojas." A Target encomendou um pedido no valor de 1 milhão de dólares, com uma previsão para o ano de mais 3 milhões de dólares.

A série de experimentos com velas de Mei, conduzida no porão de casa usando latas de sopa, acabou levando à criação da empresa multimilionária Chesapeake Bay. Em pouco mais de 20 anos, a trajetória da empreendedora começou com a chegada em solo americano sem conhecer ninguém além do marido e sem nenhuma experiência em design ou bens de consumo, e culminou com a construção de uma grande empresa que mais tarde seria vendida para a Newell Brans, uma companhia multibilionária de bens de consumo, pelo valor divulgado de 75 milhões de dólares.

E ela fez isso dando um passo de cada vez.

QUAL É O PRIMEIRO PASSO?

Para finalizar nossa seção Espelho, quero lhe perguntar sobre o futuro. Começamos definindo o problema ou o objetivo e analisando o que o levou até ele. Em seguida, exploramos nossas necessidades e nossos sentimentos, o que ajudou a estabelecer prioridades e tomar decisões. Depois, geramos um impulso e ideias ao investigar um sucesso anterior. Agora é hora de dar o primeiro passo – é hora de começar a moldar o futuro.

Quase sempre trabalho com pessoas que identificam corretamente o problema que precisam resolver, mas que ainda não descobriram como solucioná-lo por completo. Neste capítulo, investigaremos por que se concentrar no primeiro passo é tão eficaz para negociações de sucesso. Depois de explorarmos o *porquê* desta pergunta, vamos nos voltar para o *como*: vou ajudá-lo a focar sua atenção em si mesmo, explorar sua sabedoria interior e planejar seus primeiros passos para o futuro.

O PRIMEIRO PASSO PARA O FUTURO

Cada negociação envolve uma viagem no tempo: precisamos entender o passado e o presente antes de seguirmos para moldar um futuro melhor. Neste capítulo, estamos olhando para o futuro. Esta é a última fase do período no Espelho.

Perguntar a si mesmo "Qual é o primeiro passo?" é importante por dois principais motivos: gera um impulso e abre caminho para os próximos passos.

UM PASSO DE CADA VEZ GERA UM IMPULSO

Quando enfrentamos uma negociação ou estamos caminhando em direção a um objetivo empolgante e grande, tentar definir a solução desde o princípio pode parecer mais desgastante do que produtivo. Esse desgaste pode levar até a pessoa mais motivada a desistir prematuramente ou a abordar o cenário de maneira aleatória. Daí a importância de dar um passo de cada vez.

Ao orientar uma equipe em uma negociação na qual há vários problemas sobre a mesa, gosto que listem tudo em um quadro-branco para que todos vejamos. Então escolho um problema para começar – um em que eu sei que provavelmente teremos sucesso. Uma vez que riscamos isso do quadro, você pode ver os olhares de alívio na sala e sentir a empolgação começar a surgir. Estamos no caminho certo. E isso ajuda todo mundo a ficar motivado para começar a solucionar o restante dos problemas diante de nós.

Recentemente, conversei com uma jornalista muito conhecida que está no auge da carreira. Ela já cobriu histórias proeminentes em toda a mídia, mas há anos luta com o principal passo na carreira que ainda não conquistou: escrever um livro.

– Acho que o meu principal talento é sintetizar grandes volumes de dados de pesquisa rapidamente e apresentá-los às pessoas em um formato fácil de entender. Estou acostumada a ter ideias para uma matéria às três da tarde e aquilo aparecer no noticiário uma ou duas horas depois. Neste último ano, aliás, fiz algumas reportagens de grande destaque. Uma delas poderia emplacar facilmente como uma proposta de livro se eu conseguisse vendê-la bem. Só preciso descobrir como fazer isso enquanto também exerço o meu trabalho como repórter.

Nesse momento, ela estava pronta para olhar em frente. Eu lhe perguntei:

– Qual é o passo que você poderia dar agora mesmo, no seu tempo livre, a fim de se preparar para, quando essa grande história estiver bem apurada, transformar o material em uma proposta com agilidade e vendê-lo?

Ela ficou pensando.

– Uau. Olha, eu poderia começar a escrever as partes genéricas de uma proposta de livro, como minhas informações autobiográficas e uma análise de mercado, de modo que, quando eu souber que tenho *aquela história completa*, aquela que vai ser o meu livro, eu possa simplesmente escrever e mandar. Assim estarei preparada para o que faço de melhor, que é apurar uma história, e rápido, para conseguir um contrato. Vou começar esta semana mesmo!

Dois meses depois, ela está quase terminando sua proposta de livro.

Às vezes, focar no primeiro passo nos ajuda a organizar os pensamentos e a resgatar nosso próprio poder.

UM PASSO COMO PREPARAÇÃO PARA O SEGUINTE

O segundo motivo para começar com o primeiro passo é que muitas vezes a negociação é cumulativa. Não podemos dar o quinto passo, por exemplo, antes de termos percorrido os quatro primeiros. Mei Xu me contou que um dos maiores erros que os empreendedores cometem é pular etapas nas negociações. Ela sabia que precisava vender suas velas em lojas menores de modo a acumular experiência, avaliações e provas de venda a fim de poder levar sua empresa ao próximo nível com um comprador maior.

Isso também vale para este livro! A fim de descobrir qual é o melhor primeiro passo a dar, você precisa saber aonde quer ir, do que precisa, o que está sentindo e como obteve sucesso no passado. Responder a todas essas perguntas prepara você para responder à pergunta final e o ajuda a solucionar o problema.

UM PASSO DE CADA VEZ: ALGUNS EXEMPLOS

Considerar o primeiro passo pode ser transformador, não importa o tipo de negociação que esteja enfrentando. Às vezes o primeiro passo pode parecer pequeno, mas implica um grande impacto. Um embaixador das Nações Unidas, Luis Gallegos, do Equador, me disse que, nas grandes negociações diplomáticas, nas quais há dezenas, senão centenas, de participantes, as pessoas podem influenciar o voto final ao mudar *uma palavra* em um documento enorme.

A proprietária de um pequeno negócio, Julie, queria começar a oferecer trabalhos maiores e, depois de conseguir um grande cliente, decidiu documentar nas mídias sociais o trabalho com ele, para que as pessoas pudessem ver sua capacidade. Essa decisão específica lhe trouxe vários outros clientes grandes.

Dar um passo de cada vez é especialmente útil quando você busca um grande objetivo.

A personal trainer de celebridades Autumn Calabrese ajudou muitas pessoas a conquistarem metas relacionadas à saúde, ao condicionamento físico e à perda significativa de peso. Autumn me disse que vê a perda de peso como – adivinhem – uma negociação, com características comuns a muitas pessoas de todo o mundo. Recentemente, ela desenvolveu um programa de nutrição que faz os clientes se olharem mais profundamente no Espelho, questionando-se e começando a conduzir a si mesmos rumo a seus objetivos.

– Eu tento provocar meus clientes a fazerem as perguntas mais profundas capazes de ajudá-los a chegar às verdadeiras respostas sobre seus problemas, assim como a soluções reais – contou ela.

– A maioria das pessoas fica andando em círculos e pulando de dieta em dieta. Quando isso acontece, elas nunca fazem pausas para formular as perguntas mais difíceis e profundas sobre o que está acontecendo. Tendo essas respostas, o primeiro passo é estabelecer objetivos de curto prazo. Então, se o seu objetivo de longo prazo é perder 23 quilos, ótimo. Vamos precisar de um roteiro para chegar lá. Não podemos apenas dizer "quero perder 23 quilos" e depois improvisar. Tenho clientes que começaram com pequenos passos, talvez um por semana. E aí dizemos: "Tudo bem, o que precisamos fazer nas semanas um, dois, três e quatro?" Damos um pequeno passo de cada vez. Fazemos isso por alguns motivos. Primeiro, esses passos individuais ajudam a motivar as pessoas. Você precisa de pequenas comemorações ao longo do caminho, pois 23 quilos é um número grande, não vai acontecer da noite para o dia. Essas pequenas vitórias vão nos estimular para continuarmos avançando.

E Autumn não parou por aí:

– O segundo motivo para dar um passo de cada vez é que você precisa de cada um deles para progredir. Se está tentando perder 23 quilos, por exemplo, talvez não consiga praticar muitos exercícios físicos até que esteja se alimentando melhor e oferecendo mais energia ao seu organismo. Assim, talvez você diga na semana um: "Vou tomar menos refrigerante", e na semana dois esteja comendo mais legumes. Uma vez que esteja se sentindo melhor, o passo para a semana três é fazer algumas caminhadas. São pequenos passos ao longo do caminho que se somam rumo ao objetivo maior. No começo, é muito importante focar apenas no primeiro passo. Você não precisa conhecer os demais, ainda. Não precisa saber o que terá que fazer daqui a seis meses. Vamos conversar sobre o que podemos fazer nas semanas um e dois para começar a nos aproximar do objetivo. Tudo que fazemos na primeira semana é conversar e perguntar: "Qual é o primeiro passo?"

SUA VEZ NO ESPELHO

Agora é sua vez de se olhar no Espelho. Lembre-se: você já identificou o que o trouxe até aqui e quais são suas necessidades. Considerou seus sentimentos, positivos ou não. Já analisou um sucesso anterior. E agora vai olhar para o futuro. Da mesma forma que em outros capítulos, crie a ocasião para responder a esta pergunta em um espaço confortável onde possa pensar e escrever livremente. Então enuncie:
Qual é o primeiro passo?

CONCLUSÃO DA SEÇÃO ESPELHO: DEFININDO SEUS PASSOS PARA A FRENTE

Neste capítulo, vamos concluir nosso trabalho de olhar no Espelho. Você acabou de anotar um ou mais "primeiros passos" que pode dar em sua negociação como um roteiro para o futuro. Agora vamos tornar esse roteiro o mais completo possível. Juntos, vamos pegar sua história do Capítulo 1, suas necessidades do Capítulo 2, seus sentimentos do Capítulo 3, seus sucessos do Capítulo 4 e usá-los para definir os próximos passos neste capítulo somando-os a um plano de ação que vai deixá-lo confiante, capaz e conectado consigo mesmo e com seus objetivos.

REVISE SEU PROBLEMA (OU OBJETIVO)

Primeiro, quero que você dê uma olhada no seu resumo do Capítulo 1. Qual foi o problema ou objetivo que identificou? Lembre-se: todas as decisões na negociação fluem da razão pela qual estamos aqui. Se, como Steve Jobs, você está desenvolvendo um minicomputador que as pessoas possam usar para vários propósitos e que também faz ligações, você está estudando os diversos dispositivos que as pessoas carregam por aí. Seu objetivo é descobrir como desenvolver essas funções no *seu* dispositivo. Se está negociando com o pedreiro para construir o banheiro dos seus sonhos, você está pesquisando as últimas novidades de decoração e avaliando quais delas vai querer na sua casa. Se está reformando a casa para vendê-la, você está tentando descobrir o que as pessoas querem olhando para os banheiros das últimas casas que foram vendidas no bairro e certificando-se de que seu projeto está à altura delas.

Você também vai rever qualquer história que o tenha levado aonde está hoje. Se for como Antonia, que está passando por um conflito com a irmã, ou como Andrew, que está reunindo dados para pedir um aumento na remuneração, terá que voltar para o breve histórico do problema e considerar o que aconteceu até agora para só então pensar nos melhores passos a seguir.

RECORDE SUAS NECESSIDADES

Agora, quero que você se concentre nas necessidades que descobriu no Capítulo 2. Lembre-se de olhar as necessidades tangíveis (o que você pode contar, ver ou tocar) e as intangíveis (os temas ou valores, como apreciação e respeito, que dão sentido a nossa vida). Isso é o que mais importa para você, e os passos que tomar devem refletir essas necessidades.

Quando considerar suas necessidades intangíveis, volte às perguntas subsequentes que propus para explorar quaisquer ideias específicas associadas a "Como seria isso?". Lembre-se de que algo "justo" para nós pode parecer bem diferente para os outros. Para uma pessoa, podem ser 20 mil dólares acrescentados ao salário-base anual. Para outra, pode ser uma localização de maior destaque para sua obra de arte em uma galeria. E para outras, ainda, pode ser cada membro do casal assumir uma noite de limpeza na cozinha. Reveja os itens específicos que deram vida a essas necessidades intangíveis.

Então revisite todas as suas necessidades e pense nas ações que poderia tomar para satisfazê-las *completamente*. Lembre-se: aspirações bem-sucedidas na negociação são baseadas em nossas necessidades, então seja específico, tanto quanto otimista. Dê a si mesmo permissão para considerar um mundo em que todas as suas necessidades possam ser atendidas e então faça uma lista de primeiros passos concretos para chegar lá. Se achar difícil, finja que estou lhe dando 20 dólares por cada ideia que gerar. Pode ser uma ideia louca, impraticável – não importa. Algumas das negociações de maior sucesso vieram de uma ideia que parecia improvável à primeira vista.

Vejamos a história de uma negociação bem-sucedida, hoje famosa: a campanha à Presidência de Teddy Roosevelt em 1912. Já perto da eleição, ele e seu diretor de campanha, George Perkins, planejaram uma viagem de trem com pausas breves em várias cidades, onde Roosevelt esperava se encontrar com milhares de eleitores em potencial. Eles imprimiram 3 milhões de cópias de um panfleto que continha um dos discursos de Roosevelt e uma foto lisonjeira. Pouco antes de partirem, porém, o diretor da campanha percebeu que tinham um problema sério: não possuíam a permissão dos estúdios Moffet, detentor dos direitos autorais da imagem. Ao verificarem a lei, descobriram que se levassem aquilo adiante e distribuíssem os panfletos sem terem tais direitos, poderiam ser processados em 1 dólar por imagem. Eles não podiam correr esse risco. Precisavam de uma solução – e rápido.

Perkins teve uma ideia, mas parecia improvável. Ele enviou

o seguinte telegrama para os proprietários do Moffet: "Estamos planejando distribuir milhões de panfletos com a foto de Roosevelt na capa. Será uma ótima publicidade para o estúdio cuja foto usaremos. Quanto vocês pagariam para que usássemos a de vocês? Responder imediatamente."

O estúdio respondeu ao telegrama dizendo que, embora nunca tivessem feito algo assim, estariam dispostos a oferecer 250 dólares. Eles aceitaram. A campanha de Roosevelt transformou um prejuízo em potencial em um benefício financeiro. Só precisaram de uma boa ideia.

OLHE PARA SEUS SENTIMENTOS

Depois de examinar seu problema e suas necessidades, volte ao que escreveu sobre seus sentimentos no Capítulo 3. Sentimentos – positivos e negativos – são parte de qualquer negociação e podem nos ajudar a tomar decisões.

Reconhecer seus sentimentos pode ajudá-lo a criar soluções melhores. Relembre a pergunta mágica subsequente que ajuda qualquer pessoa a transformar sentimentos em ideias focadas no futuro. Caso esteja sentindo qualquer emoção negativa, pergunte-se: "O que ajudaria a eliminar ou reduzir meu/minha [inserir sentimento negativo] nesta situação?" Lembre-se do exemplo da médica Jamila, que estava negociando como cuidar de certo paciente e descobriu que sua emoção dominante era a frustração. Nesse caso, ela poderia ter se perguntado: "O que ajudaria a eliminar ou reduzir minha frustração nesta situação?" Quando você faz essa pergunta subsequente, começa a usar seus sentimentos como um gerador de ideias concretas sobre como seguir adiante. Se não fez isso no Capítulo 3, reserve um momento para refletir agora e avaliar quais passos podem ajudá-lo a diminuir essas emoções negativas. (A propósito, você pode fazer o oposto com as emoções positivas. Caso esteja sentindo alegria com a forma como certos aspectos da sua carreira têm progredido, experimente se perguntar: "Quais passos posso dar para manter ou aumentar minha alegria?")

CONSIDERE UM SUCESSO ANTERIOR

Por fim, vamos voltar para suas respostas do Capítulo 4 sobre um sucesso anterior, seja ele semelhante ao problema que está enfrentando agora ou um sucesso em outra área. O que você visualizou quando fechou os olhos e se lembrou de todos os detalhes – hábitos, ações, estado mental – que levaram aquela negociação ao sucesso? Se você tem um sucesso anterior semelhante, analise-o novamente e veja quais passos podem funcionar de novo agora. Por exemplo, se está negociando com seu cônjuge diante da postura de cada um em relação ao dinheiro e isso funcionou bem no início do casamento, você pode olhar para o passado e ver o que combinaram na época. Isso não apenas faz você se sentir melhor diante da situação atual, mas lhe oferece informações úteis sobre o que pode funcionar. Você também pode usar esse sucesso anterior quando falar com a outra pessoa nessa negociação, como evidência de uma abordagem que sabe que foi bem-sucedida.

Se você não tem um sucesso anterior semelhante, dê uma olhada no sucesso anterior diferente que você mesmo listou no Capítulo 4. Caso esteja ansioso por negociar o salário pela primeira vez, mas percebeu no Capítulo 4 que é excelente em fazer propostas a clientes e convencer pessoas da força de suas ideias, pode analisar o que o levou a esse sucesso (e a essa confiança) e ver quais passos pode replicar nessa negociação em particular.

E SE EU SUGERISSE MAIS DO QUE APENAS UM PASSO?

Você acabou de revisar todo o trabalho dos primeiros quatro capítulos deste livro e conseguiu algumas ideias sobre como seguir em frente. Ótimo! Se escreveu alguma coisa nos primeiros cinco minutos que reservou para este capítulo e ainda estão surgindo ideias, anote-as agora.

A qualquer momento, sinta-se livre para anotar todas as ideias que lhe ocorrerem. Não quero limitá-lo caso as ideias estejam fluindo. O raciocínio por trás de dar um passo de cada vez é libertá-lo de se sentir como se tivesse que saber todas as respostas. Porque, na maioria dos casos, não vai saber. Às vezes, mesmo que tenhamos muitas ideias agora, precisamos da outra pessoa com quem negociar para descobrir soluções possíveis (chegaremos a isso na seção Janela a seguir). E às vezes a estrada é longa demais para avistarmos o destino. Podemos nos sentir frustrados tentando resolver tudo de uma vez só. Mas, mesmo que você não seja capaz de definir todo o seu futuro agora, provavelmente terá uma sensação de como quer que seja o amanhã. Então, em vez de tentar ver todos os caminhos que precisa tomar no seu GPS, vamos focar apenas em um: o próximo.

SOLUÇÃO DE PROBLEMAS

Vez ou outra, quando faço essa pergunta, as pessoas demoram a encontrar uma resposta. Vamos entender por quê.

Muitos cozinheiros na cozinha
Como vimos nos capítulos anteriores, uma das principais

razões pelas quais as pessoas têm dificuldade em pensar nos passos para avançar na negociação é que estão ouvindo outras vozes em sua cabeça. Podem ser da irmã mais velha, de um colega de trabalho extrovertido, amigos próximos ou membros da família que já contribuíram com conselhos solicitados ou não. Talvez eles tenham ido além dos conselhos e tenham *dito* a você o que deve fazer sobre sua negociação.

Às vezes é isso que vejo ao ensinar negociação. Quando determino que todos os alunos da sala negociem um problema em particular – digamos que seja o preço de um carro usado – e peço que façam grupos de vendedores e compradores para discutirem suas respostas às perguntas Espelho, ocasionalmente você pode ver no rosto de alguém que está começando a duvidar de si mesmo depois de ouvir as prioridades da outra pessoa. Será que eu devo insistir por um plano de pagamento, como essa pessoa quer? Será que devo exigir uma inspeção de terceiros, feita por alguém que só eu posso escolher? De repente, a própria lista de necessidades parece menos legítima do que a da outra pessoa.

E se isso acontece durante uma encenação na classe – que é apenas uma simulação –, imagine quanto podemos permitir que o conselho de alguém nos influencie na vida real, quando o risco pode ser alto. Assim, o que você faria se ficasse sem respostas ou se entrasse em conflito enquanto anota as respostas para essa pergunta? Reflita se pode estar ouvindo o que *outra pessoa* acha que deve ser o seu primeiro passo. Alguém já conversou com você sobre a negociação em que está trabalhando? Envolva-se com essas vozes em sua cabeça perguntando a si mesmo: quais são os diferentes públicos para o problema – talvez colegas de trabalho, cliente, cônjuge, filhos – e depois se pergunte: qual eles pensam que deve ser o meu primeiro passo? Anote. E analise. O que parece certo sobre o que você escreveu? O que não lhe agrada? Isso o ajudará a desenvolver sua própria crítica das ideias de outras pessoas para que desenvolva sua própria percepção do que vai funcionar para você. Mais à frente, seu objetivo será deixar de lado as perspectivas dos demais para sintonizar seus próprios objetivos e definir seus próprios passos.

"Estou bloqueado."
E se você leu este capítulo e ainda não consegue pensar em nada para responder à pergunta inicial? Continue lendo.

CRIE O CLIMA, DE NOVO. Quero que você pense novamente sobre criar a ocasião para se fazer essa pergunta e, desta vez, que vá além. Reserve um tempo no seu dia para pensar sobre *onde* e *quando* você tem suas melhores ideias. De manhã, à tarde ou à noite? No trabalho ou em casa? Durante uma corrida? Em um café lotado? Ou em uma biblioteca silenciosa? Onde quer que tenha gerado ideias criativas, é lá que você tem que pensar sobre essa pergunta.

PERGUNTE A SI MESMO SOBRE A PIOR OPÇÃO. Se você ainda está se sentindo bloqueado ou inibido, faça a si mesmo a seguinte pergunta: "Qual é o *pior* passo que posso dar?" Às vezes, estamos autocensurando o que realmente queremos. Ou precisamos da liberdade de tentar um monte de opções antes de descobrirmos o que funciona. Considerar o pior cenário pode nos fazer enxergar com clareza o que seria melhor.

Um executivo precisava decidir entre pleitear uma promoção no próprio departamento – onde dominava todas as funções e fora muito bem-sucedido, mas já não suportava o clima do ambiente de trabalho – e a transferência para uma divisão internacional totalmente nova – onde não conhecia ninguém e teria que se atualizar a respeito de metade das suas atribuições. Em uma semana, haveria uma reunião com os dois departamentos para que pudessem negociar. Quando pedi que ele sugerisse o primeiro passo, ele respondeu:

– Não sei. Tenho pensando muito sobre o futuro da empresa e qual divisão pode oferecer o melhor caminho para mim. Já peguei todas as informações possíveis de cada um desses departamentos e ainda tenho dúvidas.

Então perguntei a ele:

– Qual é o pior passo que você pode dar neste momento?

Ele fechou os olhos, parou por um momento e surpreendeu a si mesmo ao responder:

– Não posso ficar aqui mais um ano. Não tenho um bom pressentimento sobre o que vai acontecer com o meu departamento. Chegou a hora.

Ele aceitou a oferta de mudar para a nova divisão internacional. Considerar a "pior" opção desbloqueou sua mente e deu a ele clareza para tomar a decisão.

Esse método da "pior ideia" funciona bem individualmente e também (ou ainda melhor) para negociações que envolvam um grupo. Na verdade, algumas empresas usam essa técnica para gerar ideias de negócios inovadoras. A 3M chama isso de "pensamento reverso" ou "virar o problema de cabeça para baixo". Por exemplo, ao ponderar sobre como conseguir que mais clientes assinem sua newsletter, eles podem perguntar: "O que precisamos fazer para as pessoas cancelarem a nossa newsletter?" Se a resposta a essa pergunta acabar gerando passos como "incluir conteúdo que não é relevante para a vida dos consumidores", "mandar mensagens com muita frequência" ou "não incluir promoções ou descontos para produtos que sabemos que geram interesse"... bem, você já pode começar a ver quais são os primeiros passos em direção a uma solução possível. Se você começou este capítulo tendo problemas em pensar até em um único passo à frente, experimente cogitar o pior passo e veja o que vem à sua mente. Você pode se surpreender.

CONCLUSÃO

Parabéns! Você completou a seção Espelho deste livro. Ao fazer essas cinco perguntas a si mesmo e ouvir com atenção as respostas, você começou sua negociação muito à frente de onde estava antes – que é de onde muita gente começa. Descobriu muitas informações que lhe dão ideias profundas sobre você mesmo e o seu problema, bem como outras para soluções em potencial. Dê uma última olhada em suas respostas e resuma quaisquer pensamentos adicionais sobre o que descobriu.

Agora vamos nos aproximar da Janela. Para algumas pessoas, olhar-se no espelho e falar consigo mesmo parece mais desafiador do que se sentar com alguém. Já para outras... você pode estar pensando: *Eu realmente preciso fazer isso com outra pessoa?*

Em primeiro lugar, essa é uma pergunta fechada, então vou reformulá-la – vá em frente e pergunte a si mesmo: "O que eu ganho fazendo perguntas a outra pessoa?" Essa é uma pergunta bem melhor. Por quê? É claro que você não *precisa* fazer nada. Você pode se restringir ao que eu chamo de estratégia do avestruz – colocar a cabeça na terra e esperar que o problema vá embora. No entanto, você ganha muito mais ao mergulhar nele. Quando digo às pessoas para perguntarem mais e as ensino a fazer isso, a Janela aberta para o outro indivíduo é uma grande parte do *mais* que essa abordagem de negociação oferece. E, de novo, o que é este *mais*?

- Mais opções para uma solução valiosa.
- Mais confiança de que você pode falar com qualquer pessoa ou lidar com qualquer problema que esteja no seu caminho.
- Mais progresso em direção aos seus objetivos pessoais, ao

compreender as pessoas que são importantes para o seu sucesso.
- Mais afinidade com a outra parte.
- Propor à outra pessoa questões que expandam a fatia de informações disponíveis para você é mais uma vantagem para a sua próxima negociação.
- Mais paz de espírito decorrente de uma conversa honesta (e compassiva).

Mas não se preocupe, não faremos isso sozinhos. Como na seção Espelho deste livro, vou guiá-lo à medida que você completa as perguntas Janela. Darei a você um panorama de como fazer cada pergunta e escutar as respostas para que obtenha o máximo possível da conversa. Vou oferecer algumas ideias do que pode acontecer quando você faz cada pergunta. Darei dicas de como enunciar as perguntas subsequentes e de como solucionar qualquer dificuldade. E ajudarei você a usar as informações que reuniu das perguntas Janela para seguir na direção da solução.

PARTE 2

A JANELA

Quando as pessoas falarem, ouça verdadeiramente o que elas têm a dizer. A maioria nunca faz isso.
– ERNEST HEMINGWAY

Pesquisas – e nossa experiência – mostram como pode ser difícil enxergar realmente o outro. A mesma película que embaça o espelho e nos impede de ver a nós mesmos também embaça a janela que deveríamos usar para ver as pessoas próximas a nós.

Mesmo em circunstâncias comuns temos problemas para enxergar as pessoas claramente, sem o "ruído" das nossas próprias experiências, julgamentos e emoções. A audição, a visão e o tato podem falhar em fornecer uma percepção precisa. É ainda mais desafiador quando nos envolvemos em uma negociação ou tentamos fazer um acordo. Com frequência, deixamos de ouvir – ou pior, desvalorizamos ativamente – o que sai da boca de outra pessoa durante uma conversa complicada. E quando fazemos perguntas, em geral são perguntas fechadas, que encerram a comunicação e podem influenciar o outro a responder o que ele acha que você quer ouvir, em vez do que de fato quer dizer.

A seção Janela deste livro consiste em levantar as perguntas certas e então ouvir com atenção as respostas. E para ouvir, ouvir de verdade, precisamos escutar as necessidades, as preocupações e os sentimentos do outro, em vez de apenas preparar as nossas respostas.

Às vezes as pessoas me dizem que não precisam fazer nenhuma pergunta quando negociam porque "já têm as informações" ou "já ouviram aquilo um milhão de vezes". Nunca acreditei. Mesmo com conhecidos de longa data somos meros ouvintes, nada perfeitos, especialmente quando se trata de assuntos importantes. Ignoramos, nos distraímos ou ouvimos as coisas por meio da estática da nossa própria perspectiva.

Descobri que, de todas as pessoas que passam por meus cursos todos os anos – diplomatas, advogados, executivos, profissionais de recursos humanos –, as melhores ouvintes são as meninas de 10 anos a quem dou aulas de resolução de conflito em minha cidade natal, Nova Jersey. Por que essas garotas superam a nós, adultos, na habilidade de ouvir? Porque não estão pensando nelas mesmas, enquanto nós permitimos que nossas necessidades e nossos sentimentos embacem a visão que temos das pessoas ao redor. Esta seção vai ajudá-lo a limpar sua janela para ouvir e ver melhor quem está à sua frente. E quando você ouve melhor, negocia melhor.

OUVIR UM ADVERSÁRIO?

A maioria das pessoas entende a importância de ouvir um cônjuge, colega de trabalho ou alguém com quem estão tendo uma conversa importante. Mas você talvez seja cético sobre ouvir alguém que vai enfrentar em uma negociação feroz, achando que essas técnicas não podem ser aplicadas em tais circunstâncias.

Pois elas se aplicam. Ainda que você esteja em uma negociação ganha ou perde, na qual normalmente só uma pessoa sai vitoriosa, investir tempo para ouvir e observar seu oponente aumentará suas chances de sucesso. Funciona como nos esportes. Vamos usar o tênis como exemplo: observar o ângulo da raquete do outro jogador e os movimentos dele, bem como ouvir o som das jogadas que ele desfere, vai lhe dizer se deve esperar uma rebatida forte lá na frente ou um *slice* mais suave. E você vai ficar mais bem posicionado para golpear a bola na hora da sua jogada.

O mesmo vale para negociações que envolvem dinheiro. Em vez de apresentar seu desejo sobre a quantia ou se posicionar à frente, começar a negociação perguntando sobre a necessidade, as preocupações e os objetivos da outra pessoa lhe oferece a melhor chance de fazer sua proposta com sucesso e criar valor a partir de uma aparente situação de ganha ou perde. O professor Leigh Thompson, da Kellogg School of Management, descobriu que 93% de todos os negociadores deixaram de fazer perguntas de diagnóstico sobre necessidades, preocupações e objetivos de seus interlocutores em circunstâncias nas quais, se obtivessem essas respostas, teriam melhorado muito os resultados. Então, mesmo que esteja em conflito, ouvir o outro lado vai ajudá-lo na negociação.

Muitas vezes o adversário do outro lado da mesa torna-se (ou permanece) seu parceiro a partir do momento em que o acordo é feito. E aquele pedreiro que faria a reforma do banheiro? Uma vez que acordarem um valor, você confia que ele lhe deixará um banheiro que você vai amar por anos a fio. Se você tem uma empresa e está negociando com distribuidores, assim que estabelecerem valores e prazos vai precisar deles para se tornarem parceiros comprometidos e entusiasmados, levando o seu produto a tantos lares quanto for possível. E mesmo quando meu marido sente que estamos em lados opostos, ainda dormimos na mesma cama toda noite.

Quando pensar sobre sua abordagem para uma negociação, considere até que ponto você trabalhará (ou viverá) com essa pessoa uma vez que a negociação estiver concluída. O mundo é sempre muito menor do que você imagina. Estamos todos conectados de um jeito ou de outro. Tratar alguém como parceiro na solução de problemas ajuda você a alcançar seus objetivos, lhe dá uma reputação de negociador justo e contribui para tornar o mundo um pouco melhor.

OUVIR É FUNDAMENTAL, MAS NÃO É FÁCIL

Ouvir é uma habilidade fundamental na negociação, talvez a mais importante. E, por ser tão básica, você pode pensar que é apenas para estudantes ou novatos no ramo. Não mesmo. Vou explicar.

Eu pratico ioga, tanto para minha saúde mental quanto para a das pessoas ao meu redor. Uma das minhas professoras mais sábias disse uma vez que a prática avançada da ioga não consiste em dominar as posições de equilíbrio mais difíceis ou desenvolver a flexibilidade de uma bailarina (embora talvez seja o que mais você vê no Instagram). Consiste em obter um nível avançado de consciência até nas posturas mais básicas.

Para conseguir fazer uma postura básica como a do Guerreiro 2, por exemplo, é preciso ficar com os pés afastados, esticar os braços para os dois lados, dobrar o joelho da frente, girar o pé de trás cerca de 10 graus e manter a posição. E é apenas o começo. Quando se dobra o joelho na postura do Guerreiro 2, trabalha-se para apoiá-lo diretamente sobre o tornozelo, de modo que o joelho acompanhe o dedo do meio do pé. A coxa da frente trabalha para ficar paralela ao chão, e assim a pessoa ativa seu *core*, o centro do corpo, mantendo ombros abaixados, braços nivelados, peito aberto... e respirando.

Então, assim como conseguir fazer a postura do Guerreiro 2, ouvir pode ser fundamental, mas não é nada fácil. Ser um negociador avançado consiste em obter um nível avançado de consciência, até das habilidades mais básicas.

Os negociadores mais exímios são aqueles que ouvem melhor. Pesquisas sobre teoria dos jogos, que é o estudo da tomada de decisões estratégicas, nos dizem que desinformação ou falta de pensamento estratégico pode ser o resultado de uma falta de comunicação sincera que se concentre na experiência da outra pessoa. Estudos mostram que ouvintes empáticos não apenas criam melhores conexões com as pessoas com quem negociam, como também maximizam a quantidade de informações que obtêm e retêm de uma conversa. A seção Janela deste livro equipará você para fazer isso. De agora em diante, você trará um nível avançado de escuta para as negociações do seu dia a dia.

COMO USAR A JANELA

No Espelho, você trabalhou para compreender melhor a si mesmo e a situação. Você usará a Janela para fazer isso com outra pessoa. Lembre-se novamente de que uma negociação é qualquer conversa que pretenda conduzir um relacionamento em determinada direção. É mais do que uma conversa com o chefe ou a outra parte de um contrato ou litígio: você usará estas novas cinco perguntas em uma grande variedade de situações, como iniciar o contato com um novo cliente em potencial, discutir com seu amigo ou cônjuge ou abrir um novo negócio, antes mesmo de ter um cliente.

Você pode estar pensando: *Esta última parte está certa?* Posso realmente usar esta seção mesmo que não tenha nenhum cliente ou outra pessoa envolvida? Claro. Se você é um empreendedor, sabe que um dos primeiros objetivos ao fundar uma empresa é definir e entender seu cliente ou mercado-alvo ideal. Você precisa conduzir essa conversa com sua futura base de clientes muito antes de abrir as portas, e responder a estas perguntas é um modo fantástico de fazer isso. Analise-as você mesmo ou com sua equipe e as responda como se fosse a pessoa que sua empresa deseja atrair. Ao final desta seção, você terá definido muita coisa sobre seu cliente, e isso o ajudará a seguir adiante.

OLHAR PELA JANELA

Na seção Janela, você fará para outra pessoa cinco perguntas importantes, abertas e que mudam o jogo, e anotará as respostas. Não tenha medo. As cinco dicas a seguir vão preparar você e ajudá-lo a utilizar esta parte do livro para obter muito mais de qualquer negociação.

DICA 1: ATERRISSE O AVIÃO. Às vezes as pessoas ficam nervosas ao fazerem perguntas abertas, já que elas parecem, e são mesmo, bem diferentes das perguntas comuns que fazemos. Afinal, não sabemos as respostas de antemão. Ou quem sabe você fique intimidado ao pensar no silêncio que o espera.

Mas tenha coragem. E aterrisse o avião. Ou seja, simplesmente faça a pergunta!

Com frequência as pessoas formulam uma ótima pergunta e depois fazem o equivalente verbal de manter o avião no ar, voando em círculos enquanto aguarda permissão para pousar. Assim: "Me conte sobre os seus filhos... Eu tenho dois. Quantos anos os seus têm?" Você acabou de fazer uma pergunta aberta ("Me conte sobre os seus filhos") juntamente com uma fechada que na maioria das vezes fornece uma resposta com uma ou duas palavras ("Quantos anos eles têm?"). Não estrague uma pergunta aberta adicionando uma tonelada de comentários extras, como: "Então, Sarah, o que você acha da nossa proposta? Você perguntou por que o piso é mais baixo do que a de alguns de nossos concorrentes, mas acho que verá que nossa estrutura de remuneração permite muito mais crescimento, e também temos a nossa cultura corporativa... Você já viu o nosso programa de desenvolvimento profissional?" Se você fosse Sarah, se lembraria da primeira pergunta, a aberta? Acho que não. Nesta parte do livro, quero ensiná-lo a conduzir com determinação. Quando você fizer estas perguntas Janela, não acrescente nada. Faça cada pergunta e espere. Aterrisse o avião.

DICA 2: APROVEITE O SILÊNCIO. Sei que pode ser desconfortável. Por isso, talvez assuste fazer perguntas abertas e deparar com alguns segundos de silêncio como resposta. Muitas pessoas tentam preencher esse silêncio com uma pergunta mais curta, ou pior, com um julgamento. É preciso coragem para fazer perguntas grandes e abertas como as que você verá aqui. Dê à outra pessoa, que pode estar sentada à sua frente ou conversando com você ao telefone, tempo para pensar. Para o ouvinte, o silêncio pode ser um presente.

Um exercício que ensino em meus workshops de negociação solicita que as pessoas formem duplas e uma delas fale por três minutos enquanto a outra ouvirá calada. Muitas não conseguem ficar em silêncio por três minutos. E, na maioria das vezes, elas nem percebem que estão conversando, apenas o fazem por hábito! Um executivo, quando se deu conta de que não conseguia ficar em silêncio nem por meros 180 segundos, cobriu a boca com as mãos, envergonhado. "Eu sei que atropelo as pessoas", disse ele. "Mas nunca tinha percebido como era ruim. E isso acaba agora." Nos últimos três dias de workshop, eu o vi calado enquanto as pessoas falavam com ele. Ele me agradeceu e disse que algumas horas daquele exercício o fizeram ver quanto o silêncio iria melhorar sua vida pessoal e profissional.

Por que é tão difícil ficarmos em silêncio, mesmo que por apenas alguns segundos ou minutos? Acreditamos que precisamos falar para nos conectar com os outros, quando o melhor seria apenas ficar em silêncio. Lizzie Assa, especialista em brincadeiras da primeira infância, ensina pais sobre o valor do silêncio para que as crianças se expressem. "Se os pais chegam perto da criança enquanto ela está brincando e dizem algo como 'Ah, que bonito', não estão se conectando, e sim fazendo um julgamento. As crianças se sentem avaliadas e se fecham. Em vez disso, gosto de sentar em silêncio e observar. Quanto mais quieta e reflexiva eu fico, mais provável é que elas se abram. Com o tempo, a linguagem flui. O silêncio faz as crianças se sentirem ouvidas." Isso também ocorre com adultos. O silêncio demonstra respeito, abre espaço para que as pessoas reflitam sobre si mesmas e sua situação e pode funcionar melhor do que qualquer pergunta para encorajar as pessoas a falar.

Também falamos para demonstrar nossas competências ou habilidades, sobretudo quando sentimos que estamos sendo avaliados. Um executivo me contou: "Há muito tempo, quando eu era gerente júnior, comecei a fazer reuniões semanais com a equipe. Nas vezes em que o meu diretor estava presente, sentia uma necessidade de mostrar meu valor, então eu falava muito mais. Depois, me sentia apreensivo. Eu sabia que era melhor quando deixava que meus subordinados diretos liderassem a maior parte da discussão. Nos últimos anos, já sentia que estava tudo bem ficar mais em silêncio. Com o tempo, a gerência me disse que um dos meus pontos fortes era permitir que as pessoas contribuíssem."

Por fim, falamos para controlar uma conversa e nos sentir seguros. Talvez nos tenham ensinado que é preciso saber para onde a negociação está indo o tempo todo ou que a confiança e o sucesso na negociação dependem totalmente de termos as respostas prontas. Mas a verdade é o oposto: é necessário ter mais confiança e habilidade para se manter aberto em uma negociação e ouvir o que a outra pessoa tem a dizer. Também é preciso preparação. Quando você reserva um tempo para descobrir suas prioridades e depois ouve a outra pessoa, será capaz de avaliar o que ela disse à luz da sua perspectiva, o que leva a soluções melhores.

DICA 3: AS PERGUNTAS SUBSEQUENTES. Quando a outra pessoa termina de falar, talvez você tenha uma chuva de pensamentos, de reações a detalhes específicos, *que você precisa falar agora mesmo!* Espere um momento. Você quer continuar jogando uma rede ampla. Em cada capítulo vou oferecer a você perguntas abertas e simples que poderá usar na sequência para obter mais informações. São perguntas esclarecedoras, que ajudarão a outra pessoa a compreender melhor sobre como está pensando, se sentindo e se comportando, em vez de apenas levá-la a uma resposta específica.

DICA 4: RESUMA E PEÇA FEEDBACK. Você fez uma pergunta aberta, ouviu pacientemente a resposta e continuou com outra pergunta aberta. Agora você *realmente* quer dar sua opinião. Afinal, tem tanta coisa a dizer! Antes, porém, resuma o que seu parceiro na negociação acabou de dizer. Repita para ele o que você acredita que ele disse e peça o feedback dele no fim.

Não pule esse passo! Resumir é uma das ferramentas mais poderosas da negociação. Isso mostra que você de fato *ouviu* a pessoa e entendeu o que ela disse. Além disso, um resumo ajuda ambas as partes a extrair mais da conversa. Ouvir as próprias palavras sendo repetidas talvez permita que o outro ouça uma informação que não tinha percebido antes e aprimora a sua memória sobre o que a pessoa de fato disse. Pesquisas mostram que, quando você ouve para entender o que a pessoa está dizendo, e não para responder, você escuta de modo diferente – e melhor.

Achamos que sabemos o que a outra pessoa quer dizer porque entendemos suas palavras, mas não é o que costuma acontecer. Isso nunca ficou tão claro para mim quanto na minha primeira viagem para Oklahoma, quando fui trabalhar com meu colega Shawn. Depois de um voo atrasado, fomos até a locadora de carros, onde um jovem simpático atrás do balcão perguntou qual era minha profissão. Quando respondi "Eu sou professora de Direito", ele me fez uma pergunta de quatro palavras: "O que você ensina?"

Eu estava cansada. E estava acostumada com as pessoas me olhando incrédulas quando eu dava essa mesma resposta, já que

estava em início de carreira, sou mulher e parecia bem jovem. Então, em vez disso eu o ouvi perguntar:
– O que você ensina?

Qualquer pessoa que more em Nova York sabe o que isso significa: "Sério? *Você* ensina?" Então, a essa pergunta totalmente inocente, eu respondi de maneira grosseira:
– Sim, REALMENTE sou professora de Direito.

O funcionário abriu a boca em choque, e Shawn completou meu constrangimento respondendo atrás de mim:
– Ela ensina a construção da paz!

Resumir o que outra pessoa diz é uma ótima maneira de testar que você de fato compreendeu o que ela queria comunicar (e, ao fazer isso, evita uma vergonha como a que passei em Oklahoma).

Depois de resumir, peça um feedback. Eu gosto de continuar com perguntas abertas, então, em vez de perguntar "Eu entendi isso direito?", prefiro resumir e dizer: "O que deixei passar?" Dessa maneira, estou encorajando a outra pessoa a me mostrar o que mais ela tem em mente. Com frequência, quando faço essa pergunta, as pessoas complementam o que disseram originalmente com algo que tinham em mente, mas que tentavam guardar. O feedback é importante não apenas para ter certeza de que você compreendeu, mas para aumentar a quantidade de informações e conduzir a negociação com precisão ainda maior.

DICA 5: OUÇA O QUE *NÃO* É DITO. Quando alguém estiver falando, ouça tudo o que corpo dele está dizendo ou deixando de dizer a você. Eu me refiro à linguagem corporal, ao tom com que cada palavra é dita e mesmo à ausência de certas palavras. Mais de 50% da comunicação é não verbal, embora muitos de nós não tenhamos treinado para nos concentrarmos em nada além das palavras que ouvimos.

Uma das minhas melhores alunas, Kate, é coreana e me apresentou ao conceito de *nunchi*, que literalmente significa "ler com os olhos". *Nunchi* é o estudo de "ler" declarações, ações, expressões faciais e linguagem corporal das pessoas para conseguir o melhor quadro possível do que elas querem dizer e do que as motiva. Michael Suk-Young Chwe, que escreve sobre teoria dos jogos, disse o seguinte sobre o *nunchi*:

> Mesmo que você conheça bem uma pessoa, nem sempre é fácil descobrir as preferências dela; por exemplo, quando sua mãe diz ao telefone que não ficará chateada se você não for passar as festas de fim de ano com ela, pode ser preciso um esforço significativo – ouvir o tom de voz e interpretar os comentários secundários – para descobrir, mesmo que imprecisamente, como ela de fato se sente. Uma pessoa com um bom *nunchi* pode entender os desejos de outras mesmo quando não se expressam de forma explícita. Pode avaliar com rapidez a situação social e usar essa habilidade para avançar.

Ao procurar pistas na linguagem corporal, não presuma que uma expressão ou posição do corpo signifique sempre a mesma coisa. Por exemplo, braços cruzados nem sempre significam que a pessoa está na defensiva; ela pode estar apenas com frio! Em vez disso, procure observar o padrão: a postura natural, o tom de voz ou a expressão. Então, enquanto conversa, observe se há qualquer mudança nesse padrão. Se alguém naturalmente se mantém de braços cruzados na maior parte do tempo e, quando você diz algo, ela muda de posição e se inclina para a frente, isso quer dizer que suas palavras tiveram um impacto. Às vezes, consigo perceber que as pessoas estão reagindo a uma oferta de negociação porque pegam os biscoitos que estão na mesa. Elas podem mudar sua expressão, de fechar a cara para abrir um sorriso, ou vice-versa. Todas essas pistas nos dão informações que vão além das palavras.

CONCLUSÃO

Nos capítulos a seguir, você aprenderá cinco perguntas poderosas que o ajudarão a obter novas perspectivas sobre qualquer pessoa ou qualquer elemento que possa vir a encontrar em uma negociação. Munido das estratégias desta introdução, você estará preparado para tirar o máximo delas.

6
ME CONTE...

Ben McAdams, membro da Igreja de Jesus Cristo dos Santos dos Últimos Dias, também conhecida como Igreja dos Mórmons, é um político americano que exerceu seu primeiro mandato como deputado federal pelo estado de Utah entre 2019 e 2021. E, o que é incomum para um mórmon, ele também é um democrata.

McAdams passou grande parte da vida adulta trabalhando com política em seu estado natal, Utah. Um dia, em 2008, ele entrou no carro e foi para uma reunião que mudaria sua vida e a vida de muitas pessoas daquele lugar. E tudo começou com uma pergunta importante.

Em janeiro de 2008, o ano em que a Igreja dos Mórmons ajudou a aprovar a Proposição 8 da Califórnia, banindo o casamento entre pessoas do mesmo sexo, o então prefeito de Salt Lake City, Ralph Becker, propôs o Registro de Parceria Doméstica, no qual casais do mesmo sexo poderiam se registrar como companheiros. O objetivo era encorajar os empregadores a aprovarem a extensão do plano de saúde e outros benefícios para os companheiros dos empregados nessa situação. O prefeito Becker e o deputado McAdams esperavam que esse registro ajudasse os cidadãos de Utah que tivessem parceiros do mesmo sexo e que beneficiasse todo o estado ao atrair mais negócios para Salt Lake City. Eles sabiam que muitas empresas de porte nacional queriam que seus funcionários recebessem esses benefícios, independentemente do estado onde vivessem.

Mas, como já esperavam, o prefeito enfrentou uma séria oposição, incluindo daqueles que compartilhavam a religião de McAdams. O então senador Chris Buttars e outros integrantes do legislativo estadual resistiram à lei apresentando uma legislação que invalidaria esse registro e proibiria os municípios de aprovar leis semelhantes. Muitas pessoas em Utah viram a situação entre a Igreja e os defensores do casamento entre pessoas do mesmo sexo como uma guerra durante esse período.

Algumas pessoas do gabinete do prefeito se desesperaram com o futuro do registro. Mas McAdams acreditava que havia um jeito de fazer dar certo. Depois de Buttars apresentar essa nova legislação, McAdams, que na época trabalhava no gabinete do prefeito, ligou para o senador e marcou uma reunião na casa de Buttars. McAdams foi até lá naquele dia com uma estratégia em mente. Ele não iria fazer exigências ou ameaças. Em vez disso, decidiu ouvir. Ele se reuniu com Buttars em sua sala de estar e simplesmente disse: "Me fale sobre sua perspectiva."

Os dois conversaram por três horas, e McAdams passou a maior parte desse tempo ouvindo as preocupações de Buttars. Mais tarde, ele disse ao jornal *The Deseret News*: "Eu costumo achar que, quando ouço os outros, podemos encontrar um ponto em comum." Na reunião, McAdams entendeu algo muito importante: a principal preocupação de Buttars era que esse registro desse aos casais do mesmo sexo direitos que os casais de sexos opostos não tinham. McAdams fez outra pergunta: "E se fizéssemos o registro de forma mútua, para que quaisquer pessoas – do mesmo sexo ou do sexo oposto – pudessem se registrar para conseguir esses benefícios?"

Essa reunião deu início a uma série de negociações que levaram à criação do Registro de Compromisso Mútuo de Salt Lake City, uma lei municipal com um nome diferente, porém com o mesmo conteúdo da proposta de parceria doméstica. A lei modificada foi aprovada por unanimidade pela Câmara Municipal de Salt Lake City em abril de 2008, com o apoio de Buttars.

A esposa de Ben McAdams, Julie (uma mediadora treinada) declarou mais tarde para a imprensa: "Buttars estava preocupado com algo que não estava no projeto de lei do modo como ele entendia. Ben então o reescreveu de forma a contemplar a preocupação dele, mas isso não mudou o que Ben estava tentando fazer. Se [Ben] não tivesse se sentado e dedicado um tempo a descobrir com o que [Buttars] estava preocupado, eles não teriam chegado tão longe."

LANÇAR A REDE MAIS ABERTA POSSÍVEL

Ben McAdams descobriu o poder de uma única e simples pergunta aberta para transformar uma negociação que afetou profundamente a vida de muitas pessoas em Utah. Fazemos perguntas a outras pessoas todos os dias, sobretudo em negociações. Mas estamos fazendo as certas? Você já sabe, com base na seção Espelho, que se manter interessado e fazer perguntas abertas a si mesmo pode levantar mais informações do que jamais achamos ser possível. Agora vamos aprender a fazer isso com outras pessoas.

Para a primeira pergunta, queremos começar de forma ampla e com um questionamento que lance a rede mais aberta possível. Neste capítulo, vamos explorar o poder do "Me conte". Esse convite único encoraja a outra pessoa a compartilhar com você (1) a visão dela sobre o objetivo ou problema que uniu vocês; (2) quaisquer detalhes importantes relacionados ao problema ou objetivo; (3) os sentimentos e as preocupações dela; e (4) qualquer outra coisa que ela ache necessário adicionar. Isso é o equivalente em negociação a lançar uma rede gigante ao mar para ver quanto você consegue pescar. É a pergunta mais importante que você pode fazer, em qualquer negociação, com qualquer pessoa e em qualquer lugar.

"ME CONTE": A PERGUNTA ABERTA MAIS IMPORTANTE

Como exploramos na introdução, "Me conte" é a pergunta mais aberta que você pode fazer sobre qualquer assunto. Ela permite que as pessoas compartilhem qualquer coisa sobre si mesmas ou um assunto em particular. Nenhuma outra pergunta desbloqueia mais a confiança, a criatividade, a compreensão e soluções surpreendentes do que "Me conte". Perguntas abertas como essa têm sido chamadas de "fontes de inovação" porque a informação que elas produzem pode transformar tanto instituições quanto indivíduos.

Em vez de lançar um anzol e se limitar a pescar um peixe, você está se dando a oportunidade de encontrar uma profusão de informações *e* de estabelecer um relacionamento positivo com a pessoa à sua frente.

"Me conte" permite que você conheça a definição de outras pessoas sobre o problema

Começar uma negociação com "Me conte" ajuda a obter o máximo de informações possíveis ao lhe permitir ouvir a perspectiva de outra pessoa sobre o seu problema ou objetivo. Obter essa perspectiva exige esforço deliberado, mas produz muito valor.

Mudar a perspectiva pode ser surpreendentemente difícil. Ver as coisas de outro ponto de vista é como colocar um novo par de óculos: inicialmente é preciso esforço e foco, e talvez seja desagradável até seus olhos se adaptarem. Mas é importante, pois nos ajuda a sair de uma visão simplista (e com frequência tendenciosa) para o que alguns especialistas em negociação chamam de "conversa de aprendizado", na qual crescemos na compreensão do problema, em vez de permanecermos estagnados. Isso nos dá as melhores informações possíveis para defender um argumento, permite analisar nossa contribuição para uma situação (e mudá-la, se assim desejarmos) e nos capacita a formular uma solução funcional.

Mila Jasey é membro eleito e vice-presidente da nova Assembleia Geral de Nova Jersey, onde se dedicou à política educacional ao longo da última década. Em 2019, Mila ganhou uma batalha legislativa importante sobre um assunto desagregador: salários para os superintendentes dos distritos escolares, que são as lideranças administrativas de cada distrito. E ela conseguiu isso ao dedicar um tempo para ver as coisas da perspectiva de outras pessoas.

Em 2011, o governador de Nova Jersey instituiu um teto salarial para os superintendentes, alegando que isso pouparia dinheiro do estado. Mila, que já tinha trabalhado em um conselho escolar, previu as consequências: superintendentes experientes logo deixaram Nova Jersey rumo à Pensilvânia e outros estados, onde os salários eram mais altos, e os distritos passaram a enfrentar dificuldades para substituí-los. A crescente rotatividade de pessoal levou a ineficiências no orçamento das escolas, o que eliminou a maior parte da redução de gastos esperada. E o mais importante: o desempenho escolar foi prejudicado.

Mila viu os problemas claramente, mas também sabia que o teto salarial tinha algum apoio. Então embarcou em uma turnê para ouvir a população de Nova Jersey, perguntando a famílias, membros dos conselhos escolares e servidores públicos o que achavam da medida. Nas áreas rurais, ela descobriu que o teto de 175 mil dólares por ano parecia muito alto para a maioria das famílias. Eles tinham dúvidas se mais dinheiro era realmente necessário para atrair talentos. E, em alguns dos distritos mais ricos, onde as pessoas pagavam impostos mais altos sobre as propriedades, o aumento salarial parecia um fardo. Ao ouvir de forma sincera as diferentes perspectivas, Mila foi capaz de gerar confiança e responder de maneira eficaz, reconhecendo que os salários eram consideráveis, ao mesmo tempo que explicava que o aumento do teto poderia beneficiar as escolas de muitas maneiras – desde a redução da rotatividade até a melhoria do desempenho acadêmico. Ela ajudou as famílias a pensarem sobre outras medidas que ajudariam a reduzir sua carga fiscal.

Aos poucos, a opinião pública começou a mudar. Mila estava pronta para propor um projeto de lei que removesse o teto salarial, mas precisava que o presidente da Assembleia pusesse o projeto em votação – e ele não estava convencido. Então, Mila decidiu ter mais uma conversa de aprendizado. "Normalmente", contou ela, "existe um tipo de protocolo no governo do estado no qual funcionários só falam com funcionários, membros só falam com membros e liderança só fala com liderança. Mas eu tinha uma noção de quem poderia ser a influência mais persuasiva. Assim, contatei o funcionário em quem o presidente da Assembleia mais confiava e tivemos uma longa conversa aberta. Eles estavam com medo de parecerem irresponsáveis do ponto de vista fiscal. Saber dessa preocupação me ajudou a apresentar o melhor argumento: o fato de que a redução de gastos esperada do teto salarial não tinha se concretizado." Mila esperou meses, mas certa manhã finalmente recebeu uma ligação: o projeto de lei seria colocado em votação. Ninguém falou contra ele, nem mesmo os distritos que tinham apoiado o teto salarial. A lei foi aprovada com uma grande margem. Os anos que ela passou se envolvendo com as percepções de outras pessoas sobre o problema surtiram efeito, traduzindo-se em uma importante mudança política.

Às vezes o problema não é o que você pensa que é

A beleza do "Me conte" é que às vezes ele transforma a sua visão sobre como definir uma situação. Experimentei isso em primeira mão auxiliando outro advogado durante a mediação de um caso de discriminação no emprego, no qual uma parte alegava que havia sido demitida de uma agência do governo dos Estados Unidos por discriminação racial. Meses antes de eu pegar o caso, as partes tiveram uma mediação litigiosa ao telefone que resultou em uma oferta em dinheiro rejeitada e em um reclamante perturbado e claramente infeliz. O outro mediador mudou-se de estado, passando o caso para mim. Depois de falar com ele e ouvir sua história, decidi tentar uma tática diferente e promover um encontro presencial entre as partes envolvidas em uma área neutra, o escritório de mediação da Universidade Columbia.

Um advogado da agência que tinha estudado mediação foi se encontrar com o autor da denúncia. O advogado fez sua apresentação introdutória, mas, em vez de questionar por que ele havia recusado a última oferta em dinheiro da agência, perguntou: "Me conte o que esse caso significa para você." Isso era claramente algo que o autor da denúncia não esperava ouvir. O que ouvimos depois surpreendeu a todos. Desafiado com essa pergunta aberta, o reclamante pensou a respeito e respondeu: "Acho que o que realmente quero é voltar a trabalhar, mesmo que isso signifique uma redução de salário. Eu quero ser o provedor da minha família. Quero minha dignidade de volta." Acabamos discutindo um acordo radicalmente diferente, que serviu melhor aos interesses de ambas as partes. Os dois homens terminaram a conversa com um aperto de mãos, agradecendo um ao outro pela conversa produtiva.

Quando você começa a negociação com "Me conte...", está se colocando no lugar da outra pessoa e permitindo a si mesmo aprender com a conversa. Mas não é apenas isso que você adquire ao fazer essa pergunta.

"Me conte" desenvolve um relacionamento com a pessoa na sua frente

Terry Gross, entrevistadora renomada da NPR, disse que "Me conte sobre você" é o único quebra-gelo necessário para encadear uma entrevista ou uma conversa. Em um perfil no *The New York Times*, ela detalhou: "Começar com 'Me conte sobre você' abre caminho para uma conversa sem o medo de inadvertidamente deixar alguém desconfortável ou constrangido. Uma pergunta ampla faz com que as pessoas mostrem quem são."

Quando a pessoa à sua frente percebe que você está fazendo um esforço sincero para entendê-la e para compreender sua perspectiva, em vez de apenas querer atender ao próprio objetivo, ela compartilhará mais e ficará mais aberta ao que você tem a dizer. "Me conte" não apenas permite que você veja a pessoa como ela é, mas também o coloca no mesmo nível e encoraja o outro a iniciar uma parceria colaborativa com você.

"Me conte" também comunica confiança de um jeito que ajuda a construir uma conexão com seu parceiro de negociação. Os melhores negociadores são aqueles que estão confortáveis o bastante para ouvir, manter-se abertos e não apenas seguir o roteiro de argumentos daquilo que desejam fazer. Uma das minhas alunas em Columbia recebeu ofertas de trabalho de todas as firmas às quais se candidatou e, embora seja uma estudante inteligente, ainda não tinha honras acadêmicas, pré-requisito comum para obter sucesso em entrevistas nos escritórios de advocacia mais renomados. Quando perguntei como tinha conseguido tantos resultados positivos, ela me contou que havia usado o recurso do "Me conte", perguntando ao entrevistador sobre ele e sua carreira dentro do escritório. Ela disse: "Eu queria saber sobre eles, tanto quanto queriam saber sobre mim. E depois que me contavam sobre eles, eu resumia e escolhia alguns assuntos que haviam partido deles e se conectavam com o que me interessava sobre o escritório ou que eu poderia levar à mesa. Depois, vários me disseram que minha entrevista tinha sido uma das melhores que já haviam feito, porque se desenrolou como se fôssemos parceiros na conversa. Mostrei que sabia ouvir na hora certa, realmente entendê-los e administrar uma conversa com sucesso. Isso foi um sinal para eles de que eu também teria sucesso com os clientes."

USAR O "ME CONTE" COMO A PRIMEIRA PERGUNTA EM CADA NEGOCIAÇÃO

"Me conte" funciona como uma primeira pergunta não apenas em ambientes formais de negócios, quando você não conhece bem a outra pessoa, mas em praticamente todos os tipos de negociação.

Quando Jamie, uma fotógrafa de família com experiência em serviço social, prepara-se para fazer uma sessão de fotos com pessoas que não conhece, a primeira pergunta que faz é: "Me conte sobre sua família." Ela me disse: "Você não imagina quanto aprende quando faz essa pergunta. Às vezes, um dos pais está nervoso em posar para fotos e precisa de alguma orientação. Pode acontecer de a criança possuir um problema de desenvolvimento neurológico e ter dificuldade de olhar para a câmera. Quando começo com essa pergunta, consigo o máximo de informação possível, e isso me ajuda a conhecer a família e o que eles esperam das fotos."

Da mesma forma, Amy, uma fisioterapeuta experiente, usa o "Me conte" para ganhar a confiança dos pacientes e definir objetivos de tratamentos. Ela explica: "Muitas pessoas têm medo de fisioterapia. Elas pensam que pode ser doloroso ou ficam intimidadas com o trabalho de reabilitação após uma cirurgia ou lesão. Portanto, quando eu começo uma conversa com um novo cliente, acabo perguntando: 'Me conte sobre o seu dia a dia' ou 'Me conte sobre você'. Caso respondam que gostam de ler e de ir à biblioteca mas estão tendo problemas para chegar lá, tudo bem, podemos trabalhar nisso. O mais importante é ganhar a confiança deles. Sei que dessa forma é mais provável que me digam se algum movimento provocou dor ou se sentiram que exageraram em alguma semana. É importante para mim saber do que gostam, o que os motiva. Porque se conectamos os exercícios com o que eles amam fazer, tudo fica mais fácil."

USAR O "ME CONTE..." COM ENTES QUERIDOS

É preciso prática para aplicar o "Me conte..." às pessoas mais próximas a nós. Mesmo sendo mediadora treinada, um dia percebi, envergonhada, que voltava para casa todos os dias e perguntava para o meu marido: "Como foi o seu dia?" Às vezes a resposta que eu conseguia era "Muito bom" e outras vezes um dar de ombros enquanto ele olhava os e-mails. Eu estava fazendo uma pergunta totalmente fechada (além de mecânica) para ele! No dia em que finalmente decidi praticar em casa o que eu pregava no escritório, cheguei do trabalho e disse: "Me conte como foi o seu dia." Fiquei surpresa em ver como ele se abriu. Ele estava concluindo um projeto de trabalho difícil e parecia bastante estressado com isso. Ele não ia chegar a tempo ao escritório por causa do atraso do trem, mas aí esbarrou em um dos nossos colegas da faculdade de Direito e pegou uma carona. Tinha feito um bom treino matinal e estava se sentindo forte. E assim por diante. Agora, "Me conte..." é a primeira pergunta que faço ao meu marido, em quase todas as ocasiões.

Também usei algo semelhante com minha filha de 8 anos e me lembro de uma situação específica em que a resposta dela a essa pergunta me deixou surpresa. Eu a tinha levado para um treino da natação em uma piscina pública. Naquela tarde, ela saiu do vestiário chorando. Perguntei o que tinha acontecido. Ela me respondeu: "Mãe, nesta piscina temos que compartilhar o chuveiro. Outra menina veio enquanto eu estava tomando banho. Foi muito esquisito!" Eu parei um instante e fiquei pensando: Será que ela estava desconfortável com o próprio corpo? Será que estávamos naquele momento de ela querer mais privacidade? No entanto, simplesmente perguntei:

– Você pode me dizer o que era esquisito?

Ela me olhou zangada.

– Mãe, não é óbvio?

– Não sei ao certo – respondi. – Me conte o que aconteceu para te deixar com essa sensação.

Então ela respondeu, revirando os olhos:

– A gente queria temperaturas diferentes.

O "Me conte..." nos permite ouvir o que nosso parceiro ou nossos filhos realmente estão pensando, em vez de sugerir a resposta que achamos que é a certa. Quando perguntado com sinceridade, também é compreendido como autêntico de uma forma que encoraja uma resposta real.

SUA VEZ: COMO FAZER ESSA PERGUNTA

Agora que você já sabe por que fazemos essa pergunta – para

aprender mais e construir relacionamentos melhores –, vamos aprender *como* fazê-la.

Você estará perguntando à outra pessoa sobre a perspectiva dela em relação à situação que vocês estão discutindo. Como exatamente você coloca a pergunta depende do tipo de negociação. Eis alguns exemplos de como o "Me conte..." pode se adaptar a cada cenário.

Quando você está iniciando a negociação

Se você iniciou a negociação, vai querer formular o problema primeiro, para depois perguntar à outra pessoa sobre a perspectiva dela. Antes de fazer essa pergunta, explique por que pediu que conversassem, da maneira mais breve possível, para a outra pessoa saber o assunto sobre o qual você gostaria de ouvir a perspectiva dela.

Por exemplo, Brittani pediu uma reunião com a CEO da startup onde trabalha para falarem sobre remuneração. Ela está na empresa há um ano como VP de vendas de sua região e vem batendo todas as metas de vendas de modo espetacular, fechando vários acordos importantes que têm feito sua unidade ganhar cada vez mais em receita. Com a empresa iniciando a próxima rodada de investimentos, Brittani mandou um e-mail para a administração dizendo que gostaria de falar sobre seus resultados e sobre uma participação acionária maior. Nesse caso, a conversa Janela pode começar assim: "Muito obrigada por encontrar um tempo para conversar comigo hoje. Solicitei essa reunião porque, como você deve saber, eu gostaria de falar sobre meu progresso na empresa e sobre o próximo pacote de remuneração. Quando fui contratada, combinamos de revisar as condições depois de um ano, dependendo de alguns resultados. Estou muito feliz com o modo que as coisas andam e entusiasmada para ficar aqui por muito tempo. Mas, antes de falarmos sobre o futuro, adoraria se me *contasse*, da sua perspectiva, como viu este último ano." Dessa forma, Brittani formulou o problema de um jeito que destaca o seu sucesso, mas também ofereceu um espaço para a CEO compartilhar informações que complementassem o quadro.

Quando outra pessoa iniciou a negociação

Para uma reunião com o chefe, um cliente ou alguém da família em que você não tem certeza do assunto, comece dizendo algo como "Você pediu para se encontrar comigo hoje. Me conte o que está pensando" ou "Me conte sobre o que espera desta reunião".

Quando vocês dois concordaram em falar sobre um assunto

Se você está sentado com alguém de comum acordo, com um assunto específico em mente – por exemplo, seu desempenho no trabalho ou uma dificuldade em casa –, use o "Me conte" da forma mais ampla possível: "Me conte sobre a sua perspectiva do que aconteceu recentemente"; "Me conte sobre o cargo que você pretende ocupar"; "Me conte o que está pensando sobre esse acordo". Quando tiver dúvidas, a melhor forma de começar uma conversa pode ser tão simples quanto dizer: "Me conte qual é a sua perspectiva."

ATERRISSE O AVIÃO

Lembra-se desta dica na introdução da Janela? É aqui que você vai começar a colocá-la em prática. Aterrissar o avião significa que vai fazer a pergunta "Me conte..." e então esperar. Aterrissar o avião é fundamental para essa pergunta! É a primeira da seção Janela e deve ser extremamente ampla.

Não acrescente nada no fim da pergunta Janela. Vi muitas pessoas dizendo coisas do tipo: "Me conte o que trouxe você aqui... Já tem uma oferta?" Você começou com uma ótima pergunta aberta para então finalizar com uma fechada. Em vez de continuar aberto ao que o outro tem a dizer sobre a situação, agora você acabou de conduzir o assunto para o dinheiro. Faça a pergunta e aguarde em silêncio.

APROVEITE O SILÊNCIO

Temos pavor do silêncio. Temos medo de não estarmos preparados para o que está do outro lado do silêncio ou de que a outra pessoa talvez se sinta pressionada ou sobrecarregada pela pausa na conversa. Mas "Me conte" é uma pergunta grande e importante. Pode levar algum tempo para que o outro pense na resposta. Dê a ele esse tempo. Caso esteja tenso, comece uma contagem mental sem perder o contato visual e mantendo uma expressão positiva. Desafie-se para ver até onde consegue ir antes de quebrar o silêncio. Se conversarem ao telefone, use esse momento para relaxar ou olhar pela janela.

Você sabe quem costuma exigir mais tempo para responder essa pergunta? Crianças. Na primeira vez em que perguntei à minha filha "Me conte como foi seu dia!", precisei esperar que ela respondesse. E quando digo que esperei, quero dizer que esperei por minutos, enquanto ela desenhava no caderno, andava pela cozinha e brincava com algum *slime* que tinha feito no acampamento de verão. Por um momento pensei que ela não responderia. Mas permaneci em silêncio.

Então, devagar, mas com precisão, as informações começaram a surgir. Ela teve aula com uma professora substituta que pediu várias vezes que as crianças ficassem quietas. Alguém acabou se dando mal. Ela comeu pizza no almoço. Nós poderíamos fazer um projeto de arte juntas?... E simples assim a conversa fluía. O silêncio funcionou.

AS PERGUNTAS SUBSEQUENTES

Se a minha pergunta favorita é "Me conte", vocês conseguem adivinhar qual é a segunda de que mais gosto?
"Me conte mais..."
Certo. Digamos que você tenha perguntado para alguém "Me conte" e ouvido um monte de informações como resposta. Depois de perguntar sobre a perspectiva dessa pessoa acerca da situação ou do assunto, você quer extrair mais sobre quaisquer tópicos ou ideias valiosas que ela possa oferecer. Então, uma vez que a pessoa responda, resuma o que ela disse e depois faça perguntas "Me conte mais" sobre aspectos do que ela mencionou.

Por exemplo, em uma conversa com um subordinado direto sobre mudanças que ele reivindica em sua função, você poderia dizer: "Então você está buscando mais contatos com o cliente, assim como uma sensação maior de autonomia, como a que tinha em seu cargo anterior. Pode me contar mais sobre esse cargo anterior?" Ao pedir "Me conte mais", você mantém a pessoa falando e obtém mais informações detalhadas sem ter que recorrer às perguntas fechadas, que travam a conversa.

Imagine que você saiu para pescar. Você lançou a rede bem aberta e pescou 20 peixes e algumas algas, entre outras coisas. Então precisa de um minuto para examinar o resultado e separar os peixes daquilo que vai devolver ao mar ou descartar. Agora, quero que examine esses 20 peixes. Cada um deles é valioso. Quando você faz a pergunta "Me conte" e escuta algumas informações valiosas, quero que trate cada tópico como um peixe que caiu em sua rede. Considerando cada tópico para o qual gostaria de obter mais informações, você vai pedir que a pessoa conte mais.

Digamos, por exemplo, que você tenha pedido que eu lhe contasse sobre minha última viagem para a Índia. Em resposta, eu digo: "Foi ótimo! Fizemos uma reunião de Cúpula de Paz na qual convocamos e reunimos embaixadores de diversos países, os líderes do governo indiano e alguns CEOs para falar sobre parcerias público-privadas em prol da paz. Meus alunos fizeram um trabalho fantástico com a pesquisa e me auxiliaram muito nas aulas. Ficamos em um hotel lindo que tinha jardins incríveis, e eu tentava passar alguns minutos lá todos os dias. Consegui ligar para casa diariamente, mas às vezes minha filha estava muito cansada para conversar. Isso era difícil, porque eu sentia muita falta dela, sobretudo nos últimos dias da viagem. Já no fim, fomos conhecer o Taj Mahal. Espero que possamos repetir essa reunião todos os anos."

Tudo bem, você já ouviu muitas informações em resposta à pergunta. Algumas coisas de que falei foram:

- A reunião de Cúpula de Paz deste ano.
- A competência dos meus alunos.
- O hotel e os jardins.
- Minha tristeza por estar longe da minha filha.
- A visita ao Taj Mahal.
- Minhas esperanças de uma reunião futura.

Digamos que você esteja interessado em saber mais sobre os aspectos de trabalho da minha viagem. Você escolheria esses tópicos e diria "Me conte mais sobre a reunião deste ano" ou "Me conte mais sobre o papel dos seus alunos na viagem". Se também estiver interessado em algo que não seja de trabalho, poderia me pedir que contasse mais sobre o Taj Mahal.

O propósito do "Me conte mais" é manter a conversa aberta pelo maior tempo possível. Às vezes, as pessoas se saem muito bem com uma pergunta aberta inicial e depois a limitam precipitadamente na segunda rodada. Por exemplo, você pode me perguntar sobre minha viagem para a Índia e prosseguir com "Quantos dias durou a reunião?". Essa é uma pergunta bastante limitada que não fornece tantas informações quanto "Me conte mais sobre a reunião de Cúpula".

Caso você prossiga e pergunte "Me conte mais" para aprofundar as informações que descobriu, obterá o máximo proveito da pergunta e se preparará para o sucesso no restante da negociação.

RESUMA E PEÇA FEEDBACK

O passo seguinte é resumir o que a outra pessoa disse e se certificar de que deu a ela a chance de contribuir. Talvez você pense que demonstrou estar ouvindo simplesmente por se sentar ao lado dela e a ouvir falando. Também pode se sentir confiante de que ouviu tudo o que ela tinha a dizer. Mas se quiser ter certeza de que obteve toda a informação de que precisava – e também mostrar que estava ouvindo de verdade –, resuma o que ela respondeu depois de cada pergunta, seja o "Me conte" inicial, seja o "Me conte mais".

Alguns dos maiores líderes de várias profissões sabem o valor do resumo. Lembra-se do Stephen, sócio do escritório de advocacia mencionado lá no Capítulo 3, e do sócio júnior Craig, que não obedeceu às regras ao dar entrada em um caso no tribunal sem passar por um advogado sênior ou do departamento de litígios? Quando os dois conversaram, Stephen perguntou a perspectiva de Craig sobre a situação e, depois de ouvi-lo, resumiu assim:

"Craig, acho que entendi o que você disse hoje. O fato é que você está extremamente ocupado, este era um cliente importante e trata-se de uma área do direito que você conhece bem. Você já esteve envolvido em dezenas de casos similares e estudou todas as leis que se aplicam. Você conhecia os fatos arquivados, redigiu uma petição que foi bem fundamentada e revisou-a repetidas vezes. Você não estava tentando esconder nada, sabia que tinha que resolver aquilo. Achou que a petição era boa e que passar pela análise obrigatória do sócio da área de litígios resultaria em mais despesas para o cliente. Considerando todos esses elementos, você não queria cobrar do seu cliente 900 dólares a hora para que eu ou outra pessoa do litígio analisasse o caso."

Quando você resume, tem certeza de que depreendeu tudo o que é possível da conversa. Stephen me disse que, ao resumir a perspectiva de Craig, entendeu como o funcionário estava pensando sobre a situação. Além disso, o resumo de Stephen deixou Craig menos na defensiva e o colocou em uma atitude mental para realmente ouvir o que Stephen tinha a dizer.

Depois que você fez o resumo, peça o feedback da outra pessoa. Eu gosto de fazer isso perguntando: "Isso é tudo o que tenho em minhas anotações. Deixei passar algo?" Ao pedir um feedback, tenho certeza de que extraí o maior conhecimento possível da conversa e que a outra pessoa sabe que eu de fato a ouvi.

Stephen pediu a Craig um feedback do seu resumo. Quando atendeu a esse pedido, Craig adicionou algumas informações, como a de que, embora não tivesse consultado um sócio de litígio, ele pediu a um associado da área de litígio, muito competente, que trabalhasse com ele no caso. As novas informações ajudaram Stephen a compreender a situação de forma mais completa. Ele então resumiu essa nova informação e agradeceu a Craig por tê-la acrescentado. Depois que seu feedback foi ouvido, o sócio júnior visivelmente relaxou e Stephen pôde compartilhar as preocupações do escritório com muito mais sucesso.

Pedir feedback é o último passo importante para ter certeza de que ouvimos e entendemos a perspectiva da outra pessoa na situação em questão. Ele nos prepara para o sucesso quando voltamos a pensar sobre o futuro e os passos que queremos dar.

OUÇA O QUE *NÃO* É DITO

Quando você faz essa pergunta, deve prestar atenção na expressão e na linguagem corporal da outra pessoa enquanto ela está respondendo e dando feedback. Stephen me contou que Craig parecia extremamente tenso quando se sentaram pela primeira vez para conversar. Ele pôde ver, pela ruga entre as sobrancelhas do funcionário e seus braços cruzados, que talvez ele estivesse na defensiva. Quando Stephen começou a resumir, Craig relaxou um pouco, mas também se inclinou para a frente e pressionou as mãos, indicando para Stephen que talvez tivesse mais a dizer. Quando Stephen deu a Craig a chance de feedback e resumiu a informação adicional, o sócio júnior sorriu pela primeira vez e recostou-se na cadeira. Stephen podia ver pela expressão e pela linguagem corporal de Craig que enfim ele se sentia completamente ouvido.

CONCLUSÃO

Você aprendeu a fazer uma ótima pergunta aberta, as perguntas subsequentes, resumiu e pediu feedback. Sua negociação está começando bem. Agora vamos continuar a conversa de uma forma que começará a produzir ideias para a futura solução.

7
DO QUE VOCÊ PRECISA?

Uma experiente executiva de uma rede de televisão atravessou o país, pronta para começar o que ela esperava ser uma acalorada negociação legal sobre o nome de um dos programas de uma emissora sua.

O programa em questão tinha um quadro de comédia. Logo depois de transmiti-lo ao vivo, a equipe esbarrou em uma surpresa desagradável: um pequeno produtor de conteúdo – uma equipe de marido e mulher com um quadro de comédia que passava em um canal local de televisão em outro lugar do país – os processou por violação de direitos autorais. O programa deles estava no ar havia dois anos, e o casal sentiu que a emissora de televisão estava tentando lucrar com sua fama e sua reputação ao usar um nome semelhante.

A rede de televisão mudou o nome do programa de comédia imediatamente, mas o casal se recusou a retirar a queixa. O litígio resultante estava se arrastando e custando muito caro para ambas as partes, o que levou a executiva a atravessar o país para tentar uma mediação. No caminho, ela pensava na estratégia para abordar o outro lado na reunião que tinham marcado. Sabia qual a era a posição da empresa: *Nem um tostão. Podemos levar isso a julgamento e vencer.*

Ela chegou para a mediação com um exército de advogados. Do outro lado da mesa estavam a equipe, ou seja, o casal, e seu advogado. Revisando o plano que havia elaborado no avião, ela olhou para os dois e perguntou se eles estariam dispostos a conversar sem a presença dos advogados. Eles se entreolharam, pensaram um pouco e concordaram. Depois que todos os advogados (apreensivos) saíram, a executiva se virou para o casal e fez uma pergunta simples:

– *Do que vocês precisam?*

Essa pergunta pareceu aos dois ao mesmo tempo uma surpresa e um alívio. Eles refletiram por um momento e depois responderam:

– Nós amamos o programa que criamos. Esse é o nosso projeto mais querido. Processamos porque temíamos não sobreviver. O que precisamos agora, mais do que qualquer outra coisa, é de exposição. Do contrário, nosso receio pode virar realidade.

A executiva pensou naquilo e fez uma oferta. Que tal alguns spots publicitários em um dos outros canais supervisionados por ela? Ela tinha alguns espaços publicitários ainda em aberto na grade de programação, que nenhum anunciante tinha comprado. Isso custaria muito pouco para a emissora e significaria muito para o casal de comediantes, ao prover uma ampla exposição que não conseguiriam sozinhos. O casal ficou impressionado quando ela revelou a oferta e aceitou rapidamente. Os dois lados solucionaram o caso. Quando chegou ao aeroporto, a executiva recebeu uma mensagem da mulher com um agradecimento e algumas recomendações de livros para ler durante o longo voo.

Aquela única pergunta abriu toda uma negociação. Como a emissora esperava, a executiva resolveu o caso sem gastar um tostão. No entanto, sua pergunta gerou muito mais do que apenas um acordo. Sensibilizado com a criatividade da executiva e sua abordagem colaborativa, o casal manteve contato e os três acabaram se tornando amigos. Mais tarde, quando a executiva estava buscando uma mudança na carreira, o casal a apresentou a algumas pessoas de sua própria emissora.

Aquela única pergunta transformou a situação e a vida da executiva de um jeito que ela não esperava.

PERGUNTAR SOBRE NECESSIDADES: UM AGENTE DE MUDANÇA NA NEGOCIAÇÃO

Essa história, em que "Do que você precisa?" derreteu a tensão entre a executiva de uma rede de televisão e o casal de comediantes, foi o que originalmente me inspirou a escrever este livro. Ela demonstra a capacidade de uma única pergunta de transformar uma situação litigiosa em uma oportunidade de ganho mútuo por toda a vida.

Perguntar "Do que você precisa?" muda vidas. Ajuda a acessar as razões pelas quais as pessoas fazem o que fazem. É muito mais fácil negociar a partir da necessidade subjacente de outra pessoa do que de suas exigências. No caso que relatei, a posição do casal era: "Você roubou o nome do nosso programa para lucrar com ele. Você nos deve uma indenização por perdas e danos." A posição da grande empresa era: "Não roubamos o nome do seu programa. Além do mais, você não pode provar que sofreu algum dano. Não lhe devemos nada." Caso tivessem mantido suas posições, o resultado teria sido bem diferente – mais caro e menos produtivo.

Entender o que está por trás das exigências de alguém para descobrir suas necessidades pode ajudar a transformar um conflito e o que fazer sobre ele. O fato é que as necessidades, não os direitos, são a verdadeira razão pela qual muitas pessoas iniciam os processos judiciais. Necessidades, não direitos, são a razão pela qual muitas negociações paralisam ou acabam mal. Elas são os *porquês* das pessoas, o motivo de tomarem a atitude que tomam. Descobrir as necessidades da outra pessoa ajuda a gerar soluções muito melhores para problemas difíceis.

PRATIQUE IDENTIFICAR AS NECESSIDADES

Com que frequência você se senta diante de alguém, mesmo alguém que conhece bem, e pergunta do que ele precisa? A maioria de nós, inclusive negociadores experientes, precisa de alguma prática em fazer essa pergunta e ouvir – realmente ouvir – a resposta. Especialmente porque, com o tempo, muitas dessas demandas se repetem, então é fácil pensar que terão soluções similares. No entanto, uma vez que você se aprofunda, provavelmente vai descobrir que as necessidades individuais das partes são muito diferentes.

Meus alunos de Columbia e eu mediamos muitas discussões trabalhistas envolvendo o governo americano, e a diferença no resultado entre casos similares – por exemplo, quando uma mulher teve uma promoção negada e processa o Estado por discriminação sexual – mostra quão variado pode ser um acordo de negociação para o mesmo problema inicial.

Vamos imaginar que duas mulheres da agência X cheguem ao mesmo tempo ao meu escritório. Em reuniões separadas, as duas têm o mesmo discurso: "Alex, me negaram uma promoção simplesmente porque sou mulher." Então eu pergunto à primeira mulher:

– Do que você precisa?

E ela responde:

– Como minha promoção foi negada, não pude pagar as terapias médicas e educacionais do meu filho, que possui necessidades especiais.

Aqui as necessidades são financeiras. É obvio que ela também tem outras necessidades – qualquer pai ou mãe sabe que o único jeito de dormir à noite é ter certeza de que você ofereceu o melhor para o seu filho –, mas a primeira necessidade tangível neste caso é dinheiro. Essa negociação provavelmente terminará com um acordo financeiro.

Agora a segunda mulher entra. Perguntamos a ela:

– Do que você precisa?

– Eu preciso que o que aconteceu comigo nunca mais aconteça com nenhuma outra mulher.

A necessidade dela difere imensamente da necessidade da primeira mulher. Ela precisa de uma mudança institucional. Para essa reclamante, podemos chegar a um programa de treinamento gerencial voltado para a igualdade de gênero no local de trabalho. Não é porque as situações são similares que as necessidades por trás delas serão as mesmas.

Descobrir necessidades subjacentes também faz maravilhas para problemas em relacionamentos. Talvez seu parceiro ou sua parceira tenha passado anos dizendo para você algo como: "Você nunca se lembra de limpar a pia e ligar o lava-louças antes de dormir!" E pode muito bem ouvir uma resposta assim: "Eu fiz isso ontem. Além disso, estou morrendo de cansaço! Eu coloquei o lixo lá fora e ajudei as crianças com o dever de casa. O que mais você quer de mim?"

Mais uma vez, essa é uma luta centrada inteiramente nas exigências. Se você fizer uma pergunta focada nas necessidades do parceiro, a resposta pode ser bem diferente. Uma vez, trabalhando com um casal, descobri que, na verdade, a pessoa que valorizava a pia limpa *necessitava* sentir paz e harmonia ao entrar na cozinha de manhã. E a pia limpa proporcionava isso a ela. Se a pia e a bancada estivessem em ordem, ela poderia relaxar e respirar, começando bem o dia. O marido percebeu que a necessidade da esposa, na verdade, não era controlá-lo, mas controlar a própria ansiedade. Por sua vez, ele, o marido, precisava de alguma flexibilidade para noites excepcionalmente ocupadas. Depois de discutir as necessidades de cada um, o casal decidiu que, se precisassem fazer uma escolha, adiariam a coleta do lixo e se concentrariam na limpeza da cozinha. Eles também ganharam uma compreensão melhor um do outro, o que ajudou a manter o clima mais feliz em casa.

Identificar as necessidades subjacentes ajuda a evitar negociações padronizadas e a criar soluções inovadoras, duradouras e específicas que funcionem para todos os envolvidos. Nunca caia no erro de achar que você sabe do que a outra pessoa precisa só porque a exigência dela é familiar.

SUA VEZ: PERGUNTE SOBRE AS NECESSIDADES DE ALGUÉM

Você já começou a conversa do modo mais aberto possível ao perguntar "Me conte" e ao ouvir a resposta da outra pessoa. Agora está pronto para perguntar: "Do que você precisa?"

Sinta-se livre para personalizar essa pergunta do jeito que melhor se encaixe na sua negociação. Por exemplo, ao abordar o encarregado do setor de compras da Target porque quer que a rede de lojas venda seu produto, você poderia perguntar: "Do que você precisa dos fornecedores?" ou "Do que você precisa deste acordo?". Caso esteja negociando com seu cônjuge sobre o orçamento doméstico ou se vão fazer aquela viagem cara, talvez funcione algo como: "Quando pensamos sobre como priorizar nosso dinheiro, do que você precisa?" Caso esteja negociando com aquele pedreiro sobre a reforma do banheiro: "Do que você precisa quando trabalha com proprietários?" ou "Do que você precisa para terminar este trabalho?".

ATERRISSE O AVIÃO

Mesmo profissionais experientes ou casais juntos há muitos anos hesitam em fazer perguntas abertas sobre necessidades. Parece mais profundo, arriscado, *diferente* das perguntas costumeiras que fazemos. Vejo muitos negociadores proporem essas perguntas e então, metaforicamente, dar voltas sobre o aeroporto com uma sequência de palavras como: "Do que você precisa? Em outra fase do nosso relacionamento, eu senti que você queria..."; ou: "Do que você precisa aqui? Que tal se mudarmos este número..." Faça essa pergunta do jeito que ela é, sem acrescentar seu próprio julgamento. E não pense que sabe mais do que a pessoa sentada à sua frente. Seja corajoso. Apenas lance a pergunta de quatro palavras e aterrisse o avião.

APROVEITE O SILÊNCIO

Em seguida, deixe espaço para o silêncio a fim de que a outra pessoa reflita e responda à pergunta.

AS PERGUNTAS SUBSEQUENTES

Às vezes, quando pergunta para alguém do que ela precisa, você consegue uma resposta vaga ou curta e tem que fazer mais uma pergunta – mas não venha com uma pergunta limitada ou, pior, com a sua ideia para uma solução! Você fechará o fluxo da informação bem na hora em que mais teria a ganhar. Em vez disso, lembre-se da minha viagem para a Índia e diga: "Obrigada(o). Pode me contar mais sobre ____?"

Muitas pessoas cometem erros nas perguntas subsequentes. Elas se lembram de fazer a grande pergunta, mas perdem a disciplina depois. Em vez disso, experimente o conveniente "Me conte mais". Isso é particularmente útil se você perguntar "Do que você precisa?" e a outra pessoa responder: "Eu não sei." No processo de extrair mais informações de uma forma ampla, você pode ajudá-la a aprofundar o assunto dizendo: "Tudo bem, então você não tem certeza do que precisa. Talvez você possa me contar mais sobre o que tem em mente neste momento." Então aproveite o silêncio mais uma vez.

Dois tipos principais de necessidades aparecem quando você faz essa pergunta: intangíveis e tangíveis. Elas podem parecer familiares, porque você já leu sobre elas neste livro. Vamos falar sobre as perguntas subsequentes em cada caso.

Lidar com as necessidades intangíveis

Você fez uma pergunta sobre necessidades. Nós sabemos, por meio de pesquisas e práticas, que isso traz à tona informações importantes e profundamente enraizadas, capazes de desbloquear um acordo ou um conflito. No entanto, muitas necessidades são intangíveis (como você descobriu no Capítulo 2), ou seja, elas são conceituais. Isso nos leva à importante pergunta subsequente que você já conheceu no Capítulo 2 e vai fazer em seguida: *Como seria isso?*

"Como seria isso?" ajuda a pessoa com quem você está falando a dar vida a suas necessidades e a visualizar como elas poderiam ser satisfeitas na realidade. Talvez ajude a olhar para o futuro e vislumbrar o que mais querem ver. Por fim, essa pergunta abre uma janela entre você e seu interlocutor, além de fornecer importantes detalhes que podem ser decisivos para encontrar um caminho satisfatório para ambas as partes. Quando você propõe essa pergunta crucial, ajuda a pessoa que está sentada à frente a trazer as próprias necessidades para o âmbito concreto e oferece dicas poderosas sobre soluções em potencial para o problema entre vocês.

Uma coach de saúde sentou-se com sua cliente, com quem estava trabalhando havia cerca de um ano. A cliente era uma dedicada praticante de ioga que sofria de fome emocional e estava cada vez mais frustrada porque, apesar de todos os seus esforços, a cada ano, desde que completara 40 anos, a balança indicava meio quilo ou 1 quilo a mais. Suas roupas não lhe serviam. Na primeira reunião com sua coach, a mulher estipulou um objetivo de perder 9 quilos. Ela tinha acesso a alimentos frescos de boa qualidade, academia, tudo de que precisava para alcançar seu objetivo. Começou a se alimentar de forma mais saudável, parou com as aulas de ioga e assumiu a prática de exercícios mais pesados, incluindo musculação, de cinco a seis vezes por semana. Mesmo assim, a balança parecia emperrada: a mulher perdeu 1 quilo e estacionou. Quanto mais imóvel o ponteiro parecia, mais a cliente se fixava nele. Ela expressou sua frustração e seu desespero para a coach, que respondeu de imediato e agendou uma reunião.

Desta vez, a coach adotou uma abordagem diferente: pediu que a cliente deixasse de lado o peso por um momento e definisse do que ela *precisava*. A mulher logo respondeu:

– Quero me sentir mais saudável e equilibrada.

A coach resumiu:

– Ótimo. Você quer se sentir saudável e em equilíbrio. Como seria isso?

A cliente pensou por um momento.

– Eu não sei... Acho que preciso descansar mais e sinto falta da ioga. Ela mantinha minha saúde mental, e agora estou fazendo outras coisas para tentar perder peso, mas tudo isso só me deixa mais cansada. Entre trabalhar, ir ao mercado, me exercitar e cuidar dos meus filhos, fico tão exausta que acabo comendo à noite apenas para ficar acordada.

Agora a coach e a cliente tinham a informação de que precisavam para seguir em frente. Ao fazer essa pergunta, a coach ajudou a cliente a acessar sua sabedoria interior e autodiagnosticar o problema. Juntas, elas focaram no descanso e no equilíbrio. Dormir mais cedo e criar uma rotina mais relaxante à tarde ajudou a cliente a reduzir a quantidade que comia à noite. Elas integraram algumas aulas de ioga à rotina de exercícios e a coach a ajudou a alcançar o equilíbrio entre a ioga e os exercícios aeróbicos. Também conversaram sobre preparar receitas rápidas para ajudar a cliente a se sentir menos sobrecarregada. Sem pressão e com algum equilíbrio restaurado, a mulher começou a se sentir melhor e a perder peso de maneira lenta, porém sustentável. Tudo isso aconteceu graças a uma pergunta que ajudou a coach e a própria cliente a conceitualizarem o que seriam saúde e equilíbrio para alcançar o objetivo.

Eu adoro a pergunta "Como seria isso?" e a faço em praticamente todos os cenários de negociação – mas a maioria dos negociadores nem mesmo sabe que essa pergunta existe. Ou, se sabe, não a formula. Por quê? Porque não descobriu, primeiramente, do que a outra pessoa precisava. Você começa a ver que o trabalho anterior em fazer perguntas amplas e ouvir de verdade as respostas surte resultado.

Quando você chegar a essa pergunta, formule-a primeiro refletindo o que você ouviu como as necessidades da pessoa e, em seguida, perguntando como seria isso. Por exemplo, se estiver falando com uma das proprietárias de uma padaria próspera: "Sabe, Ilan, ouvi você dizendo antes que uma das suas maiores necessidades era se sentir reconhecida no trabalho por sua experiência. Como seria isso?" Em seguida, continue refletindo sobre suas palavras e pedindo mais informações por meio da pergunta "O que mais?". Então, quando Ilan responder, talvez dizendo "Eu gostaria que os padeiros da loja aceitassem minhas orientações, em vez de apenas assentirem e depois perguntarem para o meu marido", você pode responder com: "Tudo bem, você gostaria de saber que, quando dá um conselho aos padeiros, eles vão segui-lo, sem precisar confirmar com seu marido. Como seria o reconhecimento do trabalho para você, além desse ponto?"

A abertura dessa pergunta é tão importante porque permite que você examine o que a outra pessoa vê para o seu futuro (talvez compartilhado). É aqui que, mais uma vez, devemos resistir à vontade de fazer perguntas subsequentes limitadas. Estas refletem nossas *suposições* sobre a pessoa ou a situação, suposições que talvez sejam muito distantes da realidade. Se a sua filha adolescente disser que precisa de mais liberdade em casa, evite dizer: "Como seria ter mais liberdade? Ah, já sei, você se refere a comprar um iPhone de novo?" Como mãe de uma adolescente, raramente posso prever o que está na cabeça da minha filha. Disciplinar-me para ouvi-la nos aproximou muito, à medida que conheço a pessoa que ela é e que está se tornando.

Essa pergunta também é importante se você estiver enfrentando uma negociação com o que eu chamo de "pessoas do contra". Sabe aquela pessoa que derruba cada uma das suas ideias, dizendo "Isso não vai dar certo", sem dar nenhuma sugestão positiva? Essa daí. Quando você faz a ela uma pergunta que coloca a bola na quadra – do tipo "Como seria uma solução que funcionasse para todos?" – e em seguida aproveita pacientemente o silêncio que se segue, você a está forçando – melhor dizendo, encorajando – a participar ativamente da busca por uma solução.

Lidar com as necessidades tangíveis

Se, ao fazer essa pergunta, você conseguir algo tangível (por exemplo: "Eu preciso que você me comunique seus resultados ao telefone duas vezes por semana"), já sabe qual será a pergunta seguinte: "Me ajude a entender: o que torna a ligação duas vezes por semana importante?"

Uma vez que a pessoa declara uma necessidade tangível, usamos essa pergunta subsequente para obter um entendimento mais profundo da necessidade intangível que está por trás dela.

De novo, evite perguntar: "Por que é tão importante?" Em vez de *por que*, use "O que torna/faz...?" ou apenas "Me conte...". O motivo é que, se houver alguma dificuldade ou padrões prévios de comunicação não satisfatórios, perguntar *por que* pode parecer confrontador ou agressivo. Assistentes sociais raramente fazem perguntas com *por quê*, já que estão procurando aumentar a confiança e a conexão. Compare, por exemplo, as perguntas "Por que você não quer cancelar o clube de golfe se sabe que estamos passando por problemas financeiros?" com "O que torna o clube de golfe importante para você?" e veja qual delas tem mais probabilidade de produzir uma resposta construtiva.

Assim, o colega que pediu que você comunique seus resultados ao telefone duas vezes por semana será capaz de esclarecer o que essa sugestão representa. Será que é para ajudá-lo a se comunicar melhor com a diretoria? Ou será que é porque ele precisa se sentir mais informado e seguro sobre o que está acontecendo? Estamos tentando descobrir a necessidade intangível que está por trás da necessidade tangível que ele mencionou, para que você entenda o problema que ele está tentando resolver e possa começar a detectar soluções em potencial. Caso ele responda que precisa dos resultados para ficar informado mas você acha que duas vezes por semana não funcionaria por algum motivo em particular, agora já tem alguma ideia de qual caminho seguir. Depois de ter resumido e dado a ele a oportunidade de feedback, você poderia reconhecer a necessidade dele de se manter informado, descrever quais seriam os desafios de fazer os relatórios com a frequência sugerida, perguntar quais são as ideias dele ou propor maneiras de trabalharem em conjunto para satisfazer essa necessidade.

Outro exemplo é de uma vice-presidente de uma empresa da lista Fortune 100 em Nova York a quem foi oferecida, com um ano de casa, a responsabilidade de assumir uma unidade de negócios adicional. A promoção não incluía uma mudança de cargo, mas a função seria significativamente mais importante do que a anterior e exigiria muitas viagens para a Costa Oeste. Ela teve uma negociação longa com a empresa sobre o salário e logo obteve o máximo que eles podiam oferecer para esse cargo (o que ela confirmou com algumas pesquisas). Mas a executiva disse a eles que precisava obter mais valor do acordo, e ouviu: "Tudo bem. Atingimos o máximo em remuneração. O que ainda pode ajudar você a conseguir mais valor aqui?" A vice-presidente pensou sobre isso. A nova função, que ela desejava assumir, exigia mais viagens, ou seja, mais tempo longe do marido. Ela ficaria fora duas vezes por mês, por uma semana a cada vez. Então, perguntou se o marido poderia ir com ela uma vez por mês, com passagem de avião, hotel e despesas diárias pagas pela companhia. Esse "valor" veio de uma fonte financeira diferente do salário. Eles concordaram e o acordo foi selado.

Se você sabe que terá problemas em atender às necessidades tangíveis de alguém, uma grande estratégia para isso é descobrir as intangíveis que estão por trás e então (depois que completar as perguntas!) indagar de que outra forma você poderia ajudar nessa necessidade.

RESUMA E PEÇA FEEDBACK

Depois de fazer sua pergunta, aproveitar o silêncio e formular mais perguntas abertas, é hora de repetir o que você acabou de ouvir. Resumir garante que você ouviu a pessoa com quem estava falando e que assimilou o que ela acabou de dizer. Sem falar que ter as necessidades ouvidas pode ser incrivelmente catártico.

Um dos exercícios que minha mentora, Carol Liebman, me ensinou é uma prática de escuta na qual os alunos são divididos em grupos e ouvem uns aos outros descrevendo um conflito que estejam vivenciando. Depois de terminarem, os membros do grupo irão, entre outras coisas, resumir suas necessidades. Propus esse exercício em um treinamento recente para advogados de direito cível. Na sequência, o diretor do departamento me puxou de lado e disse: "Alex, sei que veio aqui para nos treinar em mediação, mas acabei de vivenciar algo ainda mais poderoso. Estou lidando com um conflito complicado no trabalho que está me tirando o sono. Ter alguém para realmente *ouvir* minhas necessidades e resumi-las para mim induziu um sentimento muito profundo de alívio que não me lembro de ter sentido antes. É como se tivessem colocado mais gasolina no meu tanque para voltar a trabalhar e realmente resolver o problema. Vou voltar ao escritório e fazer isso agora mesmo!" Assim, o primeiro benefício para a outra pessoa, ao ter suas necessidades ouvidas e resumidas, é que isso as faz se sentirem respeitadas e ouvidas.

Resumir do que a outra pessoa precisa pode oferecer a ela uma informação que talvez ainda não tenha assimilado. Certa vez, fiz esse resumo para Andrea, uma executiva em conflito com o irmão mais novo, Chad. Depois que Chad passou por um período financeiro muito complicado, Andrea comprou para ele um apartamento e o contratou como funcionário em sua empresa. Ela me disse que agora estava arrependida. Chad se envolvera em um relacionamento com alguém que tinha antecedentes criminais por agressão e também por transações financeiras ilegais. De repente, ele estava comprando carros pelos quais não podia pagar e falando em levar a namorada para trabalhar na empresa também. Andrea falou comigo sobre a importância de manter uma reputação perfeita para o bem do negócio e terminou dizendo:

– Eu acho que talvez precise me afastar e não o encontrar socialmente por um tempo.

– Você me disse que se arrependeu de ter levado Chad para a empresa e a sua reputação é muito importante para você. Acho que você também precisa se afastar dele no trabalho – aconselhei.

Ela assentiu.

– Não gostaria de pensar nisso, mas pensarei.

Resumir também tem efeitos poderosos em quem está ouvindo. Forçar a si mesmo a ouvir de maneira diferente aumenta o entendimento do que a pessoa disse. Muitas vezes ouvimos com metade da atenção ou através das lentes de nossas próprias experiências, mas ouvir para compreender o que a outra pessoa está dizendo, em vez de responder, ajuda a escutar de maneira diferente e melhor.

Você também tem a chance de testar sua compreensão do que

a outra pessoa disse. Se você acha que ouviu o cliente dizer que precisava de comunicação mais frequente por e-mail mas, na realidade, ele precisa ser comunicado apenas quando certas mudanças significativas ou pessoais estivessem sendo consideradas, essa é uma diferença importante. Este último passo lhe dá a chance de ter certeza de que ouviu o que a outra pessoa queria que você ouvisse.

Sempre termine um resumo pedindo feedback. O feedback permite que você saiba como se saiu. Evite "Eu entendi isso certo?", porque é como pescar com um anzol, encorajando apenas um sim ou um não como resposta. Em vez disso, deixe claro para o ouvinte que você espera e acolhe positivamente esse retorno, perguntando "Como estou indo?" ou mesmo "O que eu deixei passar?". Em seguida, dedique a ele, mais uma vez, sua total atenção e paciência.

OUÇA O QUE *NÃO* É DITO

Às vezes, quando você faz essa pergunta para alguém, ele vai relatar suas necessidades diretamente. Em outras, descobrir do que o outro precisa exige ouvir cuidadosamente nas entrelinhas, incluindo pistas não verbais. Se, por exemplo, eu resumo e pergunto "Entendi isso certo?" e a pessoa reage com um tom questionador ou relutante, fecha a cara, acena com a cabeça ou olha para baixo, esses podem ser sinas de que deixei de explorar algo. Nesses casos, normalmente digo: "Parece que deixei algo escapar; por favor, me diga como posso entender melhor."

Você acabou de perguntar sobre as necessidades de alguém. Ajudou essa pessoa a tornar essas necessidades concretas ou conectou essas necessidades tangíveis a algo maior. Resumiu o que a pessoa acabou de dizer e pediu feedback. Você também examinou a comunicação não verbal e encorajou a pessoa a ser aberta tanto quanto desejasse.

Agora vamos seguir para a próxima pergunta, na qual vou lhe mostrar um modo simples e eficaz para perguntar a alguém sobre suas emoções – como você fez consigo mesmo no Capítulo 3.

8
QUAIS SÃO SUAS PREOCUPAÇÕES?

Rahul foi até a sala do chefe para começar o que temia ser uma conversa difícil. Seis meses antes, em busca de um desafio que o levasse além dos cargos regionais que já havia assumido, ele se candidatara e fora nomeado vice-presidente da divisão internacional da empresa, assumindo a responsabilidade pelas operações. Rahul era um líder jovem e dinâmico com um estilo de gestão que inspirava a equipe de millennials. O atual presidente da divisão internacional fizera carreira nessa divisão e fora promovido quando o presidente anterior se tornara o CEO.

Assim que Rahul assumiu o novo cargo, os desafios de administrar uma divisão internacional tornaram-se prementes. Mercados internacionais estavam sentindo o impacto das flutuações que aconteciam pelo mundo, e a empresa de Rahul, veterana em um setor com concorrência cada vez mais acirrada devido à chegada de novos competidores, enfrentava dificuldades. Uma semana antes, na posição de novo vice-presidente da nova divisão, Rahul e seu chefe tiveram uma reunião tensa com a diretora financeira, Arya, que havia examinado o quadro de pessoal e questionara a existência de determinados cargos no âmbito internacional que não existiam no organograma nacional. Houve um momento de silêncio antes de Rahul dizer: "Essa é uma pergunta interessante. Vou dar uma olhada nisso."

Mais tarde, ao relembrar essa interação, ele me disse: "Naquele momento, depois de responder a Arya, vi meu chefe me olhando com uma expressão que não consegui decifrar. Inicialmente, pensei que estivesse tudo bem, mas na semana seguinte o fluxo de comunicação dele comigo foi muito menor e menos frequente do que o normal. Alguma coisa parecia fora de lugar... como se ele tivesse ficado magoado com minha resposta. Por isso, fui até o escritório dele. Eu queria perguntar o que ele estava sentindo, mas estava com medo de ser direto demais. Achei que isso poderia colocá-lo na defensiva, como se eu o estivesse chamando de emotivo. Em vez disso, eu disse: 'Pode ser impressão minha, mas acho que as coisas estão diferentes entre nós desde aquela última conversa com Arya. Eu quero entender quais são as suas preocupações.'"

O chefe se abriu. Ele disse para Rahul que seu desempenho era excelente, mas que precisava sentir que Rahul estava na equipe. O presidente era extremamente leal à equipe. Muitos membros do time haviam crescido dentro da divisão internacional, como ele (e diferentemente de Rahul). Ele esperava que Rahul o ajudasse a expressar as necessidades únicas daquela divisão para Arya ou que não falasse nada até que pudessem propor uma estratégia juntos, em vez de imediatamente considerar a ideia de cortar a equipe internacional apenas por não existirem os mesmos cargos no âmbito nacional. À medida que o presidente falava, Rahul descobriu algo mais. O presidente internacional anterior havia sido uma presença exuberante no escritório, era extrovertido, o centro das atenções. O atual, o chefe de Rahul, era um homem quieto, brilhante no manejo de dados, porém mais reservado. Ao ouvi-lo, Rahul percebeu que ele mesmo fora contratado, em parte, para preencher requisitos nos quais o presidente era menos forte – mas aquilo só funcionaria se o chefe sentisse que os dois estavam atuando em direção a um propósito comum. Caso contrário, Rahul percebeu, poderia dar a impressão de que ele queria o cargo do presidente, o que não era o caso. Ele estava aprendendo muito como vice-presidente e preferia continuar cuidando das operações em vez de assumir a responsabilidade total pela divisão.

Rahul resumiu para o chefe as preocupações que acabara de ouvir e lhe agradeceu pela sinceridade. Agradeceu também pela oportunidade de ocupar aquele cargo e expressou que estava aprendendo muito. Juntos, os dois trabalharam para explicar a Arya sobre os papéis da equipe internacional, enquanto reservadamente faziam planos de contingência para o caso de a empresa insistir nos cortes. Eles também planejaram futuras interações com Arya. As coisas melhoraram no escritório. Os dois estavam novamente na mesma equipe.

PERGUNTAR SOBRE AS PREOCUPAÇÕES DE ALGUÉM

O passo seguinte na negociação é perguntar para a pessoa sobre as preocupações dela. Escutar o que ela tem a dizer ajudará você a obter informações decisivas em qualquer negociação e tem o efeito poderoso de fazer a outra pessoa se sentir ouvida.

Formular perguntas sobre o que preocupa alguém é a melhor forma de entender e lidar com aspectos persistentes sobre você ou seus negócios que poderiam impedir um acordo de sucesso. As pessoas não costumam expor suas preocupações; preferem ficar caladas, deixando a negociação inconclusa ou delegando-a a outros. Mas, quando pergunta sobre as preocupações delas, você dá a si mesmo a melhor chance possível de alcançar o sucesso em sua negociação.

Segundo, perguntar sobre as preocupações de alguém é uma ótima forma de ter acesso às necessidades dele. Isso é especialmente útil quando você está se reunindo com uma pessoa pela primeira vez ou tentando conquistar um novo cliente. Essa pergunta ajudará a descobrir quais necessidades não estão sendo atendidas e explicar como você pode atendê-las.

E, por fim, ter acesso às preocupações das pessoas é uma grande forma de descobrir os sentimentos delas sobre a situação sem melindrá-las nem colocá-las contra a parede.

LIDANDO COM AS BARREIRAS DO ACORDO

Conhecer as possíveis preocupações de alguém sobre você ou sobre o que está propondo ajuda a eliminar quaisquer barreiras para um acordo. Faz você entender por que ainda não houve acordo com essa pessoa, ou seja, o que está impedindo uma resolução. Muitas vezes, clientes, cônjuges e colegas de trabalho não vão deixar claras as suas preocupações. Talvez estejam esperando uma permissão, uma abertura, para expor seus sentimentos. Se você não perguntar, eles não vão dizer, e talvez você não consiga chegar a um acordo. Então, é preciso encorajá-los da maneira correta.

Certa vez, conversei com líderes de uma empresa sobre uma possível palestra. Essa empresa nunca tinha levado um palestrante de fora para orientar seus funcionários nas negociações, recorrendo apenas aos próprios instrutores. Quando conversamos sobre a minha ida, falei diretamente:

– Eu sei que vocês têm uma equipe de treinamento interna. Quais são as preocupações de vocês em relação a trazer um palestrante de fora?

Eles literalmente respiraram aliviados.

– Que bom que você perguntou – disse o diretor na ligação. – Historicamente, temos algumas preocupações. Uma delas é o preço, e se poderíamos justificar as despesas adicionais para os diretores-executivos. A outra é o que isso poderia sinalizar para os funcionários. Em geral, usamos a equipe interna de treinadores, mas não queremos que eles se sintam desvalorizados ou que os funcionários entendam que algo está errado e por isso estamos contratando um palestrante de fora.

Essa informação me ajudou a estruturar uma proposta que atendesse às necessidades daquela empresa. Fiz questão de incluir todas as empresas que eu havia treinado e que também tinham uma equipe interna, assim os gestores poderiam dizer aos funcionários que a maioria das empresas agora achava importante obter alguma expertise de fora no quesito negociação. Também incluí tópicos sobre por que muitas empresas optam por contratar palestrantes de fora para orientar até os treinadores internos – esse tipo de treinamento pode ajudar qualquer um, inclusive os treinadores, a alavancar a carreira dentro das empresas. E ofereci ideias de gerenciamento explicando como eu poderia envolver os treinadores internos na minha palestra, para que também celebrássemos a expertise deles no evento. Perguntar sobre as preocupações deles me ofereceu informações valiosas que me ajudaram a fechar o acordo.

Como um bônus para ajudar a abordar barreiras a um acordo, outra razão para perguntar sobre as preocupações em relação a você ou ao que está oferecendo é que isso desenvolve uma conexão e encoraja a abertura. Mostra que você possui confiança suficiente para acolher quaisquer preocupações que possam aparecer e, ao mesmo tempo, que deseja se certificar de que o que está oferecendo é o melhor para esse acordo. Uma compradora de arte bem-sucedida me disse que construiu credibilidade ao longo dos anos mantendo-se atenta às preocupações dos clientes. Se uma obra de arte que ela tinha identificado para algum cliente não atendesse ao que ele buscava, ela o aconselhava a não comprar, embora fosse ganhar comissão pela venda. Ela pedia que as pessoas esperassem por algo que atendesse às suas necessidades de longo prazo. Ao agir assim, conquistou a lealdade vitalícia – e boas comissões em dólares.

ABORDAR NECESSIDADES NÃO ATENDIDAS

Perguntar às pessoas sobre suas preocupações ajuda a entender quaisquer necessidades que elas possuem mas não foram atendidas, ou o que não está funcionando no momento. Para garantir um novo cliente ou um acordo, é preciso saber o que não deu certo na vez anterior. Você pode perguntar: "Quais foram suas preocupações sobre seu último acordo?" Dessa forma, você entenderá melhor quais são as prioridades e as necessidades dessa pessoa e estará posicionado para atendê-lo melhor.

Elizabeth é uma corretora de seguros que orienta famílias que possuem grandes negócios ou propriedades. Um dia, ela e sua equipe reuniram-se com um potencial cliente, uma família com necessidades significativas de seguros, na esperança de fechar um acordo. A família estava com outra corretora havia algum tempo e disse que as coisas estavam "bem", mas mesmo assim eles haviam pedido essa reunião.

A equipe de Elizabeth começou apresentando a empresa e falando sobre o que podiam oferecer. A certa altura, Elizabeth, que estava observando a família e avaliando a situação, fez uma pausa na apresentação e perguntou: "Antes de prosseguirmos, quero ter certeza de que vamos atender às suas necessidades. Quais são suas preocupações a respeito da situação atual?"

A família disse que estava preocupada com a qualidade dos serviços da atual corretora. Elizabeth resumiu a resposta deles e fez a pergunta subsequente: "Vocês não têm recebido um serviço com a qualidade de que precisam. Podem nos dar mais detalhes?" A corretora atual estava trabalhando em meio período. Às vezes eles precisavam entrar em contato e não conseguiam – chegaram a esperar alguns dias por ajuda. Eles não sentiam que havia alguém cuidando deles e priorizando suas preocupações.

Corretores de seguros em geral organizam propostas parecidas com planilhas para clientes potenciais, listando várias apólices e os números de cada uma. Mas, na conclusão da reunião, Elizabeth preparou um plano de serviços que deixava claro para a família quem teria a responsabilidade principal por sua conta, incluindo o pessoal reserva caso o responsável principal estivesse fora. Depois de analisar a proposta, o porta-voz da família a procurou e disse: "Nossa, isso é diferente do que estamos acostumados a ver. Eu nunca recebi uma proposta que destacasse o serviço." A família premiou a empresa de Elizabeth com sua conta total. A pergunta de Elizabeth não apenas a ajudou a fechar o negócio, mas também a conquistar a confiança da família. Quando Elizabeth mudou de empresa alguns anos depois, a família a procurou e disse: "Vamos com você."

CHEGAR À ORIGEM DOS SENTIMENTOS DE ALGUÉM

"Quais são suas preocupações?" é uma forma eficaz de perguntar sobre os sentimentos de alguém sem usar a palavra em si. Sabemos quão decisivos os sentimentos são para desbloquear conflitos e alcançar acordos. Mas muitos de nós temos reações fortes à palavra "sentimento", seja no trabalho, seja nos relacionamentos. Pode ser difícil perguntar para um colega de trabalho, alguém que você não conhece bem ou com quem tenha conflitos, o que ele está sentindo, sem provocar uma atitude defensiva. Em uma negociação, muitas pessoas não estão preparadas para confrontar as próprias emoções quando outra pessoa traz isso para a conversa. E, para piorar as coisas, com frequência o que acontece é uma versão mais fechada da pergunta sobre sentimentos, algo como: "Você está chateado comigo?" Na melhor das hipóteses, essa pergunta fechada extrai informações limitadas e, muitas vezes, inflama a conversa. Quando pergunta a alguém sobre suas preocupações, você oferece um sinal aberto e seguro para que ele fale sobre seus sentimentos.

Analisemos a história de Rahul, contada no começo deste capítulo. Ele sentia que algo estava errado no relacionamento com o chefe. Poderia apenas ter traçado um plano com ele para resolver a questão levantada por Arya, mas isso não resolveria a verdadeira preocupação: o presidente queria sentir que seu vice vestia a camisa da equipe. O fato de Rahul ter perguntado sobre as suas preocupações abriu caminho para que eles resolvessem o problema na raiz, em vez de insistir em soluções possíveis para um problema desconhecido. Ao tratar essa preocupação subjacente, eles resolveram o relacionamento de trabalho, além de desenvolverem um plano para conversarem com a diretora financeira.

A personal trainer Autumn Calabrese me contou uma história sobre como a prática de abordar as preocupações do cliente a ajudou a negociar e a fazer progressos. Autumn trabalha com um pequeno número de clientes famosos, definindo uma rotina de exercícios e de alimentação para emagrecer. Um dos seus clientes era um homem bem-sucedido e acima do peso, de 30 e poucos anos, que estava buscando se exercitar e se alimentar de forma mais saudável. Autumn disse: "Um dia estávamos praticando exercícios e algo importante aconteceu. Por ele estar bem acima do peso, com mais de 180 quilos, era difícil se exercitar.

Até aquele momento, nossa prática era bem geral, mas naquele dia pedi que fizesse um movimento específico, e foi então que percebi: a raiva emanava dele. Quanto mais repetíamos o movimento, mais bravo e frustrado consigo mesmo ele ficava – e quanto mais bravo e frustrado se sentia, menos conseguia fazer o movimento do jeito certo. Aquilo podia provocar uma lesão, então tivemos que parar. Eu perguntei: 'O que está acontecendo? O que está preocupando você?' Ele respondeu: 'Estou bravo porque não consigo fazer direito.' Eu disse: 'Não acho que esse seja o motivo.' Então nos sentamos. Por um momento ele retrucou: 'Esquece, não vou fazer isso', mas repliquei: 'Você não vai desistir do treino. Sente-se. Me conte o que o está preocupando.' E a resposta surpreendeu a nós dois. Ele tinha perdido os pais quando era muito jovem e foi criado pelo avô. Quando tinha 10 anos, foi de manhã até o quarto para se aprontar para a escola e encontrou o avô morto. Por causa disso, passou um ano em um lar adotivo temporário, onde viveu situações traumáticas. Havia muitas crianças na casa, e os pais adotivos trancavam a geladeira à noite, de modo que as crianças só podiam comer em horários determinados."

Esse homem desenvolveu um relacionamento ruim com a comida como resultado daquela situação traumática. Anos mais tarde, naquela sessão de exercícios físicos, toda a tristeza com a perda do avô, as emoções de ter ido para um lar adotivo e o abuso em torno da comida que ele sufocara durante todos aqueles anos transbordou. Autumn acrescentou: "Assim que ele terminou seu desabafo, nós voltamos ao treino, porque tínhamos chegado à causa-raiz. Perguntar sobre as preocupações dele fez com que descobríssemos que o problema não eram os pulmões ou os pesos – havia algo muito maior sob a superfície. Aquela conversa nos ajudou a retomar o caminho certo em direção aos nossos objetivos."

Autumn usou essa pergunta aberta para ajudá-la a negociar o relacionamento com seu cliente e assim continuar a trabalhar rumo a um futuro mais saudável.

COMO FAZER A PERGUNTA

No restante deste capítulo, vamos discutir como perguntar a alguém sobre suas preocupações de maneira eficaz. Vou lhe dar dicas para preparar o ambiente e lidar com algumas reações possíveis a essa pergunta. Também o ajudarei a analisar o que fazer quando você resumiu corretamente como alguém está se sentindo, mas seu interlocutor ainda não está preparado para ouvir isso de você. E oferecerei estratégias para lidar com o feedback de outra pessoa, uma vez que você resumiu a resposta dela.

ATERRISSE O AVIÃO

Essa pergunta é aquela que pode deixá-lo nervoso na hora de aterrissar o avião. Perguntar a alguém sobre suas preocupações encoraja a pessoa a falar sobre coisas com que talvez você não concorde ou das quais não goste – ou algo para o qual talvez não se sinta totalmente preparado. Mas anime-se! Primeiro: a preocupação pode não ser com você, mas com outra coisa ou outra pessoa. Não seria ótimo saber? Segundo, se ela tem preocupações, é muito melhor saber do que ignorar. Isso dá a você a chance de abordá-las e fechar o acordo, em vez de deixá-las se agravarem e atrapalharem a negociação. Não tente adivinhar a preocupação de alguém ou fechar a conversa. Faça a pergunta e aterrisse o avião. E você nem precisa aparecer com uma resposta a essas preocupações imediatamente. Seguindo estes passos, você terá tempo de reunir informações e formular planos.

APROVEITE O SILÊNCIO

Depois de fazer a pergunta, você vai aproveitar (ou ao menos permitir que se instale) um possível silêncio. Essa pergunta em particular pode demandar algum tempo extra para ser respondida. Não tente preencher o que pode parecer um período de silêncio – porque esse silêncio não está morto, e sim cheio de grandes possibilidades. O que surgir do outro lado do silêncio pode mudar tudo o que você sabe sobre a negociação e a outra pessoa.

AS PERGUNTAS SUBSEQUENTES

Quando você pergunta para alguém quais são suas preocupações, pode descobrir sentimentos ou necessidades não atendidas que a outra pessoa nunca expressou a ninguém antes. Por exemplo, quando Elizabeth fez essa pergunta para o provável cliente, eles disseram que precisavam de um serviço mais eficiente. Uma das melhores maneiras de saber mais sobre essas necessidades é resumir a resposta ouvida e em seguida perguntar, como ela fez: "Pode me contar mais sobre isso?" Dessa forma, você ajudará o outro (e a si mesmo) a tornar essas necessidades concretas para abordá-las na negociação. Elizabeth descobriu que um serviço mais eficiente consistia em ter alguém que sempre retornasse a ligação caso eles tivessem uma necessidade.

RESUMA E PEÇA FEEDBACK

Novamente, resuma o que ouviu quando fez a pergunta. Ao repetir o que acabou de escutar e oferecer à outra pessoa uma oportunidade de contribuir, você também a ajuda (e a si mesmo) a ouvir o que ela disse e a fazer correções ou os acréscimos que quiser. Enfim, resumir também ajuda o outro a perceber que suas preocupações foram tão importantes que você até reservou um tempo para compreendê-las.

OUÇA O QUE *NÃO* É DITO

Pedi que prestasse atenção na linguagem não verbal das perguntas Janela, mas, quando você pergunta sobre as preocupações, é imprescindível ficar atento ao que não está sendo dito. Às vezes, isso significa ler nas entrelinhas do que as pessoas estão dizendo sobre as próprias preocupações para descobrir o que de verdade as incomoda. Prestar atenção na comunicação não verbal é *decisivo* quando você pergunta sobre as preocupações de alguém. As pessoas costumam censurar as próprias preocupações na negociação, a menos que sejam encorajadas – às vezes, repetidamente – a compartilhá-las. Não sei dizer o número de vezes que perguntei se uma proposta funcionaria e meus interlocutores responderam sim, *enquanto a cabeça deles sinalizava um não!* Nikhil Seth, das Nações Unidas, me contou que indagar sobre preocupações é muito importante em negociações diplomáticas e que a resposta a essa pergunta pode não ser enunciada verbalmente. "Você tem que interpretar a linguagem emotiva da pessoa – pode não ser verbal, mas às vezes pode ser o que eu chamo de 'olhos do corpo' – para ver como ela de fato se sente sobre determinada questão."

Fique bastante atento também às pequenas dicas verbais que informam que talvez a pessoa esteja ocultando alguma preocupação ou experimentando algo que está relutante em compartilhar. Quando isso acontece, eu reajo (1) observando a comunicação verbal e não verbal que estou vendo; (2) declarando meu respeito por essa pessoa e pelo ponto de vista dela; e (3) perguntando de novo. Como mediadora, já perguntei muitas vezes quais são as preocupações das pessoas sobre determinados acordos. Se elas dão de ombros, olham para baixo e dizem: "Sim, tudo bem", esse "tudo bem" significa "mais ou menos" e o dar de ombros indica resignação. Eu poderia responder: "Suas palavras estão me dizendo que estamos bem, mas seu rosto está transmitindo algo totalmente diferente. Você é quem toma as decisões aqui, não eu, então, se tem preocupações, quero entendê-las. O que deixei passar?" Elas admiram isso e acrescentam o que não percebi da primeira vez.

Até entes queridos, sejam da família ou de relacionamentos próximos, podem ocultar e não compartilhar suas preocupações, por medo ou vergonha. Meu irmão e minha cunhada tiveram uma menina. Em nossa primeira grande reunião de família depois do nascimento dessa sobrinha, notei que minha filha, que durante muitos anos foi a única criança da nossa grande família, estava magoada com a mudança de atenção de todos. Durante um momento de silêncio, perguntei a ela o que estava sentindo, e ela disse:

– Nada, mãe! Está tudo bem. Só estou cansada da viagem.

Tentei de novo:

– Eu sei que está me dizendo que está tudo bem, mas seu rosto parece um pouco triste. Se tem alguma coisa incomodando você, mesmo que seja só um pouquinho, pode me falar.

Desta vez, ela buscou um abraço e me disse que amava a priminha, porém sentia que talvez não tivesse mais tanta importância para os adultos em nossa família. Tivemos uma conversa significativa na qual pude compartilhar que, como filha mais velha, eu também precisei me acostumar com o sentimento de ser deixada para trás quando meus irmãos nasceram. Ouvir o que ela não quis dizer e encorajá-la a se abrir comigo ajudou a preparar o caminho para nos comunicarmos.

E se você fizer essa pergunta a alguém e encontrar resistência? Digamos que, ao ouvir "O que preocupa você?", uma pessoa se recoste na cadeira, cruze os braços e diga: "Não sei do que você está falando." É um sinal de que talvez esteja na defensiva ou com medo de que você esteja tentando colocá-la contra a parede. (Note que a pessoa também pode estar sentindo medo e culpa.) Caso isso aconteça, tente o seguinte: lembra-se da pergunta Espelho sobre sentimentos, quando contei uma história sobre mim antes de lhe pedir para retribuir um favor? Você vai fazer o mesmo aqui, como Rahul quando revelou as próprias preocupações antes de pedir ao chefe que fizesse o mesmo. Como exemplo, eu poderia responder com: "Sinto que essa pergunta não foi interpretada do jeito que eu pretendia. Deixe-me tentar de novo: na última semana, fiquei preocupada com o jeito como as coisas estavam indo entre nós. Fiquei pensando que algo tinha dado errado e eu não sabia o que era. E valorizo muito o que você tem a dizer. Estou aqui para ouvir qualquer coisa que esteja preocupando você." É provável que, respeitando a hesitação inicial do seu interlocutor e demonstrando um pouco de humanidade, você tenha mais sucesso na segunda tentativa.

Se fizer isso e a pessoa ainda insistir que não tem preocupações, eu deixaria o assunto de lado por ora. Talvez ela não esteja pronta para lhe dizer isso. Trabalhe para continuar estabelecendo uma conexão. Você pode começar uma conversa informal ou seguir para as duas próximas perguntas, que devem provocar mais sentimentos positivos, e tentar de novo mais tarde, caso o momento pareça adequado.

CONCLUSÃO

Você perguntou quais são as preocupações do seu interlocutor e compreendeu melhor de onde elas vêm. Agora, vamos seguir para a próxima pergunta, na qual você analisará um sucesso anterior para preparar o caminho para o sucesso da negociação atual no capítulo final e além.

9
COMO VOCÊ LIDOU COM ISSO DE MANEIRA BEM-SUCEDIDA NO PASSADO?

Rachel e Nick, que tinham se formado na faculdade havia cinco anos e namoravam fazia dois, decidiram morar juntos seis meses atrás. No começo do relacionamento, eles passavam muito tempo ao ar livre, fazendo caminhadas nos fins de semana, e na cozinha, preparando refeições juntos. Nenhum dos dois havia se sentido tão feliz antes. Eles tinham muitas semelhanças e pontos de vista comuns sobre o que era importante na vida. Estava claro para ambos que o relacionamento iria evoluir para o casamento.

Rachel é relações-públicas e tem um trabalho que exige muito dela, ao passo que Nick trabalha como designer gráfico freelancer e tem horários bastante regulares. Antes do emprego atual, Rachel passou três anos como gerente de relações públicas em uma consagrada empresa de produtos de beleza, com horários regulares, mas aparentemente sem plano de carreira. Então ofereceram a ela uma oportunidade de trabalhar em uma marca de cosméticos emergente, com uma promoção para gerente sênior de relações públicas. Rachel estava empolgada para atuar em uma nova empresa e representar produtos que realmente usaria, mas o novo emprego logo ocupou grande parte de sua vida. A empresa se expandiu rapidamente, o que acarretou todos os problemas decorrentes que se pode imaginar, entre eles alta rotatividade de funcionários e mudanças na estratégia de negócios. E, ainda por cima, quando ela tinha apenas duas semanas no emprego, o gerente de Rachel deixou a empresa e ela teve que assumir responsabilidades extras enquanto procuravam alguém para substituí-lo. Se antes ela nunca viajava a trabalho, agora passava quase uma semana fora todos os meses. Mas as mudanças culturais foram o que mais impactou Rachel. Ela não só ficava mais horas no escritório durante a semana, como suas noites e fins de semana também eram consumidos por mensagens, ligações e pedidos para "apagar incêndios". A CEO da empresa tinha uma personalidade excêntrica, exigia respostas imediatas, às vezes se contradizia e ocasionalmente gritava. Rachel vivia estressada. Mesmo quando as mensagens pareciam ter se encerrado naquela noite, Rachel temia deixar passar alguma coisa, então continuava a olhar o celular enquanto ela e Nick assistiam à televisão.

Nick foi ficando cada vez mais ressentido com a falta de tempo livre de Rachel, sempre revirando os olhos e fazendo comentários sarcásticos sobre o trabalho dela. Os dois começaram a se sentir desconectados. As atividades de fim de semana diminuíram e quase acabaram. Na última vez em que foram caminhar, estavam em uma área sem cobertura de celular, e Rachel passou grande parte do tempo tensa, achando que podia estar perdendo alguma mensagem importante de trabalho. Eles voltaram para casa em silêncio.

Por fim, Nick e Rachel se sentaram para conversar sobre o que estava acontecendo. Nick sentia que Rachel priorizava o emprego acima do relacionamento deles. Rachel disse para Nick que se sentia frustrada com o sarcasmo dele e também impotente, como se ele a estivesse culpando por algo que ela não podia controlar. O ambiente de trabalho era de muita pressão e implacável. Rachel também precisava desesperadamente de mais equilíbrio em sua vida. Então Nick indagou:

– Eu sei que você é muito diferente de mim. Eu preciso de muito tempo livre e você sempre gostou de trabalhar pesado. Como você administrava sua vida nos empregos anteriores?

Rachel pensou e contou a Nick sobre seu primeiro ano depois de formada, quando ela trabalhou na campanha presidencial como uma das coordenadoras em seu estado. As horas eram intensas e as exigências do trabalho pareciam intermináveis. Naquela época ela também estava em um relacionamento e lutava para arranjar tempo para se conectar. No entanto, uma vez que ela se adaptou e desenvolveu credibilidade com a equipe, encontrou meios de estipular limites para alguns fins de semana e algumas noites durante os dias úteis. Fez isso olhando de antemão quando prazos ou eventos importantes para angariar fundos iriam acontecer, e então encontrando outros momentos que pareciam ser mais calmos. Ela preparou os estagiários para que pudessem substituí-la às vezes. Dessa forma, comunicava com antecedência quando precisava de uma folga e arranjava quem cobri-la. Agora que estava pensando nisso, Rachel lembrou que havia negociado um período todos os dias em que pudesse correr ou ir para a academia e não ser chamada, exceto em emergências reais – e isso tinha melhorado muito seu humor e até seu desempenho. Ela percebeu que não saía para correr havia semanas.

Ao desabafar, Rachel começou a pensar alto sobre como poderia colocar essa estratégia em prática no emprego atual, agora que já estava lá havia um ano. Sim, às vezes ela precisaria trabalhar nos fins de semana. Mas não *todos*. Por mais caóticas que as coisas parecessem às vezes, ela começava a ver um ritmo nisso – como momentos entre os eventos ou reuniões de investidores nas quais as pausas poderiam ser possíveis. Além disso, agora ela era gerente sênior, além de uma ótima chefe, alguém que compartilhava informações e estratégias com a equipe. Ela tinha uma gerente de relações públicas talentosa que vivia solicitando mais responsabilidades. Com um pouco de treinamento, essa gerente poderia cobrir Rachel às vezes.

Todas essas ideias ajudaram Rachel a se sentir melhor sobre sua situação atual e seu relacionamento com Nick. No entanto, ela também percebeu, no processo de detalhar esse sucesso anterior, que foi capaz de superar as exigências da campanha presidencial, em parte, porque sabia que tinha um limite de tempo e um chefe que a apoiava. O emprego atual não tinha um prazo para terminar, e sua chefe nem sempre se comunicava de maneira respeitosa ou consistente. Embora Rachel quisesse trabalhar pesado e avançar na carreira, precisava de um tempo para sua saúde, bem como para as pessoas importantes em sua vida. Relembrar o que tornou sustentável o emprego anterior na campanha permitiu que Rachel considerasse se o atual trabalho seria uma boa escolha para ela no longo prazo.

Rachel e Nick saíram dessa conversa com um plano. Ela negociaria para ter as manhãs de sábado e domingo livres, a menos que houvesse uma emergência. Duas noites por semana ela desligaria o telefone depois das sete horas da noite, assim eles poderiam jantar e conversar. Nick, por sua vez, prometeu demonstrar mais apoio pelo que Rachel estava passando no trabalho, ou seja, se ela dissesse que havia uma emergência, ele se mostraria empático, em vez de reclamar e revirar os olhos. Enquanto isso, Rachel começaria a procurar um novo emprego, com calma, permanecendo aberta à possibilidade de ficar e continuar negociando o que ela precisava ou encontrando outro cargo desafiador em uma empresa que tivesse uma cultura respeitosa e saudável. No fim de semana seguinte, eles fizeram uma caminhada no sábado e sentiram que podiam respirar tranquilos pela primeira vez em meses.

PERGUNTAR SOBRE UM SUCESSO ANTERIOR

Neste capítulo, novamente viajamos no tempo para ajudar a outra pessoa a se lembrar de como lidou, de maneira bem-sucedida, com desafios semelhantes aos que ela – e você – enfrenta agora.

Sabemos, pela seção Espelho, que perguntar a si mesmo sobre um sucesso anterior produz todo tipo de benefícios úteis. Aciona o banco de experiências da nossa memória para nos permitir expandir as opções em potencial na situação atual. Além disso, a memória influencia o modo como tomamos decisões e afeta como nos sentimos sobre o caminho diante de nós. Pode desencadear a sensação de motivação e capacidade, e nos ajuda a resolver o próximo problema.

Ao fazer essa pergunta para alguém, você abrirá uma janela e, assim, poderá expandir a sua visão dessa pessoa e saber mais sobre o que a fez ter sucesso no passado. Pode funcionar para ela – e você – de novo no futuro.

Além disso, ao perguntar sobre um sucesso anterior, você ancora a pessoa no positivo, habilitando sentimentos que, segundo pesquisas, melhoram a maneira de lidar com as interações interpessoais seguintes – com você! Neste capítulo, vou oferecer estratégias para despertar no outro uma mentalidade de sucesso para que possa acessar sua sabedoria interior e gerar ideias que vão ajudá-lo a avançar. E se ele não se lembrar de um sucesso anterior semelhante, vou ensinar você a fazer perguntas para encontrarem um tipo diferente de sucesso no passado. Dessa forma, vocês vão trabalhar ombro a ombro para encontrar semelhanças com a situação atual. Juntos, terminarão de ler este capítulo capacitados e prontos para encararem o que vem a seguir.

RECORDAR UM SUCESSO ANTERIOR AJUDA AS PESSOAS A DEFINIREM SEUS PROBLEMAS E ACESSAREM SOLUÇÕES EM POTENCIAL

Quando você faz essa pergunta a alguém, permite que relembre e reveja, em detalhes se possível, as técnicas e estratégias que funcionaram para a pessoa no passado. Ao lembrar-lhe o que funcionou no passado, posiciona-se melhor para descobrirem quais dessas estratégias funcionarão para vocês dois na negociação.

Lembre-se de que, ao perguntar "Como você lidou com isso de maneira bem-sucedida no passado?", primeiro precisa entender o que "isso" significa. "Isso" é o problema ou o objetivo da primeira pergunta Janela: "Me conte". O que significa que temos que voltar a essa resposta para termos certeza de que definimos precisamente o problema ou o objetivo. No exemplo que abriu este capítulo, Rachel e Nick apoiaram as necessidades de Rachel em trabalhar pesado e também desejaram ajustar o relacionamento deles. Juntos, eles definiram o problema assim: "Como podemos honrar as ambições de carreira de Rachel enquanto também encontramos espaço para nutrir o nosso relacionamento?"

Uma vez que já sabe em qual objetivo está trabalhando ou o problema que está resolvendo, recordar um sucesso anterior relacionado ajuda você e a outra pessoa a se lembrarem de estratégias concretas que podem ajudar novamente na negociação atual. Em muitas situações, essas perguntas contribuem para refinar a compreensão do problema que você quer resolver e dá ideias de como solucioná-lo.

Vamos voltar a Smith e Rosa, o pedreiro e a proprietária que trabalharam juntos de maneira bem-sucedida em muitos projetos de reformas até sua colaboração mais recente, que degringolou e acabou em litígio. Imagine que os dois se sentam para negociar e o mediador pergunta:

– Tudo bem, vocês me disseram que a parceria que tinham era ótima até o último trabalho. Como vocês lidaram com os trabalhos anteriores de maneira bem-sucedida?

A proprietária diz:

– Bem, aqueles eram trabalhos menores, e eu também tinha mais tempo para me comunicar com ele sobre as escolhas do projeto. Desta vez, eu tinha muitas coisas para fazer, e ele acabou escolhendo aqueles armários horrorosos.

O pedreiro disse:

– Normalmente temos um contrato escrito, e ela sempre me pagava um adiantamento de 25%. Desta vez, como já tínhamos feito muitos trabalhos juntos, apenas apertamos as mãos. Mas ela nunca depositou o dinheiro. Eu sei que ela estava mandando o filho para a faculdade, mas como isso justifica esquecer completamente o pagamento?

Perguntar sobre um sucesso anterior nos deu muitas informações, tanto para diagnosticar o que aconteceu quanto para ajudar essas duas pessoas a descobrirem como poderiam retomar a parceria no futuro. Os dois empreendedores foram vítimas de seus próprios sucessos passados. Nada a ver com um terrível conflito de personalidades. Sabemos agora que resultou de (1) eles confiavam um no outro a ponto de não fazerem um contrato, o que acabou dando errado; (2) estavam trabalhando em algo maior que tudo o que haviam feito antes; (3) não conseguiam se comunicar sobre as escolhas do projeto por causa de compromissos externos; e (4) não seguiram o plano de costume quando se tratava de pagamento. Simplesmente ao considerar o que os fez ter sucesso no passado, descobrimos que escrever um contrato com data de pagamento e reservar um tempo para falar sobre as escolhas do projeto parecia ser a fórmula do sucesso para eles.

RECORDAR UM SUCESSO ANTERIOR FUNCIONA COMO UMA FORMA DE SENTIR-SE PODEROSO

O segundo motivo para perguntar sobre um sucesso anterior é que isso ajuda a outra pessoa a reunir a confiança e a motivação necessárias para resolver o problema que vocês dois estão encarando. Lembrar esse sentimento de poder ou confiança pode ajudar muito em uma negociação.

As pesquisas mostram o valor do que o professor Adam Galinsky, da Columbia Business School, e seus coautores chamam de "persuasão de poder", ou o ato de "nos persuadirmos a nos sentirmos mais ou menos poderosos do que normalmente". Centenas de estudos mostraram que apenas recordar-se de uma época anterior na qual se teve poder é suficiente para produzir os mesmos efeitos de ter de fato poder na situação atual. A persuasão de poder é especialmente útil quando enfrentamos experiências desafiadoras ou estressantes, como nas negociações.

Recordar um sucesso anterior age como uma persuasão de poder. Você mesmo a usou no Capítulo 4 e aqui vai retomar essa pergunta para obter um efeito semelhante com outra pessoa. Você a lembrará de uma época em que as coisas funcionaram bem para ela e assim contextualizará essa negociação atual. Olhar sucessos anteriores ajudará a ver a si mesmo e à situação presente de maneira mais positiva, o que pode atrair soluções mais vantajosas para ambos.

PERGUNTAR PARA UM ADVERSÁRIO SOBRE UM SUCESSO ANTERIOR?

Quando ensino essa pergunta em workshops, às vezes as pessoas me questionam: você quer mesmo perguntar ao seu adversário sobre um sucesso anterior? E se vocês dois precisarem extrair o máximo possível da negociação?

Primeiro, lembre-se de que seu adversário durante uma negociação com frequência será seu parceiro depois que o acordo for feito. Você está pedindo para seu chefe um aumento na remuneração? Está negociando um bom preço e espaço na prateleira para seu produto em uma grande rede de lojas? Está tentando fazer com que outro país concorde com os termos de uma resolução conjunta? Defendendo que seu cliente atualize seu pacote de serviços para outro que melhor atenda o trabalho que eles precisam que você faça? Muitas dessas situações exigem que você resolva o problema com a outra pessoa ou que volte a trabalhar com ela depois que essa conversa estiver concluída. Perguntar como lidou com situações semelhantes no passado com sucesso expande o conjunto de opções, e assim você poderá defender melhor aquelas que fazem mais sentido para você.

E não é porque você está pedindo ideias que terá que adotar todas elas. Lembre-se: você já fez o trabalho de compreender seus próprios objetivos, necessidades e ideias. Então, uma vez que ouvir as ideias do seu interlocutor, será capaz de avaliá-las contra o pano de fundo de tudo o que descobriu na seção Espelho. Toda essa questão expande um universo de opções disponíveis que também atendem às suas necessidades. E se ela desperta algo que não está funcionando para você, será capaz de expressar exatamente o porquê e oferecer alternativas.

Mesmo que a pessoa com quem você estiver negociando não seja alguém com quem você terá um relacionamento contínuo, já vi essa pergunta produzir grandes resultados. Se você está negociando um emprego em potencial, por exemplo, e tiver um desentendimento com o provável gerente de contratação sobre o salário, perguntar como eles resolveram de maneira bem-sucedida no passado uma preocupação como a de agora talvez dê a você informações úteis. Pode ser que eles acabem não oferecendo um salário suficiente para exercer a função desejada, mas se fornecerem um orçamento extra para treinamento e desenvolvimento pessoal e isso lhe parecer interessante, na sua próxima entrevista de emprego você poderá perguntar o que eles podem oferecer nesse quesito.

Por fim, perguntar para um adversário sobre um sucesso anterior também tem o benefício de estabelecer uma conexão. Ao tratar a outra pessoa como um parceiro na negociação, você aumenta as chances de ela querer fazer algo benéfico para você também.

SUA VEZ NA JANELA: PERGUNTE SOBRE UM SUCESSO ANTERIOR

Agora que você sabe *por que* essa pergunta é tão benéfica, é hora de nos voltarmos para o *como*: conforme fizemos na seção Espelho, vamos perguntar sobre um sucesso anterior. Desta vez, faremos isso através da Janela, assim teremos uma visão melhor da outra pessoa e do que ela está pensando.

ATERRISSE O AVIÃO

Depois de perguntar sobre um sucesso anterior, aterrisse o avião. E lembre-se: isso significa que você faz a pergunta e... pronto. Alguns exemplos do que queremos evitar: "Como você lidou com isso de maneira bem-sucedida no passado?... Me conte das reuniões de vendas do ano passado" ou "Da minha perspectiva, você teve bastante sucesso em...".

APROVEITE O SILÊNCIO

Uma vez feita a pergunta, dê espaço para o silêncio que pode se seguir. Permita que a pessoa tenha um tempo para examinar seu arquivo mental de situações anteriores e surja com um sucesso com o qual ela se identifique. Caso ela peça ajuda, vá para as perguntas subsequentes.

AS PERGUNTAS SUBSEQUENTES

Você quer prosseguir de uma forma que ajude ambos a obter mais dessa pergunta. Depois de questionar sobre um sucesso anterior, vai querer fazer para a outra pessoa o que já fez por si mesmo, ao permitir que ela descreva o mais detalhadamente possível como foi um sucesso anterior e como se sentiu. Lembra-se de que pedi que você fechasse os olhos e descrevesse seu sucesso anterior com o maior detalhamento possível – como ele parecia, soava e que gosto tinha? Qual era sua postura e onde estava? Também pedi que você se lembrasse da época que levou a esse momento: sua preparação, seus pensamentos, suas tarefas e sua emoção.

Você fez isso porque são informações úteis – lembrar-se de tudo que levou a um sucesso anterior ajuda você a se preparar para repeti-lo. Além disso, quando você se recorda de um sucesso anterior, pesquisas mostram que é mais provável que tenha um desempenho superior na sua negociação seguinte. Quando pergunto para as pessoas sobre um sucesso anterior, tento ajudá-las a recordar esse sucesso nos detalhes mais vívidos possíveis, e você também vai fazer isso para outra pessoa. Como? Usando duas habilidades-chave que você já vem praticando: as perguntas subsequentes e o resumo.

Reveja as anotações sobre o que a pessoa falou para você em relação a um sucesso anterior. Pergunte sobre cada uma delas usando o "Me conte mais...", por exemplo: "Obrigado por todas essas informações úteis. Pode me contar mais sobre o orçamento de treinamento e desenvolvimento pessoal?" Ou: "Smith e Rosa, podem me contar mais sobre os contratos bem-sucedidos que prepararam no passado?" E então resuma: "Parece que você se empenhou por esse orçamento para treinamentos e ficou muito satisfeito por ter conseguido. A maioria dos seus concorrentes não tem isso, e você mostra que é bem-sucedido em reter e desenvolver grandes talentos." Ou ainda: "Parece que vocês especificavam claramente valores de pagamentos e datas, assim como conversavam sobre as escolhas de design."

Perguntas subsequentes se a pessoa não conseguir se lembrar de um sucesso semelhante

Se a outra pessoa disser algo como "Esta é a primeira vez que enfrento esse tipo de problema", lembre-se de que você ainda pode ajudar pedindo que ela se recorde de algum sucesso anterior que tenha qualquer elemento similar à situação atual que estão discutindo. Assim você a ajuda a lançar uma rede mais ampla e a relembrar um sucesso anterior que talvez ofereça dados úteis para a solução do problema em questão.

Vamos analisar alguns exemplos para observar como relembrar um sucesso diferente, porém relacionado, pode ajudá-lo em sua negociação. Você está trabalhando com seu chefe em um problema no qual um cliente, que inicialmente parecia satisfeito, passou a questionar todo o projeto quando ele estava quase finalizado. É a primeira vez que isso acontece, mas você poderia perguntar se seu chefe já teve um sucesso de última hora em colocar de volta nos trilhos outro tipo de relação de trabalho – com um colega, por exemplo. Talvez nesse caso tenha usado técnicas que possam funcionar na situação com o atual cliente.

Ou imagine que Smith e Rosa, o pedreiro e a proprietária, nunca tivessem trabalhado juntos. Você poderia pedir que se lembrassem de um sucesso diferente, porém relacionado. Talvez dizer para o pedreiro: "Você falou que nunca trabalhou com essa proprietária. Como lidou com os contratos de seus clientes de maneira bem-sucedida?" E para a proprietária: "Você disse que faltava comunicação em relação ao design aqui. Como você lidou com isso de maneira bem-sucedida com outros pedreiros?"

De modo semelhante, se seu cônjuge está preocupado porque vocês têm um problema de planejamento financeiro e é a primeira vez que enfrentam essa situação, você poderia perguntar: "Como você sente que lidamos de maneira bem-sucedida com outras questões entre nós no passado?" Esse tipo de pergunta ajudará a ver além do fracasso recente e específico que aflige vocês dois e abrirá novas fontes de informações úteis. E, de novo, faça a pergunta seguinte sobre como ele está se sentindo: "Como você se sente quando conseguimos superar o problema e ficamos próximos de novo?" Isso ajudará a ancorar a pessoa em sentimentos positivos, o que, por sua vez, desbloqueará sua criatividade para resolver o problema novo e diferente.

E se a pessoa com quem você está negociando não conseguir recordar um sucesso? Como fez consigo mesmo, pergunte sobre qualquer área em que ela se sentiu bem-sucedida. Uma coach de carreira me contou certa vez a história de um cliente que estava tendo grande dificuldade em definir seus objetivos para o trabalho que vinham desenvolvendo juntos. O cliente, que já estava fora do mercado havia um tempo e pretendia voltar, continuava dando ideias sem entusiasmo (e com frequência conflitantes) e depois as derrubando. Assim, não estavam fazendo muito progresso no trabalho conjunto. O cliente tinha problemas até para atualizar o currículo ou comparecer a um evento de networking. Quando a coach perguntou a ele como havia tomado decisões de carreira bem-sucedidas no passado, o cliente ficou paralisado e confessou que não tinha nenhum sucesso para comentar. Basicamente, ele tinha terminado a faculdade, tentado algumas coisas por um breve período e depois dado um tempo para cuidar dos filhos.

A coach mudou a estratégia e disse:

– Não se preocupe. É por isso que estamos trabalhando juntos, vou ajudar você a dar o pontapé inicial. Em que outra área de sua vida você se sentiu mais bem-sucedido?

O cliente respondeu de maneira tímida:

– Bom, houve uma época em que perdi 31 quilos... Foi quando descobri que estava ficando pré-diabético e decidi fazer uma grande mudança de vida.

A coach refletiu sobre essa conquista incrível e fez mais perguntas sobre as ações que ele havia tomado para ser bem-sucedido naquilo. Ela observava enquanto a confiança do cliente aumentava. Devagar, os dois começaram a fazer progresso no currículo e nos objetivos de carreira. Esse sucesso anterior, embora não relacionado com a carreira, teve o poder de ajudar a negociação desse cliente em direção a seus objetivos.

RESUMA E PEÇA FEEDBACK

Não é surpresa que a maioria das pessoas adora ouvir sobre seus próprios sucessos, então, quando faço o resumo das respostas delas, gosto de mostrar que ouvi todos os detalhes. Vamos analisar a situação em que seu chefe está enfrentando um grande problema de última hora com um cliente. Você não tem um exemplo anterior de cliente para analisar, mas seu chefe lhe contou sobre uma situação interna em que atuou sob pressão de tempo. Seu resumo poderia ser algo como: "Nossa! Eu não tinha ideia de que você tinha lidado com tal problema com os funcionários X e Y. Acho que é por isso que você teve sucesso em resolvê-lo: ninguém por aqui sabia. Então, para recapitular, não era um problema com o cliente, mas entre dois executivos sobre quem teria quais responsabilidades com quais contas. E surgiu de última hora. Parece que você solucionou a questão quando os colocou frente a frente, assim conseguiu acabar com os desentendimentos que aconteciam por e-mail. E uma vez que estavam cara a cara, você os ajudou a focar nos objetivos comuns, ou seja, fazer o melhor trabalho possível para esse cliente, enquanto também avançavam em suas carreiras. Você ouviu as preocupações deles, assim se sentiram confiantes por terem sido ouvidos. E pediu ideias. Em última análise, essa conversa ajudou cada um a se sentir bem sobre qual papel podia desempenhar na conta, e você foi capaz de preservar a divisão original do trabalho."

Dessa forma, você será capaz de ajudar seu chefe a se sentir melhor sobre o trabalho dele em relação ao problema – além disso, destacou todas as ações específicas que ele tomou para fazer daquela situação um sucesso. E mencionar essas ações vai ajudar você a passar para a próxima e última pergunta – aquela na qual você está olhando para o futuro e tentando resolver o problema do cliente.

Conclua o resumo pedindo feedback, assim poderá se certificar de que não deixou escapar nada. Você pode descobrir, como frequentemente descubro, que quando resume o sucesso anterior de seu interlocutor, ele reage acrescentando mais ações que tomou e que contribuíram para o tal sucesso. Por exemplo, seu chefe poderia responder: "Sim, está certo, mas agora que estou pensando nisso, acho que o que também ajudou foi ter feito um follow-up com cada um dos executivos depois da reunião conjunta, apenas para agradecer a eles por participarem e me ajudarem a alcançar uma resolução para esse cliente. Isso criou um ambiente bastante favorável que nos ajudou a enfrentar alguns momentos estressantes mais à frente."

Dessa forma, você fez a outra pessoa se sentir ótima e gerou ainda mais ideias que podem contribuir para o sucesso nessa negociação.

OUÇA O QUE *NÃO* É DITO

Decididamente, você vai querer se certificar de que prestou atenção na linguagem corporal da pessoa quando fez essa pergunta. É de grande ajuda notar quaisquer mudanças na postura, na expressão ou no tom de voz. Se a pessoa parece se inclinar para longe de você quando estiver negociando mas de repente se senta reto ou mesmo se inclina em sua direção, pode ser um sinal de que você está conseguindo envolvê-la. O tom de voz pode se elevar. Ela pode sorrir mais ou arregalar um pouco os olhos. Lembre-se de que muito da nossa comunicação é não verbal, e se você reparar nessas pistas, poderá extrair muito mais dessa pergunta e do restante das perguntas Janela.

CONCLUSÃO

Você acabou de ajudar alguém a discutir um sucesso anterior. Provavelmente obteve pistas para resolver o desafio que está à sua frente agora. Na última pergunta, você somará tudo o que aprendeu até aqui e começará a olhar para o futuro. No fim do próximo capítulo, estará pronto para obter as melhores chances de sucesso.

10
QUAL É O PRIMEIRO PASSO?

Em apenas dois anos, David Greenwald levou sua empresa – Fried, Frank, Harris, Shriver & Jacobson LLP ("Fried Frank") – dos 2% inferiores para os 10% superiores em um indicador--chave de satisfação dos funcionários ao mesmo tempo em que aumentava a produtividade e as horas trabalhadas. Tudo começou com um passo inesperado.

Quando David foi contratado pelo Fried Frank, um escritório internacional de advocacia, como presidente, no final de 2013, ele deparou com uma série de problemas urgentes. David me contou: "As receitas haviam caído e os lucros, mais ainda. Tínhamos acabado de passar por um ano especialmente difícil para o escritório em termos de resultados financeiros. E não foi só naquele ano. Quando olhei para trás, uma década ou mais, e comparei nossa empresa com as de alguns colegas e vi como haviam crescido, ficou claro que o Fried Frank tinha ficado para trás."

Quer outro grande problema? A satisfação dos associados estava no chão. Quando um escritório de advocacia se refere a um associado, está falando de um advogado que não é um sócio, ou dono. Em um escritório grande como o Fried Frank, os associados constituem a maioria dos advogados, em muitos casos superando o número de sócios em quatro para um ou mais. Isso significa que, se muitos associados estão insatisfeitos, uma grande porção do escritório está insatisfeita.

Todos os anos, uma publicação chamada *The American Lawyer* classifica os maiores escritórios de advocacia dos Estados Unidos em uma série de quesitos, sendo um deles a satisfação dos associados de nível intermediário – advogados que estão no terceiro, quarto ou quinto ano de prática jurídica. O ranking geral leva em conta aspectos como satisfação dos associados com o trabalho, benefícios e remuneração, relações sócio-associado, treinamento e orientação, transparência da administração sobre as estratégias do escritório e oportunidades de parceria, atitude do escritório em relação ao trabalho voluntário e horas faturáveis, e a probabilidade de o associado ainda estar na empresa em dois anos.

Em 2013, dos 134 maiores escritórios de advocacia que estavam sendo classificados na pesquisa, a satisfação dos associados do Fried Frank estava na antepenúltima posição.

David me contou: "Eu fui à reunião seguinte dos sócios e disse: 'Bem, a primeira boa notícia é que não temos como cair muito mais. A segunda boa notícia é que temos muito espaço para subir.'"

Ao olhar em volta, David podia ver que os reflexos da insatisfação dos associados do Fried Frank iam muito além do ranking. "O baixo moral se mostrava de várias maneiras. Primeira, tínhamos alta rotatividade de pessoal. Escritórios de advocacia de fato costumam ter muita rotatividade e parte disso é esperado, mas o problema era: para onde essas pessoas estavam indo? E por que estavam indo embora? Algumas saíram insatisfeitas. E elas não iam morar em outra cidade onde não tínhamos filial nem partiam para um tipo diferente de trabalho jurídico, como em empresa. Elas iam para a concorrência. Ou seja, essas pessoas queriam praticar o direito em um grande escritório, mas não no Fried Frank. Precisávamos mudar isso." David também levou em conta os números de recrutamento e, mais uma vez, sentiu que o Fried Frank não estava indo tão bem quanto deveria.

Depois de um tempo tentando entender os problemas do escritório, David começou a mudar a comunicação entre associados e sócios. E fez isso de cima para baixo. No início de 2015, ele estabeleceu reuniões duas vezes ao ano nas quais falaria com todos os associados sobre questões importantes, incluindo as estratégias do escritório. Também passou a se encontrar regularmente com um pequeno comitê de associados. E qual foi uma das primeiras coisas que fez nessas reuniões? Ele perguntou o que poderia fazer para tornar as coisas melhores. Quase no fim de 2015, depois do encontro em que David pediu a seus associados que trouxessem ideias, a *The American Lawyer* fez uma nova pesquisa de satisfação. E o Fried Frank saltou para a 16ª posição entre 101 escritórios.

Foi então que os associados surgiram com uma ideia – e não era nada que David esperava. Durante anos, eles vinham pedindo um lounge exclusivo na sede em Nova York, um lugar no escritório onde pudessem se reunir para conversar, trabalhar ou apenas relaxar. Mas nunca tinha dado em nada. David agarrou a oportunidade. Os associados fizeram um novo pedido de lounge em 15 de setembro de 2015, e os sócios aprovaram quase imediatamente. Eles deram a notícia no fim de novembro, e o espaço foi inaugurado poucos meses depois, em fevereiro.

O que tem no lounge dos associados? Uma mesa de pebolim, uma mesa de pingue-pongue, uma TV grande, sofás confortáveis, petiscos e bebidas. No entanto, o significado para os associados era muito maior. David me contou: "O que esse lounge fez para o nosso relacionamento com os associados foi imenso. Como parceiros, nos deu credibilidade – eles pediram algo e nós atendemos rapidamente. Também nos ajudou a construir confiança e elevou o nível de nossas discussões de forma geral. Antes, acho que os associados estavam acostumados a se sentirem ignorados, então eles não nos perguntavam sobre questões importantes. Mas agora conversamos sobre tudo: a estratégia internacional, o desempenho financeiro, a diversidade, o processo de avaliação. Uma vez que souberam que suas opiniões eram levadas em conta, eles começaram a fazer perguntas incríveis e a se envolverem conosco."

David continuou: "Nossos associados são o futuro do escritório. Eles são a maioria de advogados da firma. Um dia, um deles ocupará o meu cargo. Então eles são mesmo muito importantes. Nós queremos e precisamos que estejam motivados e felizes. O lounge foi o primeiro grande passo em direção a esse objetivo."

Em meados de 2016, a *The American Lawyer* fez uma nova pesquisa de satisfação e a classificação do Fried Frank deu um novo salto: o escritório ficou entre os 10 melhores, na 8ª posição.

O mais notável é que os associados estavam mais satisfeitos embora estivessem trabalhando mais. Entre 2013, quando o Fried Frank estava na rabeira, e 2016, quando apareceram na 8ª posição entre 94 escritórios, o número de horas trabalhadas por seus associados *aumentou* em mais de 10%. Mas os resultados financeiros do escritório também mudaram. Em 2018, pela primeira vez na história da firma, o Fried Frank ultrapassou a marca de 3 milhões de dólares em lucro por sócio (PEP). Esse número representava 100% de crescimento em relação ao patamar em que estavam em 2013.

Um repórter entrevistou David sobre a transformação do Fried Frank e pediu para ver o lounge dos associados. David disse:
– Bem, podemos ir até lá se você quiser. Mas a gente não vai conseguir entrar. Meu cartão de acesso não funciona.
Sem acreditar, o repórter respondeu:
– Você é o presidente. Seu cartão não abre todas as portas do escritório?
David explicou que os associados queriam um lugar que fosse só deles. Os dois foram até o lounge e David tentou passar seu cartão de acesso. A porta não abriu.

SUA VEZ NA JANELA

Até agora, em sua negociação, você percorreu um longo caminho: perguntou à outra pessoa o ponto de vista dela sobre a situação, aprofundou-se nas preocupações e necessidades dela e também quis saber como seriam atendidas essas necessidades. Você abordou como ela lidou com um problema parecido de maneira bem-sucedida em outra ocasião e reuniu algumas informações úteis. Esta é sua última chance de olhar através da Janela e ver essa pessoa e a situação em que ela se encontra o mais claramente possível. Agora você terá a chance de pedir que a pessoa olhe para a frente, como você fez.

Neste estágio, perguntar "Qual é o primeiro passo?" é importante por muitas razões. Essa pergunta beneficia o acordo, ajudando você a gerar o máximo de opções possível para uma solução. Mais uma vez, ouvir o outro lado não significa que você precise aceitar tudo o que ouvir. Mas, ao perguntar, você aumenta as chances de que algumas opções – ou uma variação dessas opções – também atenda às necessidades que você descobriu na seção Espelho.

Além disso, essa pergunta beneficia os negociadores – você e a outra pessoa – de muitas maneiras. Quando você pergunta quais são as ideias de outras pessoas para um primeiro passo, você as trata como parceiras da negociação. Dessa forma, é mais provável que elas escutem e respeitem suas ideias da mesma forma que você fez com as delas. Sabemos pelo professor de psicologia Robert Cialdini que as pessoas tendem a retribuir gestos na negociação, o que significa que, se você faz algo para alguém, é provável que ele faça o mesmo para você como reação. Pedir ao outro, especialmente um colega de trabalho ou ente querido, que expresse suas ideias também dá a chance de demonstrar liderança e de conectar-se a uma sensação de propósito, o que os torna mais felizes em qualquer trabalho que estejam fazendo, seja no escritório ou em casa. Pesquisas mostram que, ao fazer perguntas a outras pessoas sobre as ideias delas, você está cultivando o que a psicóloga de Stanford Carol Dweck chama de "mindset de crescimento", que ajuda a aprender e conquistar mais.

Por fim, perguntar qual é o primeiro passo é importante porque pode criar impulso e abrir um novo caminho, mesmo que você ainda não saiba todos os passos que quer dar.

PERGUNTAR QUAL É O PRIMEIRO PASSO BENEFICIA O ACORDO

Em negociações, uma das metas é gerar o máximo de ideias possível, na esperança de alcançar aquela que nos permitirá conquistar nossos objetivos. Os cientistas sabem que são necessárias muitas ideias – várias delas sem sucesso – para encontrar aquela que tornará a vida das pessoas melhor. John Kirwan, professor de reumatologia da Universidade de Bristol, iniciou um estudo para descobrir exatamente qual foi o percentual de suas ideias que obtiveram sucesso durante o percurso de 23 anos de prática médica. Ele é bem-sucedido para um acadêmico de medicina, com diversas pesquisas publicadas e citadas em sua área. No entanto, muitas de suas ideias falharam. Seu estudo revelou que 75% das 185 ideias que encontrou em seus arquivos não foram publicadas. Mas, segundo uma avaliação feita por ele mesmo, apenas 2,7% delas atenderam a seus critérios para serem consideradas "especialmente boas". O professor disse para a revista *Quartz* que, apesar desse número, ele atribuía grande valor a todos os seus fracassos. "A questão aqui é reconhecer que na ciência (e talvez na vida como um todo) temos um monte de ideias que não funcionam. No começo, não há como dizer se vai dar certo ou não – você precisa explorar cada uma e trabalhar nela para descobrir. Esse é um processo necessário. Ao explorar ideias que depois fracassam, não desperdiçamos tempo; estamos ajudando a gerar boas ideias."

Não importa quantas ideias inovadoras geramos por nossa conta, não podemos achar que sabemos o que o parceiro de negociação pensa sobre o futuro ou quais ideias pode ter. Como no exemplo de David e o Fried Frank, você poderia encontrar uma ideia que atenda às necessidades de alguém e que ao mesmo tempo atende às suas. Alguns pais que conheço e que negociaram com os filhos sobre o uso de celulares disseram que os filhos sugeriram muitas ideias criativas, como estabelecer espaços sem tecnologia em casa (como o quarto e a mesa de jantar), definir um "sábado sem telas" no qual a família faz uma atividade ao ar livre e criar um gráfico de tarefas ou trabalho de casa para ganhar tempo.

Mesmo que um lado da negociação tenha mais experiência para sugerir um universo de opções em potencial, encorajar o outro a contribuir pode render benefícios para o sucesso do acordo a longo prazo. Pesquisas e aprendizados recentes mostraram que, quando os médicos consultam seus pacientes sobre opções de tratamento, isso melhora o comprometimento deles com o tratamento, bem como os resultados na saúde. Em um artigo do *The New York Times*, "Teaching Doctors the Art of Negotiation", o Dr. Dhruv Khullar disse: "A profissão médica não é mais aquela em que os médicos impõem determinado tratamento para os pacientes e esperam que eles obedeçam. Em vez disso, clínicos e pacientes ponderam sobre opções, custos e benefícios juntos, e determinam o melhor caminho." Quando médicos consultam seus pacientes sobre quais passos tomar, estes, além de se sentirem mais satisfeitos com o profissional, ficam mais propensos a seguir o tratamento que decidiram juntos, obtendo melhores resultados e garantindo custos menores com seguro de saúde.

Por fim, pedir que alguém contribua com ideias focadas no futuro da negociação pode ajudar com os "do contra" – termo que uso para aquelas pessoas que derrubam nossas ideias sem sugerir algo construtivo em troca. Fazer essa pergunta as encoraja a participar de maneira mais produtiva na busca pela solução.

PERGUNTAR SOBRE O PRIMEIRO PASSO BENEFICIA OS NEGOCIADORES

A parceria com alguém na tomada de decisões não traz apenas benefícios no curto prazo (por exemplo, a ideia de um lounge para associados que custa pouco e aumenta a satisfação), mas também a longo prazo (associados mais felizes e engajados que formam parcerias com você ao pensar sobre e resolver problemas desafiadores).

Mesmo no caso de uma pessoa ter mais experiência no assunto da negociação, perguntar à outra parte qual é o primeiro passo que ela prefere dar pode trazer benefícios para ambas as partes. Vamos revisitar o exemplo do médico e seu paciente. Pesquisas médicas mostram que apresentar a lista de opções possíveis ao paciente e perguntar o que ele pensa a respeito beneficia as duas partes no relacionamento médico-paciente ao aumentar a adesão do paciente ao tratamento selecionado. Quando os pacientes seguem os planos de tratamento, economizam dinheiro com efeitos colaterais e recaídas, e os médicos melhoram as estatísticas gerando economia para o hospital e as seguradoras. Em uma época na qual se estima que a não adesão do paciente ao tratamento custe bilhões de dólares, convidá-lo a participar da decisão sobre o rumo do seu tratamento traz grandes benefícios para todos naquela negociação.

Por fim, perguntar às pessoas sobre suas ideias para um primeiro passo beneficia os negociadores ao favorecer o relacionamento entre eles. Isso é válido não apenas no trabalho, onde as pessoas desenvolvem uma conexão com seus colegas, mas também fora do ambiente profissional. Mais do que nunca, especialistas estão estudando como se constroem relacionamentos pessoais saudáveis, e as respostas incluem qualidades como empatia, receptividade às preocupações dos parceiros e confiança. Você aumenta todas essas qualidades quando pergunta para a outra pessoa sobre as ideias dela e ouve com atenção a resposta.

PEDIR IDEIAS PARA UM ADVERSÁRIO?

Quando pensar sobre sua abordagem para negociar, sempre faz sentido considerar até que ponto você precisará trabalhar com a pessoa quando a negociação estiver concluída. A maioria dos setores, mesmo os maiores, talvez se pareça com uma vizinhança, especialmente entre os melhores. Gabriel Matus, conselheiro jurídico geral da Excel Sports Management, uma agência de esportes de primeira linha, me disse: "Nosso setor é surpreendentemente pequeno. Quando você gerencia a carreira de atletas de alto rendimento, encontra as mesmas pessoas repetidas vezes. Em serviços profissionais como esse, é importante manter bons relacionamentos."

Perguntar ao outro sobre suas ideias é um sinal de respeito e colaboração. É o passo final para construir uma base de confiança sobre a qual parcerias longas, produtivas e lucrativas se consolidam. Isso faz com que as pessoas saibam que está interessado nelas, seja pessoal ou profissionalmente.

Em suma: perguntar às pessoas sobre suas ideias em uma negociação normalmente não custa nada e pode lhe trazer grandes benefícios.

UM PASSO DE CADA VEZ PARA SOLUCIONAR PROBLEMAS

Perguntar sobre o primeiro passo pode levar a uma solução mais ampla para todos os problemas em discussão. Mesmo que a conversa produza um monte de ideias, é preciso começar de algum lugar, como David fez com o lounge dos associados. Ele sabia que aquele passo teria benefícios simbólicos que iriam além de simplesmente estabelecer um local de encontros. Era um lembrete tangível e físico de que o escritório os tinha escutado e valorizado o que tinham a dizer.

Mas às vezes você deve dar um passo de cada vez. Talvez apenas um passo seja viável no momento ou exista algum que você queira ou precise tentar primeiro antes de passar para os demais.

Por exemplo: Jamie, uma jogadora de basquete universitário da primeira divisão com problemas sérios na coluna –

uma possível hérnia de disco que não estava melhorando com o repouso –, foi até a Clínica Mayo para uma avaliação. Ela, o médico e sua família sabiam que existiam algumas alternativas: poderiam tentar o método conservador e fazer fisioterapia ou optar por uma cirurgia. O médico perguntou para a paciente e seus familiares o que eles queriam fazer como primeiro passo. Jamie, aluna do segundo ano da faculdade, decidiu que preferia tentar finalizar a temporada de basquete daquele ano. Ela sentia que a abordagem conservadora permitiria que ela jogasse e também lhe dava a tranquilidade de saber que teriam tentado tudo antes de partir para uma cirurgia. O médico apoiou aquela escolha. Jamie se comprometeu a trabalhar duro na fisioterapia e conseguiu jogar até o fim da temporada. Mais tarde, ela contou à Clínica Mayo: "Tudo ocorreu relativamente bem. Tive dores nas costas, mas consegui controlar o suficiente para jogar. A fisioterapeuta me ajudou."

Encerrados os jogos, e depois de uma imagem de ressonância magnética mostrar que não houve mudanças em sua condição, Jamie optou pela cirurgia. A fisioterapia tinha ajudado, mas não havia eliminado a dor crônica. Ter dado o primeiro passo conservador ajudou Jamie e sua família a se sentirem mais confortáveis a respeito do seguinte. A cirurgia foi um sucesso e Jamie retornou às quadras na temporada de outono.

Às vezes, um passo salva vidas. Cerca de 10 anos atrás, duas mulheres me acompanharam até uma sala pequena no Bronx e se sentaram em lados opostos da mesa. Elas eram moradoras do mesmo conjunto residencial, e tensões constantes entre as duas acabaram virando agressões físicas. A tensão cresceu ao ponto de as famílias, o pastor e até a polícia, que havia sido chamada à cena várias vezes, recomendarem a mediação porque estavam preocupados com a perspectiva de uma violência maior.

Uma vez acomodadas, as mulheres falaram corajosamente e com toda a franqueza sobre o que aconteceria se o conflito continuasse do jeito que estava. Uma disse para a outra:

– Você sabe que eu posso te machucar. Já pensei nisso. Mas eu iria para a cadeia. Meus filhos seriam tomados de mim e eu não tenho nenhum parente que possa cuidar deles. Então, eles iriam para um orfanato, e isso não pode acontecer. Precisamos de outro caminho.

Ficou evidente que não haveria reconciliação, amizade nem abraço feliz. Mas perguntamos a cada uma das mulheres qual seria o primeiro passo em direção a um futuro que não incluísse o envolvimento da polícia nem prisão. Elas avaliaram a pergunta e concordaram em não se agredirem. Encerramos a mediação com uma oração do pastor. A jornada das duas começou com um passo decisivo que mudou suas vidas.

AGORA O "COMO"

Como fazer essa pergunta? Eis algumas maneiras de formulá-la sem limitá-la ou mudá-la:

- Qual é o nosso primeiro passo?
- O que você vê como o nosso primeiro passo aqui?

Caso a comunicação com seu interlocutor seja produtiva ou você tenha a sensação de que consegue obter mais do que um passo, tente o seguinte:

- Quais ideias você tem para o futuro?
- O que você pensa sobre como podemos seguir adiante?

Nas últimas seções deste capítulo, darei algumas dicas para ajudá-lo a fazer essas perguntas com imenso sucesso e solucionar alguns problemas que possam surgir.

ATERRISSE O AVIÃO

Você já perguntou sobre as ideias da outra pessoa. Agora, espere a resposta. Essa pergunta pode render soluções inesperadas e benéficas para ambos.

APROVEITE O SILÊNCIO

Esta é uma grande questão. Você está pedindo à outra pessoa para participar com você da criação do futuro de vocês. Ela pode já ter feito o dever de casa e trazido as ideias prontas. Ou pode precisar de tempo. E quando digo tempo, quero dizer mais do que dois segundos. É aí que vejo muitos negociadores vacilarem. Eles fazem a pergunta, esperam dois segundos e então fazem outra pergunta ou expõem as próprias ideias. Exemplo: "Quais ideias você tem para seguirmos adiante?... Deveríamos começar com salário?" Resista! Mesmo que você esteja apenas acrescentando outra pergunta, há um corte na discussão que pode distorcer o resultado. Você saberá que a outra pessoa precisa de ajuda se ela pedir. Caso contrário, fique quieto.

AS PERGUNTAS SUBSEQUENTES

Caso a outra pessoa apresente uma ideia e você precise entender mais sobre ela, "Me conte mais..." é um ótimo ponto de partida.

Caso a ideia seja vaga ou você não saiba como colocá-la em prática – por exemplo, a pessoa diz: "Quero que nos comuniquemos melhor com os clientes" –, será preciso retornar à pergunta subsequente do Capítulo 7 ("Do que você precisa?"), e quando ela responder, você pode perguntar de volta: "Como seria uma comunicação melhor com os clientes?"

E se estiver lidando com alguém que sugira algo... improdutivo? Certa vez ouvi falar sobre uma importante negociação legal na qual uma das partes, quando perguntada sobre ideias para um acordo, disse: "Eu tenho uma ideia. Você pode ____ meu ____." Não vou preencher as lacunas, mas basta dizer que ele não sugeriu que a outra pessoa lesse sua proposta ou regasse suas plantas. Já aconteceu comigo mais de uma vez. Mediei casos na cidade de Nova York, onde, às vezes, ameaças fúteis são rotineiras no escritório. Uma vez, perguntei a uma das partes no Juizado de Pequenas Causas qual poderia ser o primeiro passo e, na frente da outra parte envolvida, o homem respondeu: "Vou te dar uma ideia. Eu poderia dar um chute no _____ dele!"

Espero que você não se encontre em uma situação como essa, mas, caso aconteça, eis minha sugestão sobre como lidar com isso. Eu simplesmente pergunto algo do tipo: "Como um chute pode nos ajudar a alcançar nossos objetivos aqui hoje?" Se eu já os tiver escutado, sei quais são os objetivos, as necessidades e as preocupações. Então apenas repito o que me disseram e pergunto como essa nova ideia vai ajudá-los a alcançar o que querem. Por exemplo, se eles me dissessem que precisam seguir com suas vidas, eu poderia perguntar: "Você me falou que seu objetivo aqui é resolver isso para que possa seguir com sua vida. Como um chute ajudaria você a conseguir isso?"

De vez em quando, essas perguntas subsequentes bastam para produzir uma resposta mais útil. Caso isso não ajude, sugiro que dê um tempo até que seja possível obter discussões mais produtivas.

RESUMA E PEÇA FEEDBACK

De novo, você vai resumir o que ouviu e pedir feedback. Às vezes, no processo de ouvir as ideias e repeti-las de volta, as pessoas podem refletir sobre elas e fazer mudanças. Ouvir o resumo de David sobre os planos do lounge para os associados ajudou a incentivar a solução de problemas adicionais –, contribuindo para uma cultura de colaboração.

OUÇA O QUE *NÃO* É DITO

Como sempre, você deve estar atento a qualquer comunicação não verbal que observe ao formular essa pergunta. Por exemplo: "Corrija-me se estiver errado, mas você me pareceu em dúvida quando perguntei se você tinha ideias. Você pode estar se perguntando se estou sendo sincero quando digo que quero ouvi-las. Eu sei que nem sempre nos comunicamos bem no passado, mas eu gostaria de mudar isso. Suas ideias são importantes. Não posso prometer que vou concordar com tudo o que você disser, mas prometo que vou escutar."

RESOLUÇÃO DE PROBLEMAS

Agora que você se aprofundou em como fazer essa pergunta, vamos ver como lidar com alguns problemas que você pode enfrentar ao fazê-la.

Como gerar ideias em uma negociação em grupo?

Caso esteja trabalhando em uma negociação coletiva, seja entre parentes, colegas de trabalho ou nações, talvez queira ser mais cauteloso sobre como produzir ideias, não se limitando a fazer perguntas na hora. Durante muitos anos, acreditou-se que brainstorming em grupo, um processo no qual pessoas se reúnem e expõem livremente as ideias que lhes vêm à cabeça, iria produzir resultados melhores e mais inovadores. Pesquisas mais recentes, porém, mostram que essa técnica com frequência não funciona, pois pode gerar ideias superficiais ou deslumbradas que em muitos casos não se sustentam quando são colocadas à prova, sobretudo para a resolução de problemas desafiadores ou importantes. Talvez seja bom dar um tempo para as pessoas pensarem e depois retornarem com suas sugestões. O trabalho individual que é aperfeiçoado em grupo pode ser um meio muito melhor de gerar ideias. Quando ajudo as pessoas a desenharem os primeiros passos em uma negociação, costumo pedir a cada um individualmente que pense em algumas sugestões antes de nos reunirmos e avaliá-las.

A boa notícia é que você já estará à frente de muitas pessoas, pois a maioria começa a negociação tendo esperado até o momento da sessão do grupo para pensar em ideias. Você já começou a refletir sobre o possível primeiro passo que deve dar. Já fez o dever de casa. Agora está pedindo que o outro faça o mesmo de maneira individual ao encorajá-lo a discutir possíveis primeiros passos.

E se a outra pessoa não estiver pronta?

Talvez o outro não esteja pronto para essa pergunta. Talvez queira um tempo para assimilar as informações que surgiram das quatro perguntas Janela que você fez e das respostas que resumiu. Nesse caso, você pode combinar de se encontrarem novamente quando estiverem preparados para conversar ou discutir algumas ideias que você teve. A seguir, pergunte sobre os pensamentos dele.

E se o próximo passo parecer automático?

E como fica um cenário oposto, no qual o próximo passo parece automático ou inerente ao processo? Por exemplo, você acabou neste instante uma entrevista de emprego com alguém de recursos humanos e lhe disseram que o próximo passo é uma entrevista com a gerência. Mesmo assim, eu ainda perguntaria: "O que mais você pode me dizer sobre os próximos passos?" Você talvez se surpreenda com as informações adicionais que pode obter, seja sobre o andamento desses passos, sobre quem toma as decisões ou até sobre a probabilidade de você ser contratado. Fazer perguntas também faz você parecer motivado e organizado. Moral da história: sempre é melhor tentar obter mais informações.

E se você for a pessoa menos experiente nessa negociação?

E se você for a pessoa mais júnior em uma situação chefe-subordinado na qual se espera que você tenha formulado um plano para seguir adiante? E se o seu gerente devolver a pergunta para você e disser: "Qual é o primeiro passo? Bem, acho que é você quem tem que me falar." Como já fez com as quatro perguntas anteriores, você sabe que a primeira ação depois que a outra pessoa fala é resumir antes de continuar. Então, neste caso, poderia ser algo como: "Certo, você gostaria de saber minhas considerações e eu reservei um tempo antes desta reunião para pensar nos possíveis próximos passos. Tenho muitas ideias que posso expor. Ou você pode começar com algumas considerações iniciais para que a gente tenha uma troca maior. Você escolhe."

E se as pessoas não conseguirem pensar em nada?

E se a outra pessoa não tiver respostas quando você perguntar a ela sobre um primeiro passo? Eis algumas coisas que eu às vezes tento. Primeiro, se eu estiver em uma posição de confiança com essa pessoa, vou querer saber mais sobre o obstáculo para poder ajudar. Talvez possa perguntar: "O que torna essa pergunta difícil de responder?" Oferecer uma oportunidade para que ela fale sobre suas dificuldades pode revelar algumas boas ideias.

E lembre-se: quando estiver em dúvida, você sempre pode tentar pensar na "pior ideia". Diga à outra pessoa que você tem um segredo que o ajudou a gerar ideias no passado e então pergunte: "Qual é o pior passo que poderíamos dar?" Às vezes, saber o que não dará certo traz excelentes pistas do que dará.

CONCLUSÃO

Parabéns! Você concluiu todas as 10 perguntas. Acumulou mais informações do que a maioria dos outros negociadores. E, no processo, talvez até tenha descoberto uma solução para sua negociação. Agora está pronto para concluí-la.

SUCESSO FINAL: CONCLUIR SUA NEGOCIAÇÃO

Parabéns! Você concluiu este percurso. A esta altura, fez a si mesmo cinco perguntas abertas, ouviu as próprias respostas e resumiu a sabedoria interna que descobriu. Você então fez à outra pessoa – talvez um cliente, amigo, cônjuge ou colega de trabalho – cinco perguntas abertas que revelaram um universo de novas informações. Você ouviu, deu à pessoa tempo para falar, fez novas perguntas e resumiu o que a pessoa lhe respondeu. Enfrentou barreiras e conduziu um relacionamento adiante. Você está em ótima situação se comparado com a maioria dos negociadores – e com o seu ponto de partida.

Você pode estar se perguntando: "Tudo bem, eu fiz as perguntas. E agora?" Agora é quando você dá o próximo passo rumo à condução do seu futuro. As lições que você aprendeu neste livro o ajudarão em qualquer negociação, quer esteja tentando fechar um acordo, atrair um cliente, resolver um problema de relacionamento, solucionar um litígio ou alcançar um objetivo pessoal na carreira.

Escrevi este livro porque eu sei que fazer perguntas é a melhor forma de criar valor vitalício em negociações. Mas também porque, ao ouvir primeiro a si mesmo e depois à outra pessoa, você se prepara para *perguntar mais* sobre si e os demais. Quero que use as ferramentas contidas neste livro para *perguntar audaciosamente* do que você precisa, qual é o seu sonho, o que você sabe que gerará valor para si, bem como para a outra pessoa. Como fazer isso? Continue lendo.

ORGANIZE AS INFORMAÇÕES QUE VOCÊ COLETOU

Este livro ajuda a fazer as perguntas certas a fim de explorar o passado, entender o presente e projetar um futuro melhor na negociação. Cada uma destas 10 perguntas tem um propósito. Agora que você completou todas elas, o quadro geral começa a ter este aspecto:

ESPELHO	JANELA
Minha definição do problema/objetivo	A definição do outro do problema/objetivo
Minhas necessidades/como seriam	As necessidades dele/como seriam
Meus sentimentos/preocupações	Os sentimentos/preocupações dele
Meu sucesso anterior	O sucesso anterior dele
Meus primeiros passos	Os primeiros passos dele

Uma tabela como essa pode ser útil para você anotar os resumos que fez ao final de cada capítulo e outras informações que considere úteis. Incluí isso como um anexo ao final deste livro (também está disponível para download no meu site, em inglês, mediante cadastro: alexcarterasks.com/readerworksheet).

Muitos de nós somos pensadores visuais. Portanto, ter à sua

frente uma cópia desse anexo pode ser útil para preencher conforme negocia. Se você tem um relacionamento próximo com a outra pessoa ou está tentando cultivar a confiança dela depois de uma situação difícil, pode até cogitar mostrar a ela as perguntas e deixar claro que está tentando uma nova abordagem nessa conversa. Para algumas pessoas, apenas esse ato de transparência – compartilhar suas anotações e resolver as coisas na frente delas – pode ser um passo importante rumo à construção da confiança e a avanços no relacionamento.

USE ESSAS PERGUNTAS PARA DEFINIR OBJETIVOS E OBTER SUCESSO

Sabemos que pessoas que começam uma negociação focando no que querem obter tendem a ser mais bem-sucedidas do que aquelas que se prendem ao que podem perder. Eis como você pode usar as perguntas e respostas deste livro para fazer com que suas aspirações prevaleçam.

Primeiro, sabemos que aspirações se baseiam em necessidades. No fim da parte Espelho, no Capítulo 5 ("Qual é o primeiro passo?"), pedi que você voltasse às suas necessidades do Capítulo 2 ("Do que eu preciso?") e examinasse quais passos as satisfariam *completamente*. Agora que você está dando outra olhada nessas duas respostas juntas, será que os passos do Capítulo 5 satisfazem completamente as suas necessidades? Em caso negativo, acrescente mais passos ou aprimore os que já definiu.

Em seguida, você precisa se certificar de que suas aspirações são justificáveis – e é aqui que as perguntas Janela podem ajudar. Na medida do possível, você desejará associar suas necessidades a qualquer coisa objetiva que consiga encontrar – por exemplo, procurar casas semelhantes antes de fazer uma oferta de compra ou examinar os custos do seu negócio antes de definir os preços dos seus produtos. No entanto, as respostas da outra pessoa às perguntas Janela – a forma como define o problema, suas necessidades, suas emoções, seus sucessos e suas ideias para o futuro – também informam como a outra pessoa receberá as suas propostas. Certifique-se de que suas necessidades, embora ambiciosas, também possam se justificar sob ao menos uma daquelas respostas. Caso o objetivo seja aumentar sua remuneração em 20% e o objetivo primário do seu chefe seja reduzir os gastos o máximo possível agora, enquanto a empresa está tentando fazer caixa, você pode enfrentar barreiras. Você só as derrubaria se mostrasse outra necessidade que seria satisfeita com o aumento do seu salário (como reduzir a rotatividade) ou indicasse meios pelos quais aumentar sua remuneração seria compatível com aquela meta financeira de curto prazo (como contratar menos pessoal em um cargo menos necessário ou aumentar sua participação acionária, que seria paga mais tarde).

MODULE O TOM DA CONVERSA

Uma vez que você tenha entendido seus pensamentos e objetivos, vai querer direcioná-los para obter o máximo de sucesso.

O que quero dizer com isso? Quando você direciona seus pensamentos, está usando uma habilidade que muitos fotógrafos e artistas usam com sucesso. Está organizando suas palavras de tal modo que elas repercutam especificamente na pessoa que está ouvindo. E você não consegue adequar as palavras ao seu público se não tiver uma noção dos temas e das ideias que vão sensibilizá-lo.

Dito de outra maneira: você só consegue persuadir se ouvir primeiro.

A capacidade de modular o que dizemos é essencial. Todo negociador deveria conhecer e dominar essa habilidade crucial. Se quiser reivindicar um aumento no orçamento do seu setor, não adianta falar em equidade entre os departamentos da empresa caso seu gestor esteja preocupado apenas com o retorno do investimento. Simplesmente não vai funcionar. Da mesma forma, se você pretende convencer seu filho a buscar uma nova atividade em um lugar onde talvez não conheça ninguém, não adianta dizer que conhecerá novos amigos se o grande temor dele for fazer papel de bobo.

Em suma, a seguir apresento três estratégias vitoriosas para modular negociações.

Primeira: sempre que possível, direcione suas propostas de modo que elas realmente respondam à definição do problema, às necessidades, às preocupações e às ideias da outra pessoa, sem abrir mão de suas próprias definições. Por exemplo, caso queira vencer a concorrência de um projeto de reforma e convencer o proprietário a pagar mais do que o valor cobrado pelo concorrente, terá que mencionar as necessidades de qualidade, confiabilidade e durabilidade do proprietário e deixar claro que vai atendê-las. Caso esteja tentando reduzir o tempo que seus filhos passam diante de uma tela à noite, poderá explicar que você percebeu que eles acordam cansados de manhã e que desligar os eletrônicos à noite vai ajudá-los a se sentirem melhor no início do dia. Tendo ouvido a outra pessoa, você entenderá bem melhor como ela processa as informações e pode vender suas propostas da melhor maneira possível.

Segunda: faça as pessoas se concentrarem no que elas podem *ganhar*, não no que podem *perder*. Estudos demonstram que os seres humanos são muito avessos a perdas, o que significa que queremos mais evitar uma perda do que queremos obter um ganho. Assim, concentrar-se nas perdas pode reduzir a flexibilidade da outra pessoa e sua disposição em chegar a um acordo em uma negociação. Por exemplo: em vez de dizer a dois de seus funcionários "Sei que vocês são bons amigos, mas preciso separá-los porque estou tentando reduzir as panelinhas no escritório", você poderia falar: "Vocês me contaram que gostariam de conhecer mais pessoas no departamento para avançarem em suas carreiras. Escolhi lugares para vocês que permitirão trabalhar com pessoas novas que serão importantes para promoções futuras." As duas afirmações são verdadeiras. Uma delas tende a fazer você regredir, e a outra, a progredir.

Por fim, seja sincero, claro e direto. Ao direcionar um argumento, você quer dar uma boa impressão inicial, mas também precisa ser coerente com os fatos e a situação. Trata-se de direcionar a atenção das pessoas para a parte do cenário que você quer enfatizar. Mas isso não significa mostrar às pessoas um quadro da Casa Branca e dizer que estão olhando para as pirâmides do Egito.

Ser claro e direto é a melhor maneira, e a mais compassiva, de conduzir um relacionamento. Muitas vezes, estragamos conversas ao esconder como realmente nos sentimos ou o que de fato queremos.

Em vez de dizer, por exemplo, "Eu fico na defensiva quando falamos sobre os meus gastos", nós dissimulamos e partimos para o ataque: "É estranho que você esteja reclamando dos meus gastos quando foi *você* quem sugeriu que fizéssemos aquela viagem..." Isso leva a uma escalada emocional sem chegar à raiz do problema. A rota direta – dizer o que você de fato tem em mente – costuma funcionar melhor.

Transparência gera confiança. Essa é a magia do Espelho e da Janela, certo? Você consegue ver a si mesmo e à outra pessoa mais claramente. E quando você vê com clareza, consegue falar com mais clareza. Agindo assim, dá à pessoa uma janela para dentro de você também. E pode ajudá-la a entender melhor suas propostas, aumentando as chances de sucesso da negociação.

PROGRAMAR O RESTANTE DA NEGOCIAÇÃO

Você faz a apresentação ou proposta logo depois das perguntas? Parte da decisão de seguir em frente inclui uma análise de fatores, como o tempo disponível. Se for uma oportunidade rara e preciosa, talvez seja melhor tentar avançar de imediato. Mas eu ainda tentaria um pequeno intervalo para organizar seus pensamentos.

Caso esteja lidando com alguém em um relacionamento de longo prazo, como um colega de trabalho, um cliente habitual ou um cônjuge, e não haja a pressão do tempo, apenas completar as perguntas e obter todos os dados que elas levantam é suficiente. Talvez você queira tirar um tempo para assimilar as informações que ouviu e avaliar seu caminho à frente. Você pode, por exemplo, agradecer à pessoa por ter se reunido com você e compartilhado mais de suas preocupações, depois dizer que valoriza isso e que forneceu bastante material para reflexão. Depois marque outra reunião e use as informações que obteve para abrir caminho.

Ao decidir entre avançar ou fazer uma pausa, você também deve considerar se é o tipo de pessoa que sintetiza as coisas rapidamente ou se precisa de tempo para reflexão antes de dar o próximo passo – e isso também vale para a outra pessoa na negociação. Trabalhei com ambos os tipos de chefe: um que sempre dizia "Vamos fazer isso!" e outro que dizia "Obrigado por apresentar essa informação, Alex. Vamos marcar um horário para conversar na semana que vem". Saber isso sobre você mesmo e a outra pessoa ajuda a tomar a decisão que prepara o terreno para o máximo de sucesso.

Convém também observar a outra pessoa em busca de sinais de fadiga ou exaustão emocional. Quanto tempo durou a conversa? Quais temas vieram à tona? Qual foi a reação a essas perguntas? E como ela se sentiu ao final da conversa? Está energizada, perguntando "E agora, qual o próximo passo?", ou mostra sinais de cansaço? Caso esteja olhando para o relógio ou verificando o e-mail, pode ser um alerta de que ter se afastado do trabalho por um tempo a está incomodando, então é melhor marcar outro horário para fazer novas perguntas. Você quer a atenção plena da outra parte.

Além disso, verifique sua própria fadiga e exaustão emocional. Ouvir dessa forma demanda muito foco. Dependendo de quanto tempo a conversa durou e quais emoções vieram à tona, talvez você precise de um intervalo. Algumas das minhas mediações com meus alunos duram um dia inteiro. Quando isso acontece, geralmente estruturamos o dia para dedicarmos a manhã a conversar sobre o passado e a tarde a conversar sobre o futuro. E o que fazemos no meio-tempo? Almoçamos. Uma pausa ajuda todos nós a recuperar o foco e a energia para então podermos começar a solucionar os problemas.

Se vocês decidirem se reunir de novo em um momento posterior, eis como devem encerrar a reunião. Primeiro, comecem com um resumo do progresso efetuado até ali e das informações trocadas. Em seguida, agradeça à pessoa pelo tempo, pela energia e pela abertura. Caso algum de vocês tenha feito promessas de realizar algum trabalho – coletar informações ou documentos, por exemplo – até a próxima reunião, inclua isso no resumo.

POR ONDE COMEÇAR A DISCUSSÃO

Digamos que vocês decidiram ir em frente após terminarem essas perguntas. Depois de você fazer as perguntas Janela e resumir as respostas que ouviu, a outra pessoa pode se abrir e fazer a você algumas das mesmas perguntas. Por exemplo, ela pode indagar por suas necessidades, depois que você indagou sobre as dela. Caso isso ocorra, você estará preparado. Se ela não lhe fizer perguntas e parecer pronta para começar a conversar sobre o futuro, você pode dizer que se preparou para aquele momento e que seus pensamentos e suas propostas se baseiam em informações fidedignas. Você pode então compartilhar quantas respostas desejar e usá-las para formular quaisquer propostas que obtiver.

Quando você formula suas propostas, dispõe de inúmeras informações para ajudá-lo. Você pode, por exemplo, examinar em que pontos as necessidades do outro (Capítulo 7, "Do que você precisa?") coincidem com as suas (Capítulo 2, "Do que eu preciso?") e usar isso para criar uma solução que funcione para ambas as partes. Você também pode analisar como sua visão para o futuro (Capítulo 5, "Qual é o primeiro passo?") se alinha com a dele ou a complementa (Capítulo 10, "Qual é o primeiro passo?") ao decidir o que tende a satisfazer cada um de vocês. E, se você sabe como o outro está se sentindo (Capítulo 8, "Quais são suas preocupações?"), pode considerar seus próprios sentimentos (Capítulo 3, "Como me sinto?") e avaliar como apresentar sua proposta de modo a maximizar suas chances de sucesso.

Se a conversa trouxe à tona várias questões, qual delas você aborda primeiro? Eis algumas ideias:

FRUTA FÁCIL DE COLHER. Se vocês tiverem alguns primeiros passos em comum, ótimo! Se ambos concordaram sobre algo, resuma aquilo e talvez faça uma proposta. Ou, se houver um aspecto em que vocês se aproximam, você pode tentar reduzir a diferença ali e gerar algum impulso.

Na verdade, quando estou ajudando pessoas a negociarem, costumo desenvolver uma tabela parecida com esta esta, o que sempre ajuda a dar clareza:

PESSOA 1	EM COMUM	PESSOA 2
Definição do problema/objetivo		Definição do problema/objetivo
Necessidades/como seriam		Necessidades/como seriam
Sentimentos/ preocupações		Sentimentos/ preocupações
Sucesso anterior		Sucesso anterior
Primeiros passos		Primeiros passos

A coluna do centro é onde coloco as informações em comum. Caso ambos os negociadores concordem sobre quaisquer primeiros passos, este pode ser um ótimo lugar para começar e gerar um impulso.

NECESSIDADES OU SENTIMENTOS EM COMUM. Caso um de vocês tenha uma mesma necessidade ou um mesmo sentimento, esse seria um ótimo ponto de partida. Você pode captar sentimentos ou preocupações em comum na tabela acima e começar por ali ao buscar um caminho à frente.

Pontos a observar e destacar: há vezes em que vocês têm interesses, sentimentos ou ideias em comum sobre o problema, mas visões diferentes sobre o que fazer a respeito. Por exemplo, tanto você quanto seu chefe de departamento estão preocupados com a perda de funcionários para um concorrente. Para você, um passo rumo à retenção seria oferecer a possibilidade de trabalho remoto, mas seu chefe diz: "Nada além de aumentar a remuneração vai funcionar." Acho útil resumir o sentimento ou a necessidade em comum e as diferentes opções para atendê-la. Vocês poderiam, juntos, gerar algumas ideias adicionais (e/ou consultar os funcionários sobre as necessidades deles) e criar estratégias para a solução.

QUESTÕES DE CURTO PRAZO. Caso seja uma negociação ou relacionamento contínuo, vocês podem testar algo por algumas semanas ou meses e depois marcar uma segunda data para avaliar a abordagem e ver como funcionou. Por exemplo, se você estiver tentando se comunicar melhor com seu parceiro sobre períodos de folga no cuidado dos filhos, pode ser bem útil tentar uma abordagem – um cronograma, uma troca de atividades ou mesmo um sinal secreto com a mão – e marcar uma data para se reunirem de novo e conversarem sobre como aquilo funcionou. Caso esteja negociando com o distribuidor de um novo produto sobre estoque ou reposição, você pode ter mais sucesso obtendo um acordo de curto prazo e confiando que a qualidade do produto agradará aos consumidores para só então alterar os termos.

TEMAS RECORRENTES. Se uma necessidade ou um sentimento está aflorando repetidamente, talvez seja necessário abordar aquilo antes de qualquer outra coisa. Procure atacar aquele problema e organize os outros mais tarde. Por exemplo, caso seu departamento no trabalho esteja dividido sobre se deve contratar determinada pessoa, e o processo de contratação deixou ambas as partes se sentindo não ouvidas e ignoradas, pode ser necessário discutir primeiro o processo, antes de passar à questão sobre a contratação. Se você estiver trabalhando com um cliente em um grande projeto de design para um site e ele vive falando sobre o que vê como falta de comunicação por parte de sua empresa, talvez convenha falar sobre a comunicação antes de abordar questões mais específicas do projeto.

SOLUÇÃO DE PROBLEMAS

Como sempre, vejamos alguns conselhos para quaisquer problemas que você possa encontrar enquanto se prepara para terminar sua negociação.

E se as perguntas abertas não funcionarem?
Às vezes, as pessoas não estão preparadas para se abrirem diante de uma pergunta aberta. Nesse caso, tente fazer uma conexão e encontrar outro meio de se comunicar. Eu nunca esqueço a época em que levei minha aluna Nona para mediar um caso de evasão escolar na cidade de Nova York no qual as partes eram a mãe e o filho adolescente. A mãe queria desesperadamente que o filho fosse para a escola. O filho faltara tanto que corria o risco de não se formar. Na mediação, minha aluna fez ao jovem várias perguntas abertas sem obter nenhum retorno, a não ser um gesto de indiferença. Nenhuma palavra.

Então ela perguntou à mãe se podíamos conversar com o filho a sós. A mãe imediatamente se levantou e disse: "Ótimo! Conversem com ele! Talvez ele até diga algo a vocês!" Depois nos deixou na sala sozinhas com ele. Minha aluna mediadora voltou a fazer perguntas abertas. Nada.

Por fim, ela afastou a cadeira de mim e se aproximou dele. Inclinou-se para a frente e perguntou: "Quer dizer que você está aqui basicamente porque foi forçado, certo?" Essa não é uma pergunta aberta, mas funcionou. Ele ergueu o olhar, enfim, e depois voltou a dar de ombros. Mas agora ela tinha conquistado sua atenção. Ela continuou: "Eu também. Aquela ali é minha professora [apontou para mim]. Ela diz que, se eu não aparecer aqui toda semana, vou ser reprovada no curso." Uma jogada brilhante. O adolescente se abriu e começou a falar. Quando as perguntas abertas falharam, ela achou um ponto de conexão e usou-o para abrir a porta. Se você deparar com um obstáculo semelhante, deixe essas perguntas de lado. Tente fazer uma conexão humana, desenvolva alguma confiança. Você sempre pode voltar às perguntas deste livro quando ambos estiverem preparados.

"Por que está falando assim?"

Quando meu marido e eu começamos a namorar, eu já tinha aprendido sobre o tipo de escuta sobre o qual escrevo neste livro. Mas como fica o relacionamento se a outra pessoa notar que você não está se expressando como antes? Caso ela reaja a seu novo estilo aberto de conduzir uma negociação com um "O que você andou bebendo?" ou um olhar de descrença... ótimo! Meu conselho: seja honesto, diga ao seu amado o que você está fazendo e como isso ajudará ambos. Uma forma de responder seria: "Você está totalmente certo, eu não costumo falar assim. Venho aperfeiçoando minha comunicação e ouvindo melhor as pessoas. Vou tentar isso daqui em diante." Para o local de trabalho, você pode experimentar algo como: "Tenho estudado negociação e o que as pessoas podem fazer para ter conversas melhores no trabalho. Esta conversa é importante, e eu queria abordá-la da melhor maneira para nós dois."

E se nada funcionar?

E se você estiver em uma situação na qual essas perguntas não consigam levá-lo a seu objetivo? Certa vez, tive uma aluna no curso de mediação que, quase ao final do semestre, me entregou um diário que havia escrito, com um bilhete na capa dizendo: "Aqui está meu diário. Desculpa se é pessoal demais." Agora, eu sei o que isso significa: "Aqui está o verdadeiro motivo pelo qual fiz seu curso." No diário, ela escreveu sobre a mãe, que tinha distúrbio da personalidade narcisista. Ela havia se matriculado na Clínica de Mediação em parte porque queria aprender uma habilidade que pudesse ajudá-la na carreira jurídica, mas, na verdade, o que ela queria era encontrar um jeito de melhorar o relacionamento com a mãe. Ela me contou que as perguntas abertas e as habilidades de resumo que havia aprendido tinham sido muito úteis em esclarecer seus próprios objetivos e manter suas interações mais seguras, mas que acabou não fazendo progresso com a mãe, que continuava a se esquivar cada vez que minha aluna identificava uma necessidade em comum ou propunha um caminho. Minha aluna sentia que sua mãe continuava encontrando novas formas de entrar em conflito com ela. Então perguntou se eu teria outras ideias de como melhorar a situação ou se havia algo que passou despercebido.

Delicadamente, contei que achava que ela poderia estar fazendo a pergunta errada, que talvez aquilo não estivesse sob seu controle. Que talvez a mãe necessitasse daquele conflito por algum motivo e estivesse resistindo aos esforços de solucioná-lo ou transformá-lo. Então, talvez o trabalho da minha aluna fosse usar as perguntas Espelho para identificar as próprias necessidades e limites e expressá-los a fim de se proteger.

Tudo isso para dizer: essas perguntas pressupõem certas condições. Elas presumem que a pessoa do outro lado esteja agindo de boa-fé. Que a pessoa não possui um distúrbio de personalidade nem precisa do conflito por alguma razão. Mesmo assim, você obterá tremendas vantagens ao fazer essas perguntas, mesmo em tal situação. Entre outras coisas, vai esclarecer sua própria noção do problema – necessidades, emoções, sucessos anteriores e ideias para o futuro. Alguns desses passos podem estar sob seu controle, e agora você está a caminho de alcançá-los. Você também terá a satisfação de saber que tentou resolver esse conflito ou problema. E só consegue saber depois de tentar. E se você tenta e não tem sucesso por um dos motivos que acabei de listar, essa também é uma informação útil. Agora pode buscar clareza em um rumo diferente que não envolva uma parceria com a outra pessoa. No caso da minha aluna, ela usou essas perguntas para expressar suas necessidades e fixar um limite com a mãe. Não é o relacionamento dos sonhos, mas ela se sente mais segura e aceita melhor a situação tal como ela se apresenta.

CONSIDERAÇÕES FINAIS

Escrevi este livro para trazer a você técnicas que possa utilizar para melhorar qualquer negociação ou relacionamento em sua vida e, ao fazê-lo, melhorar a própria vida.

Certamente melhoraram a minha. Quando aprendi as habilidades descritas neste livro, constatei que não apenas negociei melhor comigo e com os outros, mas me senti bem mais contente. E, ao mesmo tempo, mais confiante e conectada com as pessoas ao redor. Então usei essas habilidades para encontrar minha vocação profissional como professora, mediadora e coach em negociação. Hoje, e todos os dias, acordo sabendo que estou fazendo aquilo para o qual vim ao mundo. Meu propósito foi ajudá-lo a fazer e sentir o mesmo. Adoro ajudar as pessoas a alcançarem o que têm de melhor e depois compartilharem o que aprenderam com os outros.

Ao longo deste livro, conduzi você por alguns dos altos e baixos da minha vida. De muitas formas, escrever foi como me olhar demoradamente no espelho. Mas fiz isso por uma razão. Escrevi este livro a partir do meu Espelho pessoal para que você se sinta livre para negociar com base no seu. Quero que saiba que, quando começa a perguntar mais, pode fazê-lo como seu eu pleno e autêntico. Não apenas isso está certo, mas você terá mais sucesso assim.

Quando as pessoas completam meu treinamento, ainda que seja apenas um workshop de um dia, digo que as considero meus novos colegas. Isso significa que agora você faz parte de uma comunidade que está tentando "fazer certo" em suas negociações, mesmo quando buscam alcançar seus objetivos. Significa que quero que você me considere sua parceira no trabalho daqui em diante, permaneça em contato e me conte o que vai fazer com o que aprendeu. E significa que espero que você compartilhe parte do que aprendeu com outros em sua vida. Quando você permanece curioso nas negociações e nos relacionamentos, percebe que as outras pessoas começam a ver você como um modelo, e fazem o mesmo. Desse modo, bons negociadores tornam-se líderes – em casa, no trabalho e no mundo.

VOCÊ PODE CONSEGUIR MAIS:
10 PERGUNTAS PARA NEGOCIAR QUALQUER COISA
por ALEXANDRA CARTER

O ESPELHO	A JANELA
Minha definição do problema/objetivo *Qual problema eu quero resolver?*	**A definição do outro do problema/objetivo** *Me conte...*
Minhas necessidades/como seriam *Do que eu preciso?*	**As necessidades do outro/como seriam** *Do que você precisa?*
Meus sentimentos/preocupações *O que eu sinto?*	**Os sentimentos/preocupações do outro** *Quais são suas preocupações?*
Meu sucesso anterior *Como lidei com isso de maneira bem-sucedida no passado?*	**O sucesso anterior do outro** *Como você lidou com isso de maneira bem-sucedida no passado?*
Meus primeiros passos *Qual é o primeiro passo?*	**Os primeiros passos do outro** *Qual é o primeiro passo?*

AGRADECIMENTOS

Esta parte foi a mais difícil de escrever. Desde o momento em que tive a ideia deste livro até sua publicação, fui incentivada por uma enorme comunidade de familiares, amigos e colegas. Devo tudo a esse apoio. Quaisquer erros são de minha responsabilidade.

Agradecimentos enormes a Carol Liebman, minha mentora, a primeira pessoa que me ensinou a pescar com rede, e à minha comunidade de colegas de resolução de disputas em todo o país.

À minha editora, Stephanie Frerich, que em nosso primeiro telefonema me disse que este era o livro de negociação pelo qual vinha esperando durante toda a sua vida profissional. Você é a parceira intelectual que eu esperei por toda a minha vida. Obrigada à minha equipe na Simon & Schuster: às revisoras Kimberly Goldstein e Annie Craig; ao editor Jonathan Karp e à revisora Emily Simonson. À minha equipe artística, por me ajudar a dar vida visual e audível a este livro: Lauren Pires, Jackie Seow e Tom Spain. E ao restante da equipe da Simon & Schuster que permitiu que este livro capacitasse pessoas em todo o mundo a perguntar mais e conseguir mais: Kayley Hoffman, Alicia Brancato, Marie Florio e Fritha Saunders.

Aos meus agentes, Esther Newberg e Kristyn Benton. Eu não poderia estar mais orgulhosa de ser representada por vocês e pela ICM Partners, uma agência publicamente comprometida com a igualdade de gênero em todos os níveis de gestão.

À minha graduada, amiga e inspiração, Kristen J. Ferguson, por segurar o espelho e me ajudar a conceituar este projeto. Se dei à luz este livro, você foi minha primeira parteira. Obrigada por ser a própria mensagem.

Aos meus colegas de Columbia, com agradecimentos especiais à reitora, Gillian Lester, ao vice-reitor, Brett Dignam, e a todos do corpo docente. Obrigada a toda a equipe administrativa: Brenda Eberhart, Michelle Ellis, Elizabeth Gloder, Mirlande Mersier e Misty Swan. Para aqueles que generosamente passaram algum tempo lendo meu livro ou oferecendo conselhos e encorajamento, entre eles Elizabeth Emens, Michelle Greenberg-Kobrin, Avery Katz, Sarah Knuckey, Gillian Metzger, Colleen Shanahan, Susan Sturm e Matthew Waxman. Obrigada aos meus mentores, Robert Ferguson e Louis Henkin, por acreditarem em mim. Eu gostaria que vocês estivessem aqui para segurar este livro em suas mãos, mas saibam que guardo vocês em meu coração. A meu colega de mediação para toda a vida, Shawn Watts, por mais do que posso registrar aqui.

Dou aulas para os melhores alunos do mundo. À turma de alunos da Faculdade de Direito de Columbia, obrigada por suas ideias, edições e crença inabalável neste projeto: Jennifer Q. Ange, David S. Blackman, Argemira Flórez Feng, Heidi L. Guzmán, Xinrui Alex Li, Lauren Matlock-Colangelo, Ayisha Christen McHugh, Cecilia Plaza, Esther Portyansky, Dana M. Quinn, Shinji Ryu e Nadia Yusuf. Agradecimentos especiais aos "capitães" da minha equipe de livros: Baldemar Gonzalez, Idun Bresee Klakegg, Kate Joohyun Lee e Haley Ling, que estavam lá desde o início. Sua experiência, sua contribuição editorial e sua generosidade estão refletidos em todos os lugares deste livro.

À minha família, pelo apoio e pelos conselhos. Agradecimentos especiais aos escritores da família, Bill Carter e Caela Carter, por abrirem o caminho. *Você pode conseguir mais* é apenas o mais recente na estante de volumes Carter. À minha mãe, Vera Carter, por ser um exemplo em sala de aula e na vida. Ao meu pai, Richard Carter, por me ensinar coragem e resiliência. Minha mãe-bônus, Nikki Carter, por seu incentivo. Meus amados irmãos: Rich e Brittany Carter, John e Katie Carter, Scott e Michelle Shepherd e Henry Shepherd. Meus tios e tias: Elizabeth Keating Carter, Catherine e Daniel O'Neill, Alex e Wendy Ricci e Dom Ricci. Aos meus primos incríveis, incluindo Bridget, Christina, Dan, Danno, Jeannie, Mary Frances e Sabrina por seu apoio neste projeto e em todos os meus empreendimentos. Meus falecidos avós, Richard e Teresa Carter, Frances e Tiberio Ricci, e Dick Regen. Meus maravilhosos sogros Tom e Regina Lembrich, e também Ellen Lembrich e Dan Adshead.

Aos meus amigos íntimos que me incentivaram ao longo deste e de todos os meus esforços, entre eles Dawn Behrmann, Paolo Bowyer, Jennifer Brick, Allison Ciechanover, Shoshana Eisenberg, Deborah Engel, Elyse Epstein, Ruth Hartman, Malia Rulon Herman, Meredith Katz, Reshma Ketkar, Lisa Landers, Marcia LeBeau, Marie McGehee, Laura Mummolo-Collins, Melanie Painvin, Dina Pressel, Rebecca Price e Meghan Siket.

Por histórias, feedback, conselhos, comentários e apoio, estou em dívida com mais pessoas do que posso lembrar aqui, incluindo Kristy Bryce, Kate Buchanan, Autumn Calabrese, Julie China, Lisa Courtney, embaixador Luis Gallegos, David Greenwald, Jamila Hall, Janet Stone Herman, Art Hinshaw, Kiley Holliday, Mila Jasey, Heather Kasdan, Bonnie Lau, Jodi Lipper, Shuva Mandal, Danielle e Celia Mann, Gabriel Matus, Ben McAdams,

Julie Judd McAdams, Jamie Meier, Gray e Suzanne Sexton, Andra Shapiro, Ritu Sharma, Sherri Sparaga, George M. Soneff, Melody Tan, Mary Theroux, Anastasia Tsioulcas, Amy Walsh, Daniel Weitz, Elisha Wiesel, Exmo. Mark L. Wolf e Mei Xu.

Aos meus colegas da Organização das Nações Unidas e do Unitar: secretário-geral adjunto Nikhil Seth, embaixador Marco Suazo, Pelayo Alvarez, Jones Haertle, Julia Maciel e todas as centenas de diplomatas que participaram de nossos cursos e contribuíram para este livro por meio de suas experiências.

Aos meus amigos e colegas de todo o mundo pelo apoio. No Japão: embaixador Ricardo Allicock, presidente Junko Hibiya da ICU, Michael Kawachi e família, e o restante da minha família japonesa. No Brasil: minha colega de mediação, amiga e irmã brasileira, professora Lilia Maia de Morais Sales e familiares; professor Gustavo Feitosa; e toda a minha família estendida na Universidade de Fortaleza, incluindo o falecido Dr. José Airton Vidal Queiroz e a reitora Fátima Veras.

A Mark Fortier e Melissa Connors, meus publicitários da Fortier Public Relations, Kenneth Gillett e a equipe da Target Marketing Digital, bem como Brandi Bernoskie, Elsa Isaac, Tara Lauren, Gregory Patterson e Rachel Zorel do 7 Layer Studio, por me ajudarem a levar esta mensagem ao mundo.

Cada palavra deste livro foi escrita sob a inspiração do ótimo café e dos pães e doces da Liv Breads em Millburn, Nova Jersey, de propriedade de meus amigos Elana e Yaniv Livneh.

E para minha comunidade natal de Maplewood, Nova Jersey, obrigada por amar a mim e à minha família enquanto eu trabalhava para gestar este livro.

NOTAS

Introdução

9 **"a profundidade de nossas respostas":** Carl Sagan, *Cosmos* (Rio de Janeiro: Francisco Alves, 1981).

11 **apenas 7% das pessoas fazem boas perguntas:** Leigh Thompson, *O Negociador* (Campinas: Pearson Universidades, 2008).

11 **além de perder a oportunidade:** Ibid.

12 **em situações de negócios ou política:** "Negotiation", *Macmillan Dictionary*, 2 de outubro de 2019, https://www.macmillandictionary.com/us/dictionary/american/negotiation#targetText=formaldiscussionsinwhichpeople,contractnegotiations.

12 **tentam conseguir um acordo:** "Negotiation", *Collins English Dictionary*, 2 de outubro de 2019, https://www.collinsdictionary.com/us/dictionary/english/negotiation.

16 **Pesquisas recentes sobre negociação e liderança:** Tasha Eurich, *Insight: The Surprising Truth about How Others See Us, How We See Ourselves, and Why the Answers Matter More Than We Think* (Nova York: Random House, 2017), p.99-101; Thompson, p.77.

23 **Estudos sobre o clima sociopolítico:** James E. Campbell, *Polarized: Making Sense of a Divided America* (2016), 31; John Sides & Daniel J. Hopkins, *Political Polarization in American Politics*, 2015, p.23.

23 **As pesquisas também mostram:** Wendy L. Bedwell, Stephen M. Fiore & Eduardo Salas, "Developing the Future Workforce: An Approach for Integrating Interpersonal Skills Into the MBA Classroom", *Academy of Management Learning and Communication* 13, nº 2, 2013, p.172.

Parte 1: O Espelho

27 **revelaram um elo claro:** Tasha Eurich, *Insight: The Surprising Truth About How Others See Us, How We See Ourselves, and Why the Answers Matter More Than We Think* (Nova York: Random House, 2017), p.154.
27 **ela pode ser de *dois* tipos:** Ibidem, p.8.
27 **interna:** Ibidem.
27 **externa:** Ibidem.
28 **uma forte autopercepção externa, mas fraca autopercepção interna:** Ibidem.
28 **investigaram como aumentar a autopercepção:** Ibidem, p.11-13.
28 **introspecção exata depende de fazermos perguntas:** Ibidem, p.101.
28 **justamente as perguntas *erradas*:** Ibidem, p.98-102.
28 **era a mais frequente:** Karen Zraick & David Scull, "Las Vegas, Puerto Rico, Tom Petty: Your Tuesday Evening Briefing", *New York Times*, 3 de outubro de 2017, https://www.nytimes.com/2017/10/03/briefing/las-vegas-donald-trump-puerto-ricotom-petty.html.
29 **conseguem níveis mais altos de autopercepção interna:** Eurich, p.100.
30 **comprovado que nos ajuda a lembrar melhor depois:** "Study Focuses on Strategies for Achieving Goals, Resolutions", Dominican University of California, 2 de outubro de 2019, https://www.dominican.edu/dominicannews/study-highlights-strategies-for-achieving-goals.
31 **mais disposto a realizá-los:** Mark Murphy, "Neuroscience Explains Why You Need to Write Down Your Goals if You Actually Want to Achieve Them", *Forbes*, 15 de abril de 2018, https://www.forbes.com/sites/markmurphy/2018/04/15/neuroscience-explainswhy-you-need-to-write-down-your-goals-if-you-actually-wantto-achieve-them/#40a5f44e7905.

1. Qual problema eu quero resolver?

33 **cinco minutos na solução:** Erika Andersen, "Start the New Year Like Albert Einstein", *Forbes*, 20 de dezembro de 2011, https://www.

forbes.com/sites/erikaandersen/2011/12/30/start-the-newyear-like-albert-einstein/#6f3d58dd3e12.

33   **logo após o sucesso do iPod, Jobs observou:** Fred Vogelstein, "The Untold Story: How the iPhone Blew Up the Wireless Industry", *Wired*, 9 de janeiro de 2008, https://www.wired.com/2008/01/ffiphone/.

33   **ele ficou cada vez menos satisfeito:** Mic Wright, "The Original iPhone Announcement Annotated: Steve Jobs' Genius Meets Genius", TNW, 9 de setembro de 2015, https://thenextweb.com/apple/2015/09/09/genius-annotated-with-genius/.

33   **sobrecarregados com vários outros dispositivos:** Ibidem.

33   **As pessoas precisavam de um dispositivo que fosse simples de usar:** Ibidem.

34   **a única ferramenta necessária:** Ibidem.

34   **pediu que os engenheiros da Apple criassem:** Vogelstein, "The Untold Story: How the iPhone Blew Up the Wireless Industry".

34   **tendo negociado um acordo para que sua subsidiária:** Ibidem.

34   **A AT&T teria direitos exclusivos de distribuição:** Ibidem.

34   **da conta de celular de cada consumidor todos os meses:** Ibidem.

34   **A Apple também manteria o controle:** Ibidem.

34   **um acordo sem precedentes:** Ibidem.

34   **contou à revista *Forbes*:** Peter Cohan, "How Steve Jobs got AT&T to Share Revenue", *Forbes*, 16 de agosto de 2013, https://www.forbes.com/sites/petercohan/2013/08/16/how-steve-jobs-got-att-to-sharerevenue/#527ef4f0391c.

34   **rapidamente conquistou um segmento considerável:** "5 Years Later: A Look Back at the Rise of the iPhone", Comscore, 29 de junho de 2012, https://www.comscore.com/Insights/Blog/5-Years-Later-A-Look-Back-atthe-Rise-of-the-iPhone.

35   **"Para Jobs e para o iPhone":** Kevin Ashton, "How to Fly a Horse: The Secret of Steve", 2 de outubro de 2019, http://howtoflyahorse.com/the-secret-of-steve/.

37   **10% ou mais de faltas:** "The Problem", Attendance Works, 2 de outubro de 2019, https://www.attendanceworks.org/chronicabsence/the-problem/.

37   **Disso resulta:** Ibidem.

37   **De acordo com a organização sem fins lucrativos Attendance Works:** Ibidem.

38 **depois de combinar o programa de lavagem de roupas:** Emily S. Rueb, "Schools Find a New Way to Combat Student Absences: Washing Machines", *The New York Times*, 13 de março de 2019, https://www.nytimes.com/2019/03/13/us/schools-laundry-rooms.html.

40 **"criar não é o resultado da genialidade":** Ashton, "How to Fly a Horse: The Secret of Steve".

41 **E, dos fracassos, "25% se davam":** John Kennedy, "Darrell Mann: 98pc of Innovation Projects Fail, How to Be the 2pc that Don't", *Silicon Republic*, 23 de fevereiro de 2013, https://www.siliconrepublic.com/innovation/darrell-mann-98pc-of-innovation-projects-fail-how-to-be-the-2pc-that-dont.

41 **humanos tendem a evitar:** Erik van Mechelen, "Substituting a Hard Question for an Easier One: Daniel Kahneman's *Thinking, Fast and Slow*", *Yukaichou* (blog), 2 de outubro de 2019, https://yukaichou.com/behavioral-analysis/substituting-hard-question-easier-one-danielkahnemans-thinking-fast-thinking-slow/.

44 **a situação atual:** Michael Cooper, "Defining Problems: The Most Important Business Skill You've Never Been Taught", *Entrepreneur*, 26 de setembro de 2014, https://www.entrepreneur.com/article/237668.

45 **ajuda a ter a visão mais clara e concisa:** Ibidem.

45 **você alcança resultados melhores quando está focado no objetivo:** Andrea Kupfer Schneider, "Aspirations in Negotiations", *Marquette Law Review* 87, nº 4, 2004, p.675.

2. Do que eu preciso?

56 **Você saberá se tem uma necessidade:** Sheiresa Ngo, "The Real Difference between Needs and Wants Most People Ignore", Cheatsheet, 6 de novembro de 2017, https://www.cheatsheet.com/money-career/real-difference-between-needs-and-wants-people-ignore.html/.

56 **conseguem mais de suas negociações:** Sidney Siegel & Lawrence E. Fouraker, *Bargaining and Group Decision Making* (Nova York: Mc-Graw-Hill, 1960), p.64.

56 **"otimistas, específicas e justificáveis":** G. Richard Shell, *Bargaining for Advantage: Negotiation Strategies for Reasonable People* (Nova York: Viking, 1999), p.30-34.

56 **Identificando nossas necessidades:** Andrea Kupfer Schneider, "Aspirations in Negotiations", *Marquette Law Review* 87, nº 4, 2004, p.676.

56 **nos ajuda a desejar mais:** Ibidem, 34.

59 **Obtidas de pesquisas psicológicas:** Abraham H. Maslow, "A Theory of Human Motivation", *Psychological Review* 50, nº 4, 1943, p.394-395.

61 **"A ligação entre fome e conflito":** Edith M. Lederer, "UN: Conflict Key Cause of 124 Million Hungry Who Could Die", APNews, 23 de março de 2018, https://www.apnews.com/c37f7a8da9cc4eaebf3fe7c48711aa37.

61 **"Conflitos levam à insegurança alimentar":** Ibidem.

61 **"insegurança alimentar também pode estimular instabilidade":** Ibidem.

61 **60% dos 815 milhões:** Ibidem.

64 **é um fator determinante de felicidade e produtividade:** Annie McKee, *How to Be Happy at Work: The Power of Purpose, Hope, and Friendship* (Boston: Harvard Business Review Press, 2018), p.13.

64 **respeito, que significa admiração por alguém:** "Respect", *Merriam-Webster*, 16 de outubro de 2019, https://www.merriam-webster.com/dictionary/respect.

65 **falta dele [respeito] em uma parceria:** John Mordechai Gottman & Nan Silver, *The Seven Principles for Making Marriage Work* (Nova York: Random House, 1999), p.29-31; 65-66.

65 **um dos "Quatro Cavaleiros do Apocalipse" que permitem prever o divórcio:** Ibidem, p.27.

65 **é mais provável que respeitem de volta:** Robert Cialdini, "The Six Principles of Successful Workplace Negotiation", Controlled Environments, 4 de setembro de 2015.

65 **respeito promove confiança:** Ibidem; Jeswald Salacuse, "The Importance of a Relationship in Negotiation", Program on Negotiation, Harvard Law School, 18 de junho de 2019, https://www.pon.harvard.edu/daily/negotiation-training-daily/negotiate-relationships/.

65 **Dignidade, que em algumas culturas é chamada de "amor-próprio":** Bert R. Brown, "Saving Face", *Psychology Today* 4, nº 12, maio de 1971, p.56-57.

65 **sensação de orgulho e merecimento:** "Dignity", *Merriam-Webster*, 16 de outubro de 2019, https://www.merriam-webster.com/dictionary/dignity.

65 **é fundamental para seu bem-estar:** Jonathan M. Mann, "Dignity, Well-Being and Quality of Life", in *Longevity and Quality of Life: Opportunities and Challenges*, org. Robert N Butler & Claude Jasmin (Nova York: Kluwer Academic, 2000), p.149.

67 **necessidade de saber que são responsáveis:** Roger Fisher e Daniel Shapiro, *Além da razão: a força da emoção na solução de conflitos* (Rio de Janeiro: Alta Life, 2019), p.211.

67 **pode ajudar a satisfazer as necessidades de autodireção:** Ibidem; Sue Grossman, "Offering Children Choices: Encouraging Autonomy and Learning While Minimizing Conflicts", *Early Childhood News*, 16 de outubro de 2019, www.earlychildhoodnews.com/earlychildhood/article_view.aspx?ArticleID=607.

81 **"A vida é um processo de tornar-se":** Evelyn J. Hinz, *The Mirror and the Garden: Realism and Reality in the Writings of Anaïs Nin*, 1973, p.40.

3. O que eu sinto?

90 **porque nos ajudam a tomar decisões:** Jim Camp, "Decisions are Largely Emotional, Not Logical: The Neuroscience Behind Decision-Making", Big Think, 11 de junho de 2012, https://bigthink.com/experts-corner/decisions-are-emotional-not-logical-the-neuroscience-behind-decision-making.

91 **descobriu que eles eram incapazes de tomar decisões:** Antonio Damasio, *Descartes' Error: Emotion, Reason, and the Human Brain* (Nova York: G.P. Putnam, 1994), p.38-39; 50; 63.

91 **não decidiam o que comer:** Jonah Lehrer, "Feeling Our Way to Decision", *Sydney Morning Herald*, 28 de fevereiro de 2009, https://www.smh.com.au/national/feeling-our-way-to-decision-20090227-8k8v.html.

91 **podem aprimorar nossa capacidade de julgar:** Barbara L. Friedrickson, "What Good are Positive Emotions?", *Review of General Psychology* 2, nº 3, 1998, p.300.

91 **podem inibir essas capacidades:** Christopher Bergland, "How Does Anxiety Short Circuit the Decision-Making Process?", *Psychology Today*, 17 de março de 2016, https://www.psychologytoday.com/us/blog/the-athletes-way/201603/how-does-anxiety-short-circuit-the-decision-making-process.

94 **de um jeito que impeça nossa capacidade:** Jessica J. Flynn, Tom Hollenstein & Allison Mackey, "The Effect of Suppressing and Not Accepting Emotions on Depressive Symptoms: Is Suppression Different for Men and Women?", *Personality and Individual Differences* 49, nº 6, 2010, p.582.

99 **se dedicaram a descobrir grupos de emoções essenciais:** Brené Brown, "List of Core Emotions", março de 2018, https://brenebrown.com/wp-content/uploads/2018/03/List-of-Core-Emotions-2018.pdf.

102 **"Jamais devemos negociar por medo":** John F. Kennedy, "Inaugural Address", CNN, 20 de janeiro de 1961, http://www.cnn.com/2011/POLITICS/01/20/kennedy.inaugural/index.html.

107 **ajuda a desenvolver uma conexão:** Barbara Fredrickson, "Are you Getting Enough Positivity in Your Diet?", *Greater Good Magazine*, 21 2011, https://greatergood.berkeley.edu/article/item/are_you_getting_enough_positivity_in_your_diet.

107 **talvez experimente maior dificuldade:** Meina Liu, "The Intrapersonal and Interpersonal Effects of Anger on Negotiation Strategies: A Cross-Cultural Investigation", *Human Communication Research* 35, nº 1, 2009, p.148-169; Bo Shao, Lu Wang, David Cheng & Lorna Doucet, "Anger Suppression in Negotiations: The Roles of Attentional Focus and Anger Source", *Journal of Business & Psychology* 30, nº 4, dezembro de 2015, p.755.

107 **levam a resultados mistos:** Program on Negotiation Staff, "Negotiation Strategies: Emotional Expression at the Bargaining Table", Harvard Law School Program on Negotiation: Daily Blog, 6 de junho de 2019, https://www.pon.harvard.edu/daily/negotiation-skills-daily/emotional-expression-in-negotiation/.

107 **é bem provável que ele esteja mais disposto a fazer concessões:** Jeff Falk-Rice, "In Negotiations, A Little Anger May Help", Futurity, 15 de março de 2018, https://www.futurity.org/anger-in-negotiations-emotions-1704482/.

107 **menos disposto a querer fazer negócios:** Keith G. Allred, John S. Mallozzi, Fusako Matsui & Christopher P. Raia, "The Influence of Anger and Compassion on Negotiation Performance", *Organizational Behavior and Human Decision Processes* 70, nº 3, junho de 1997, p.177.

107 **menos poder do que seu interlocutor:** Mithu Storoni, "It Pays to

Get Angry In a Negotiation—If You Do It Right", *Inc.*, 11 de maio de 2017, https://www.inc.com/mithu-storoni/it-pays-to-get-angry-in-a-negotiation-if-you-do-it-right.html.

108 **A ansiedade na negociação pode levar:** Alison Wood Brooks & Maurice E. Schweitzer, "Can Nervous Nelly Negotiate? How Anxiety Causes Negotiators to Make Low First Offers, Exit Early, and Earn Less Profit", *Organizational Behavior and Human Decision Processes* 115, nº 1, maio de 2011, p.51.

4. Como lidei com isso de maneira bem-sucedida no passado?

115 **é mais provável que alcancem melhores resultados:** Joris Lammers, David Dubois, Derek D. Rucker & Adam D. Galinsky, "Power Gets the Job: Priming Power Improves Interview Outcomes", *Journal of Experimental Social Psychology* 49, nº 4, julho de 2013, p.778.

121 **Um estudo da Universidade Columbia descobriu:** Ibidem.

121 **pesquisadores da Harvard Business School encontraram:** Kimberlyn Leary, Julianna Pillemer & Michael Wheeler, "Negotiating with Emotion", *Harvard Business Review*, janeiro-fevereiro 2013, 96, 99, https://hbr.org/2013/01/negotiating-with-emotion.

121 **esse efeito é autorreforçador:** Theresa Amabile & Steven Kramer, *The Progress Principle: Using Small Wins to Ignite Joy, Engagement,and Creativity at Work* (Boston: Harvard Business Review Press, 2011), p.69.

121 ***Harvard Business Review* escreveu:** Leary et al., "Negotiating with Emotion."

5. Qual é o primeiro passo?

130 **"acabar com a distância entre o lar e a moda":** Mei Xu, "Chesapeake Bay Candle: Mei Xu", entrevista por Guy Raz, *How I Built This*, NPR, 6 de março de 2017, Audio, 10:16, https://www.npr.org/2017/03/06/518132220/chesapeake-bay-candle-mei-xu.

130 **que ela lançou em 1994:** "Chesapeake Bay Candle", Newell Brands, 10 de outubro de 2019, https://www.newellbrands.com/ourbrands/chesapeake-bay-candle.

140 **uma negociação bem-sucedida, hoje famosa:** Brad McRae,

Negotiating and Influencing Skills: The Art of Creating and Claiming Value (California: SAGE Publications, 1998), p.19.
- 140 **uma viagem de trem com pausas breves:** Ibidem.
- 140 **imprimiram 3 milhões de cópias:** Ibidem.
- 140 **não possuíam a permissão:** Ibidem.
- 140 **poderiam ser processados:** Ibidem.
- 140 **não podiam correr esse risco:** Ibidem.
- 140 **teve uma ideia:** Ibidem.
- 141 **enviou o seguinte telegrama para os estúdios Moffet:** Ibidem.
- 141 **"Estamos planejando distribuir":** Ibidem.
- 141 **O estúdio respondeu ao telegrama:** Ibidem.
- 141 **Eles aceitaram:** Ibidem.
- 141 **transformou um prejuízo em potencial:** Ibidem.
- 145 **Considerar o pior cenário:** Ayse Birsel, "Your Worst Idea Might Be Your Best Idea", *Inc.*, 16 de fevereiro de 2017, https://www.inc.com/ayse-birsel/your-worst-idea-might-be-your-best-idea.html.
- 146 **e também (ou ainda melhor) para negociações que envolvam um grupo:** Ibidem.
- 146 **algumas empresas usam essa técnica:** John Geraci, "Embracing Bad Ideas to Get to Good Ideas", *Harvard Business Review*, 27 de dezembro de 2016, https://hbr.org/2016/12/embracing-badideas-to-get-to-good-ideas.
- 146 **A 3M chama isso de "pensamento reverso":** "Reverse Thinking: Turning the Problem Upside Down", Post-it, 3M, 6 de outubro de 2019, https://www.post-it.com/3M/en__US/post-it/ideas/articles/reverse-thinking/.

Parte 2: A Janela

- 149 **"Quando as pessoas falarem, ouça verdadeiramente":** Ernest Hemingway, "Quotes", *Goodreads*, 6 de outubro de 2019, https://www.goodreads.com/quotes/1094622-when-people-talk-listen-completely-don-tbe-thinking-what-you-re.
- 149 **"A maioria nunca faz isso":** Ibidem.
- 151 **Com frequência, deixamos de ouvir – ou pior, desvalorizamos:** Will Tumonis, "How Reactive Devaluation Distorts Our Judgment", *Ideation Wiz*, 17 de dezembro de 2014, https://www.ideationwiz.com/reactive-devaluation/.

151   **meros ouvintes, nada perfeitos:** Ralph G. Nichols & Leonard A. Stevens, "Listening to People", *Harvard Business Review*, setembro de 1957, https://hbr.org/1957/09/listening-to-people.

152   **93% de todos os negociadores deixaram de fazer perguntas:** Leigh Thompson, *The Mind and Heart of the Negotiator* (Upper Saddle River, NJ: Pearson/Prentice Hall, 2005), p.77.

154   **desinformação ou falta de pensamento estratégico pode ser o resultado:** Michael Suk-Young Chwe, *Jane Austen, Game Theorist: Updated Edition* (Princeton, NJ: Princeton University Press, 2013), p.188.

154   **ouvintes empáticos não apenas criam melhores conexões:** Sharon Myers, "Empathic Listening: Reports on the Experience of Being Heard", *Journal of Humanistic Psychology* 40, nº 2, 2000, p.171.

159   **quando você ouve para entender:** Stephen R. Covey, *Os 7 Hábitos das Pessoas Altamente Eficazes: Lições poderosas para a transformação pessoal* (Rio de Janeiro: BestSeller, 2017).

160   **Mais de 50% da comunicação é não verbal:** Allan Pease & Barbara Pease, "The Definitive Book of Body Language", *The New York Times*, 24 de setembro de 2006, https://www.nytimes.com/2006/09/24/books/chapters/0924-1st-peas.html; Albert Mehrabian: Silent Messages: Implicit Communication of Emotions and Attitudes (Belmont, CA: Wadsworth Publishing Co., 1981).

161   **"Mesmo que você conheça bem uma pessoa":** Chwe, *Jane Austen, Game Theorist: Updated Edition*, p.17.

161   **"Uma pessoa com um bom *nunchi* pode entender":** Ibidem.

161   **procure observar o padrão:** Carol Kinsey Goman, "How to Read Business Body Language Like a Pro-5th Tip", *Forbes*, 28 de dezembro de 2012, https://www.forbes.com/sites/carolkinseygoman/2012/12/28/how-to-read-business-body-language-like-apro-5th-tip/#54e7b7a463b5.

6. Me conte...

163   **membro da Igreja de Jesus Cristo dos Santos dos Últimos Dias:** Libby Coleman, "There's a Reason He's the Highest-Ranking Dem in Utah", Ozy, 20 de fevereiro de 2017, https://www.ozy.com/politicsand-power/theres-a-reason-hes-the-highest-ranking-dem-inutah/75784.

163 **político americano que exerceu seu primeiro mandato:** Lee Davidson, "It's Over. Democrat Ben McAdams Ousts Republican Rep. Mia Love by 694 Votes", *Salt Lake Tribune*, 21 de novembro de 2018, https://www.sltrib.com/news/politics/2018/11/20/its-over-democrat-ben/.

163 **incomum para um mórmon:** Coleman, "There's a Reason He's the Highest-Ranking Dem in Utah."

163 **passou grande parte da vida adulta:** Ibidem.

163 **Um dia, em 2008:** Jared Page, "Ben McAdams Quiets Critics with Willingness to Listen, Compromise", *Deseret News*, 12 de agosto de 2012, https://www.deseretnews.com/article/865560557/Ben-McAdamsquiets-critics-with-willingness-to-listen-compromise.html.

163 **2008, o ano em que a Igreja dos Mórmons:** Jesse McKinley & Kirk Johnson, "Mormons Tipped Scale in Ban on Gay Marriage," *New York Times*, 14 de novembro de 2008, https://www.nytimes.com/2008/11/15/us/politics/15marriage.html.

163 **propôs o Registro de Parceria Doméstica:** Page, "Ben McAdams Quiets Critics with Willingness to Listen, Compromise."

164 **incluindo daqueles que compartilhavam a religião de McAdams:** Page; "Buttars Shames LDS Church", *Deseret News*, 30 de janeiro de 2006, https://www.deseret.com/2006/1/30/19935132/buttars-shames-lds-church.

164 **resistiram à lei:** Ibidem.

164 **marcou uma reunião:** Ibidem.

164 **"Eu costumo achar que, quando ouço":** Ibidem.

165 **levaram à criação do Registro de Compromisso Mútuo de Salt Lake City:** Ibidem.

165 **A lei modificada foi aprovada por unanimidade:** Ibidem.

165 **Julie (uma mediadora treinada) declarou mais tarde:** Ibidem.

166 **"fontes de inovação":** Alison Wood Brooks & Leslie K. John, "The Surprising Power of Questions", *Harvard Business Review*, maio-junho de 2018, p.60; 64, https://hbr.org/2018/05/the-surprising-power-of-questions.

167 **chamam de "conversa de aprendizado":** Douglas Stone, Bruce Patton e Sheila Heen, *Conversas difíceis: como discutir o que é mais importante* (Rio de Janeiro: Sextante, 2021).

167 **membro eleito e vice-presidente:** "Assembly woman Mila Jasey

Named Deputy Speaker of General Assembly", *The Village Green*, 22 de setembro de 2016, https://villagegreennj.com/towns/assemblywoman-mila-jasey-named-deputy-speaker-general-assembly/.

167 **ganhou uma batalha legislativa importante sobre um assunto desagregador:** "NJSBA Applauds End of Unnecessary Superintendent Salary CAP", New Jersey School Boards Association, 20 de julho de 2019, https://www.njsba.org/news-publications/press-releases/njsba-applauds-end-of-unnecessary-superintendent-salary-cap/.

167 **instituiu um teto salarial para os superintendentes:** Joe Hernandez, "N.J. Considers Eliminating Cap on Superintendent Pay", Whyy, 10 de junho de 2019, https://whyy.org/articles/n-j-considers-eliminatingcap-on-superintendent-pay/.

170 **"Me conte sobre você" é o único quebra-gelo necessário:** Jolie Kerr, "How to Talk to People, According to Terry Gross", *The New York Times*, 17 de novembro de 2018, https://www.nytimes.com/2018/11/17/style/self-care/terry-gross-conversation-advice.html.

170 **"Começar com 'Me conte sobre você' (...)":** Ibidem.

7. Do que você precisa?

185 **as necessidades, não os direitos, são a verdadeira razão:** Charles Vincent, Magi Young & Angela Phillips, "Why Do People Sue Doctors? A Study of Patients And Relatives Taking Legal Action", *The Lancet* 343, nº 8.913, junho de 1994, p.1611-1613.

189 **traz à tona informações importantes e profundamente enraizadas:** Katie Shonk, "Principled Negotiation: Focus on Interests to Create Value", Program on Negotiation, Harvard Law School, 9 de maio de 2019, https://www.pon.harvard.edu/daily/negotiation-skills-daily/principled-negotiationfocus-interests-create-value/; Douglas Stone, Bruce Patton e Sheila Heen, *Conversas difíceis: como discutir o que é mais importante* (Rio de Janeiro: Sextante, 2021).

193 **Assistentes sociais raramente fazem perguntas com *por quê*:** "Interviewing Skill Development and Practice", *Georgia Division of Family and Children Services*, março 2007, p.10, dfcs.dhr.georgia.gov/sites/dfcs.georgia.gov/files/imported/DHR-DFCS/DHR_DFCS-Edu/Files/PG_ intermediate%20interviewing_rev03-07.pdf.

8. Quais são suas preocupações?

201 **informações decisivas:** Caroline Cenzia-Levine, "Stuck in a Negotiation? Five Steps to Take when You Hear No to Your Request", *Forbes*, 12 de agosto de 2018, https://www.forbes.com/sites/ carolinecenzialevine/2018/08/12/stuck-in-a-negotiation-fivesteps-to-take-when-you-hear-no-to-your-request/#69a7aea2737c.

203 **é que isso desenvolve uma conexão:** PON Staff, "Negotiating Skills: Learn How to Build Trust at the Negotiation Table", Program on Negotiation, Harvard Law School, 9 de setembro de 2019, https://www.pon.harvard.edu/daily/dealmaking-daily/dealmaking-negotiationshow-to-build-trust-at-the-bargaining-table/; Ilana Zohar, "'The Art of Negotiation': Leadership Skills Required for Negotiation in Time of Crisis", *Procedia – Social and Behavioral Sciences* 209, julho 2015, p.542.

205 **quão decisivos os sentimentos são para desbloquear conflitos:** Alison Wood Brooks, "Emotion and the Art of Negotiation", *Harvard Business Review*, dezembro de 2015, https://hbr.org/2015/12/emotion-andthe-art-of-negotiation?referral=00060.

9. Como você lidou com isso de maneira bem-sucedida no passado?

218 **expandir as opções em potencial:** Paul E. Smaldino & Peter J. Richerson, "The Origins of Options", *Frontiers in Neuroscience*, 11 de abril de 2012, https://www.frontiersin.org/articles/10.3389/fnins.2012.00050/full.

218 **a memória influencia o modo como tomamos decisões:** Ibidem.

218 **Pode desencadear a sensação de motivação e capacidade:** Joris Lammers, David Dubois, Derek D. Rucker & Adam D. Galinsky, "Power Gets the Job: Priming Power Improves Interview Outcomes", *Journal of Experimental Social Psychology* 49, nº 4, 2013, p.778.

218 **segundo pesquisas, melhoram:** Ibidem.

219 **se lembrarem de estratégias concretas que podem ajudar:** Smaldino & Richerson, "The Origins of Options."

221 **"persuasão de poder":** Lammers, Dubois, Rucker & Galinsky,

"Power Gets the Job: Priming Power Improves Interview Outcomes", *Journal of Experimental Social Psychology* 49, nº 4, 2013, p.778.

221 **"nos persuadirmos a nos sentirmos mais ou menos poderosos":** "Business School Professor Explores the Effects of Power", *Columbia News*, 28 de junho de 2013, https://news.columbia.edu/news/business-schoolprofessor-explores-effects-power.

221 **Centenas de estudos mostraram:** Ibidem.

221 **é suficiente para produzir os mesmos efeitos de ter de fato poder:** Pamela K. Smith & Yaacov Trope, "You Focus on the Forest When You're in Charge of the Trees: Power Priming and Abstract Information Processing", *Journal of Personality and Social Psychology* 90, nº 4, 2006, p.580 ("A persuasão de poder deveria funcionar do mesmo modo que sua experiência real. Como qualquer outro conceito, o poder está ligado na memória a uma série de características e tendências comportamentais.").

221 **como nas negociações:** Alain P.C.I. Hong & Per J. van der Wijst, "Women in Negotiation: Effects of Gender and Power on Negotiation Behavior", *Negotiation and Conflict Management Research, International Association for Conflict Management* 6, nº 4, 2013, p.281.

224 **é mais provável que tenha um desempenho superior:** PON Staff, "Power in Negotiation: The Impact on Negotiators and the Negotiation Process", *Program on Negotiation, Harvard Law School*, 25 de julho de 2019, https://www.pon.harvard.edu/daily/negotiation-skills-daily/how-power-affects-negotiators/.

10. Qual é o primeiro passo?

230 **David Greenwald levou sua empresa – Fried, Frank:** Meghan Tribe, "Fried Frank Keeps Up Growth, Doubling Partner Profits over Five-Year Span", *The American Lawyer*, 21 de março de 2019, https://www.law.com/americanlawyer/2019/03/21/fried-frank-keeps-upgrowth-doubling-partner-profits-over-five-year-span/.

230 **ele deparou com uma série de problemas urgentes:** Leigh McMullan Abramson, "Top Goldman Lawyer Helped Turn Around a Struggling Law Firm", *Big Law Business*, 15 de julho de 2016, https://biglawbusiness.com/top-goldman-lawyer-helped-turn-around-astruggling-law-firm.

231 **constituem a maioria dos advogados:** "The Responsibility Factor, AKA the Partner-Associate Ratio", Chambers Associate, 10 de outubro de 2019, https://www.chambers-associate.com/law-firms/partner-associate-leverage.

231 **classifica os maiores escritórios de advocacia:** "Surveys & Rankings", *The American Lawyer*, 10 de outubro de 2019, https://www.law.com/americanlawyer/rankings/.

231 **satisfação dos associados de nível intermediário:** ALM Staff, "Which Firms Keep Midlevel Associates Happiest? The 2019 National Rankings", *The American Lawyer*, 26 de agosto de 2019, https://www.law.com/americanlawyer/2019/08/26/where-are-midlevel-associates-happiest-the-2019-national-rankings/.overall.

231 **ranking geral de satisfação leva em conta:** Ibidem.

231 **a satisfação dos associados do Fried Frank estava na antepenúltima posição:** "The 2013 Associate Survey: National Rankings", *The American Lawyer*, 1º de setembro de 2013, https://www.law.com/americanlawyer/almID/1202614824184/.

231 **Escritórios de advocacia de fato costumam ter muita rotatividade:** Sam Reisman, "Turnover High At Many Firms Despite Greater Pay, Benefits", *Law360*, 18 de outubro de 2017, https://www.law360.com/articles/975882/turnover-high-at-many-firms-despite-greater-pay-benefits.

232 **estabeleceu reuniões duas vezes ao ano:** Dearbail Jordan, "How to Revive a Law Firm", *The Lawyer*, 5 de dezembro de 2016, https://www.friedfrank.com/files/PressHighlights/TL%20-%20Feature%20Fried%20Frank%20-%20reprint.pdf

232 **passou a se encontrar regularmente com um pequeno comitê de associados:** Ibidem.

232 **fez uma nova pesquisa de satisfação:** "The Best Places to Work", *The American Lawyer*, 24 de agosto de 2015, https://www.law.com/americanlawyer/almID/1202735469012/.

232 **E o Fried Frank saltou para a 16ª posição:** Ibidem.

233 **na 8ª posição:** MP McQueen, "Survey: Midlevel Associates are Happier Than Ever", *The American Lawyer*, 1º de setembro de 2016, https://www.law.com/americanlawyer/almID/1202765213979/Survey-Midlevel-Associates-Are-Happier-Than-Ever/.

233 **resultados financeiros do escritório também mudaram:** Tribe, "Fried Frank Keeps Up Growth, Doubling Partner Profits over Five-Year Span."

233 **ultrapassou a marca de 3 milhões de dólares:** Ibidem.
235 **as pessoas tendem a retribuir gestos na negociação:** Robert Cialdini, "The Six Principles of Successful Workplace Negotiation," Controlled Environments, 4 de setembro de 2015.
235 **é provável que ele faça o mesmo:** Ibidem.
235 **sensação de propósito, o que os torna mais felizes:** Annie McKee, "The 3 Things You Need to Be Happy at Work", *Annie McKee*, 5 de setembro de 2017, www.anniemckee.com/3-things-need-happywork/.
235 **o que a psicóloga de Stanford Carol Dweck chama de "mindset de crescimento":** Carol S. Dweck, *Mindset: The New Psychology of Success* (Nova York: Random House, 2006), p.7.
235 **iniciou um estudo:** Corinne Purtill, "Exactly How Many Bad Ideas Does It Take to Produce a Good One? One Scientist Tried to Find Out", *Quartz*, 30 de agosto de 2017, https://qz.com/1062945/thevalue-of-bad-ideas-according-to-a-scientist/.
236 **é bem-sucedido para um acadêmico de medicina:** Ibidem.
236 **muitas de suas ideias falharam:** Ibidem.
236 **75% das 185 ideias que encontrou:** Ibidem.
236 **apenas 2,7% delas [ideias] atenderam a seus critérios:** Ibidem.
236 **"A questão aqui é reconhecer":** Ibidem.
236 **"No começo, não há como dizer":** Ibidem.
237 **isso melhora o comprometimento deles com o tratamento:** Kelly B. Haskard Zolnierek & M. Robin DiMatteo, Physician Communication and Patient Adherence to Treatment: A Meta-Analysis, *Medical Care* 47, nº 8 agosto de 2009, p.826-834.
237 **"A profissão médica não é mais aquela":** Dhruv Khullar, "Teaching Doctors the Art of Negotiation", *The New York Times*, 23 de janeiro de 2014, https://well.blogs.nytimes.com/2014/01/23/teaching-doctors-theart-of-negotiation/.
237 **"Em vez disso, clínicos e pacientes ponderam":** Ibidem.
237 **além de se sentirem mais satisfeitos:** Ibidem.
238 **apresentar a lista de opções possíveis ao paciente:** "Strategy 6I: Shared Decisionmaking", A*gency for Healthcare Research and Quality*, outubro de 2017, https://www.ahrq.gov/cahps/quality-improvement/improvement-guide/6-strategies-for-improving/communication/strategy6i-shared-decisionmaking.html#ref8.
238 **ao aumentar a adesão do paciente:** Zolnierek & DiMatteo;

National Business Coalition on Health, "NBCH Action Brief: Shared Decision Making", Patient-Centered Primary Care Coalition, julho 2012, https://www.pcpcc.org/sites/default/files/resources/NBCH_AB_DECISIONMAKING_C.pdf.

238 **melhoram as estatísticas gerando economia:** Ibidem; Elizabeth C. Devine & Thomas D. Cook, "A Meta-Analytic Analysis of Effects of Psychoeducational Interventions on Length of Postsurgical Hospital Stay", *Nursing Research* 32, nº 5, 1983, p.267.

238 **não adesão do paciente ao tratamento custe bilhões:** Brian Fung, "The $289 Billion Cost of Medication Noncompliance, and What to Do About It", *The Atlantic*, 11 de setembro de 2012, https://www.theatlantic.com/health/archive/2012/09/the-289-billion-cost-of-medication-noncompliance-and-what-to-doabout-it/262222/.

238 **convidá-lo a participar da decisão sobre o rumo do seu tratamento:** Floyd J. Fowler Jr., Carrie A. Levin & Karen R. Sepucha, "Informing and Involving Patients to Improve the Quality of Medical Decisions", *Health Affairs* 30, nº 4, 2011, p.699-700.

238 **desenvolvem uma conexão com seus colegas:** Annie McKee, *How to Be Happy at Work: The Power of Purpose, Hope, and Friendship* (Boston: Harvard Business Review Press, 2018), p.9.

238 **como se constroem relacionamentos pessoais saudáveis:** Bhali Gill, "Empathy is Crucial to Any Personal or Professional Relationship— Here's How to Cultivate It", *Forbes*, 17 de novembro de 2017, https:// www.forbes.com/sites/bhaligill/2017/11/17/empathy-is-crucial-to-any-personal-or-professional-relationship-heres-howto-cultivate-it/#73b0f3ae7961; Masoumeh Tehrani-Javan, Sara Pashang & Maryam Mashayekh, "Investigating the Empathy Relationship and Interpersonal Relationships Quality Among Senior Managers", *Journal of Psychology & Behavioral Studies* 4, nº 1, 2016, p.17.

240 **foi até a Clínica Mayo para uma avaliação:** Sharing Mayo Clinic, "After Back Surgery, Jamie Ruden's on the Court Again and Looking to Help Others", Mayo Clinic, 31 de julho de 2019, https://sharing.mayoclinic.org/2019/07/31/after-back-surgery-jamie-rudens-onthe-court-again-and-looking-to-help-others/.

240 **sabiam que existiam algumas alternativas:** Ibidem.
240 **O médico perguntou para a paciente:** Ibidem.
240 **Ela sentia que a abordagem conservadora:** Ibidem.

240 **O médico apoiou aquela escolha:** Ibidem.
240 **se comprometeu a trabalhar duro:** Ibidem.
240 **Mais tarde, ela contou à Clínica Mayo:** Ibidem.
240 **Jamie optou pela cirurgia:** Ibidem.
240 **tinha ajudado, mas não havia eliminado:** Ibidem.
240 **ajudou Jamie e sua família:** Ibidem.
240 **A cirurgia foi um sucesso:** Ibidem.
245 **brainstorming em grupo:** Alex Faickney Osborn, *Principles and Procedures of Creative Writing* (Nova York: Scribner, 1957), p.228-229.
245 **iria produzir resultados melhores e mais inovadores:** Ibidem.
245 **mostram que essa técnica com frequência não funciona:** Donald W. Taylor, Paul C. Berry & Clifford H. Block, "Does Group Participation When Using Brainstorming Facilitate or Inhibit Creative Thinking?", *Administrative Science Quarterly* 3, nº 1, junho de 1958, p.43.
245 **O trabalho individual que é aperfeiçoado em grupo:** Marvin D. Dunnette, John Campbell & Kay Jaastad, "The Effect of Group Participation on Brainstorming Effectiveness for 2 Industrial Samples," *Journal of Applied Psychology* 47, nº 1 (1963): 36-37.

Sucesso final: Concluir sua negociação

250 **aspirações se baseiam em necessidades:** Andrea Kupfer Schneider, "Aspirations in Negotiations", *Marquette Law Review* 87, nº 4, 2004, p.676.
250 **se certificar de que suas aspirações são justificáveis:** G. Richard Shell, *Bargaining for Advantage: Negotiation Strategies for Reasonable People* (Nova York: Viking, 1999), p.30-34.
250 **associar suas necessidades a qualquer coisa objetiva:** Roger Fisher, William Ury & Bruce Patton, *Getting to Yes: Negotiating Agreement Without Giving In* (Nova York: Houghton Mifflin, 1991), p.88.
252 **os seres humanos são muito avessos a perdas:** Daniel Kahneman, Jack L. Knetsch & Richard H. Thaler, "Experimental Tests of the Endowment Effect and the Coase Theorem", *Journal of Political Economy* 98, nº 6, dezembro de 1990, p.1.328.

CONHEÇA OUTROS LIVROS SOBRE O ASSUNTO

As armas da persuasão, de Robert B. Cialdini

Pré-suasão, de Robert B. Cialdini

Negocie como se sua vida dependesse disso, de Chris Voss

Como chegar ao sim, de Roger Fisher, William Ury e Roger Patton

Como chegar ao sim com você mesmo, de William Ury

Negociações eficazes, da HBR

Consiga o que você quer, de Stuart Diamond

As cinco habilidades das pessoas excepcionais, de Joe Navarro

CONHEÇA ALGUNS DESTAQUES DE NOSSO CATÁLOGO

- BRENÉ BROWN: *A coragem de ser imperfeito – Como aceitar a própria vulnerabilidade, vencer a vergonha e ousar ser quem você é* (600 mil livros vendidos) e *Mais forte do que nunca*

- T. HARV EKER: *Os segredos da mente milionária* (2 milhões de livros vendidos)

- DALE CARNEGIE: *Como fazer amigos e influenciar pessoas* (16 milhões de livros vendidos) e *Como evitar preocupações e começar a viver* (6 milhões de livros vendidos)

- GREG MCKEOWN: *Essencialismo – A disciplinada busca por menos* (400 mil livros vendidos) e *Sem esforço – Torne mais fácil o que é mais importante*

- HAEMIN SUNIM: *As coisas que você só vê quando desacelera* (450 mil livros vendidos) e *Amor pelas coisas imperfeitas*

- ANA CLAUDIA QUINTANA ARANTES: *A morte é um dia que vale a pena viver* (400 mil livros vendidos) e *Pra vida toda valer a pena viver*

- ICHIRO KISHIMI E FUMITAKE KOGA: *A coragem de não agradar – Como a filosofia pode ajudar você a se libertar da opinião dos outros, superar suas limitações e se tornar a pessoa que deseja* (200 mil livros vendidos)

- SIMON SINEK: *Comece pelo porquê* (200 mil livros vendidos) e *O jogo infinito*

- ROBERT B. CIALDINI: *As armas da persuasão* (350 mil livros vendidos) e *Pré-suasão – A influência começa antes mesmo da primeira palavra*

- ECKHART TOLLE: *O poder do agora* (1,2 milhão de livros vendidos) e *Um novo mundo* (240 mil livros vendidos)

- EDITH EVA EGER: *A bailarina de Auschwitz* (600 mil livros vendidos)

- CRISTINA NÚÑEZ PEREIRA E RAFAEL R. VALCÁRCEL: *Emocionário – Um guia prático e lúdico para lidar com as emoções (de 4 a 11 anos)* (800 mil livros vendidos)

sextante.com.br